GEORG MARKUS

Alles nur Zufall?

GEORG MARKUS

Alles nur Zufall?

Schicksalsstunden
großer Österreicher

Mit 67 Abbildungen

AMALTHEA

Besuchen Sie uns im Internet unter:
www.amalthea.at

1. Auflage September 2014
2. Auflage November 2014

© 2014 by Amalthea Signum Verlag, Wien
Alle Rechte vorbehalten
Umschlaggestaltung: Silvia Wahrstätter, vielseitig.co.at
Umschlagmotiv: © Imagno/Roger-Viollet
Satz: VerlagsService Dietmar Schmitz GmbH, Heimstetten
Gesetzt aus der 11,25/15 Punkt New Caledonia
Printed in the EU
ISBN 978-3-85002-878-3

Meiner Familie
Daniela, Mathias und Moritz
in Liebe gewidmet

INHALT

ZUFALL, SCHICKSAL, BESTIMMUNG?
Vorwort   *15*

DER TOD DES ALTEN KAISERS
Franz Joseph *oder Das Ende einer Epoche,*
21. November 1916   *19*

IN DIE FALSCHE FRAU VERLIEBT
Wolfgang Amadeus Mozart *heiratet Constanze*
statt Aloisia, 4. August 1782   *26*

DAS LETZTE GASTSPIEL
Max Pallenbergs *tödlicher Flugzeugabsturz,*
26. Juni 1934   *34*

AKTIV NOCH MIT 91 JAHREN
Josef Wenzel Graf Radetzky *geht (nicht) in Pension,*
6. März 1857   *38*

ALMA TRIFFT GUSTAV MAHLER
Berta Zuckerkandl *als Kupplerin,*
7. November 1901   *42*

EIN FIAKER MACHT KARRIERE
Josef Bratfischs *Diskretion,*
14. November 1887   *48*

»SCHREIBEN S' MIR EINE TYPE«
Hans Moser *wird entdeckt,*
31. Dezember 1922   *53*

»BETTGEHER DER TRAMPUSCH«
Johann Strauß Vater *verlässt seine Familie*,
18. Mai 1835   58

»BITTE TRETEN SIE ZUR SEITE!«
Egon Friedells *Sprung aus dem Fenster*,
16. März 1938   63

»DER LIEBENSWÜRDIGSTE ALLER MÄNNER«
Maria Theresia *wird Witwe*,
18. August 1765   68

ARCHITEKT AUF ABWEGEN
Adolf Loos *und die kleinen Mädchen*,
4. September 1928   72

»GOTT SCHÜTZE ÖSTERREICH«
Kurt Schuschnigg *und das Ende der Republik*,
11. März 1938   76

EIN LEBEN IM SCHATTEN VON MAYERLING
Kronprinzessin Stephanies *Liebschaften*,
22. März 1900   82

DER GENIALE ZUCKERBÄCKER
Ferdinand Raimund *»spielt alles«*,
26. Juli 1808   89

EIN SCHECK FÜR DEN WIDERSTAND
Paul Hörbigers *Verhaftung*,
20. Jänner 1945   94

»GOTT ERHALTE FRANZ, DEN KAISER«
Joseph Haydn *komponiert die Volkshymne*,
12. Februar 1797   100

»AUS FREIEM WILLEN
UND MIT KLAREN SINNEN«
Stefan Zweig *begeht Selbstmord,*
23. Februar 1942   107

DER BETROGENE WALZERKÖNIG
Johann Strauß Sohn *und die untreue Lily,*
28. Mai 1878   115

»BAMBIS« MILLIONENSCHADEN
Felix Saltens *verhinderte Hollywoodkarriere,*
2. März 1923   120

»WIR FAHREN ZUR TANTE SOPHIE NACH ISCHL«
Elisabeth *trifft Franz Joseph,*
16. August 1853   123

ER WAR DER MEINUNG
Bruno Kreisky *wird Kanzler,*
21. April 1970   129

DER EITLE RITTER
Prinz Eugens *fehlendes Testament,*
21. April 1736   134

»JA« UND »HEIL HITLER!«
Kardinal Theodor Innitzer *und der »Anschluss«,*
10. April 1938   138

TOD DURCH ABERGLAUBEN
Arnold Schönbergs *letzte Stunde,*
13. Juli 1951   143

JUBEL, DER DIE PUMMERIN ÜBERTÖNT
Leopold Figl *und der Staatsvertrag,*
15. Mai 1955   146

DER ANFANG VOM ENDE
Kronprinz Rudolf *auf Brautschau,*
7. März 1880 152

DIE GRÖSSTMÖGLICHE KATASTROPHE
Romy Schneider *verliert ihren Sohn,*
5. Juli 1981 156

WAS FÜR EINE LOVESTORY
Sophie Chotek *heiratet Erzherzog Franz Ferdinand,*
1. Juli 1900 161

DIE TRAGÖDIE EINES KOMPONISTEN
Hugo Wolfs *Größenwahn,*
18. September 1897 167

DR. MED. WACKELT MIT DEN OHREN
Gunther Philipps *Abschied von der Medizin,*
29. Dezember 1949 170

»UND DAS NACH SIEBENHUNDERT JAHREN«
Kaiser Karls *Flucht aus Österreich,*
23. März 1919 176

»DAS WORT SCHMERZ IST
LÄCHERLICH GEWORDEN«
Arthur Schnitzlers *Familienkatastrophe,*
26. Juli 1928 183

»ICH HÄTTE ES MEINEM BRUDER
NICHT GEGLAUBT«
Hermann Leopoldi *entkommt dem*
Konzentrationslager, 21. Februar 1939 188

»UMWEGE, DIE UNSER LEBEN NIMMT«
Heimito von Doderer *und die Strudlhofstiege,*
9. Juni 1948 — 194

»ICH SEHE ABSOLUT GAR NICHTS«
Fritz Grünbaums *letzte Vorstellung,*
10. März 1938 — 198

WIE DIE »ZAUBERFLÖTE« ENTSTAND
Emanuel Schikaneders *Sternstunde,*
7. März 1791 — 204

»ES IST EWIG SCHAD UM MICH«
Oskar Werner *trinkt sich zu Tode,*
23. Oktober 1984 — 209

EIN SEGENSREICHER HINAUSWURF
Bertha von Suttner *trifft Alfred Nobel,*
28. Mai 1876 — 213

MIT BLAULICHT ZUM OSCAR
Maximilian Schell *bleibt Marias Bruder,*
9. April 1962 — 219

»MEIN LETZTER KRIEG«
Sigmund Freud *verlässt Österreich,*
4. Juni 1938 — 221

DIE SCHLIMMEN LETZTEN JAHRE
Peter Alexanders *heile Welt bricht zusammen,*
29. März 2003 — 230

SCHAUSPIELERIN EROBERT KAISER
Katharina Schratts *entscheidende Begegnung,*
21. Mai 1886 — 233

TAGSÜBER LEID, ABENDS LACHEN
Karl Farkas meistert sein Schicksal,
19. August 1928   239

DER ECHTE UND DER FALSCHE KAISERSOHN
Otto von Habsburg kehrt zurück,
31. Oktober 1966   246

»ALLES GERETTET, KAISERLICHE HOHEIT!«
Franz von Jauner und der Ringtheaterbrand,
8. Dezember 1881   250

DER KANZLER UND DAS WUNDERKIND
Julius Raabs Konzertbesuch mit Folgen,
26. Jänner 1958   257

IN DEN WAHNSINN GETRIEBEN
Joseph Roth heiratet,
5. März 1922   261

DREI SCHÜSSE IN DER NACHT
Anton von Webern wird erschossen,
15. September 1945   266

KABARETTUNGSLOS VERLOREN
Maxi Böhm ist »der Blöde«,
5. März 1957   269

TOD AUF DEN CHAMPS-ÉLYSÉES
Ödön von Horváths folgenschwerer Spaziergang,
1. Juni 1938   274

SEIN LETZTER JEDERMANN
Attila Hörbigers Abgang vom Domplatz,
26. August 1951   278

Zwei Mal gestorben
Friedrich Guldas erster Tod,
28. März 1999   281

Johanns kleiner Bruder
Eduard Strauß vernichtet
die Noten des »Walzerkönigs«,
22. Oktober 1907   284

Quellenverzeichnis   288
Personenregister   295
Bildnachweis   303

Zufall, Schicksal, Bestimmung?

Vorwort

War das alles nur Zufall? Dass bald nach dem Tod des alten Kaisers auch die sechshundert Jahre alte Donaumonarchie zu Grabe getragen wurde? Dass sich Mozart in Aloisia verliebte, dann aber ihre Schwester heiratete? Dass Maria Theresia während eines gemeinsamen Theaterbesuchs ihren geliebten Mann verlor? Dass Eduard Strauß die Noten seines wesentlich berühmteren Bruders Johann verbrannte? Dass Ferdinand Raimund als Zuckerbäckerlehrling im Burgtheater Brezeln und Süßigkeiten verkaufte und dabei in den Bann der Bühnenwelt gezogen wurde?

Ein Augenblick kann ein Menschenleben verändern, zum Guten wie zum Schlechten. Geht es um historische Persönlichkeiten, können mit ihrem Schicksal die Geschichte des Theaters, der Musik, der Dichtkunst oder eines ganzen Landes verbunden sein. Wie konnten Erzherzog Franz Ferdinand und Sophie Chotek ihre verbotene Liebe so lange geheim halten, ehe sie gemeinsam in ihr Unglück schlitterten? Wie kam es, dass Joseph Roth an der Geisteskrankheit seiner Frau zugrunde ging? Warum wollte Stefan Zweig in Brasilien aus dem Leben scheiden? Warum spazierte Ödön von Horváth gerade dann über die Champs-Élysées, als in Paris ein so heftiger Sturm tobte, dass der Dichter vom herabstürzenden Ast eines Kastanienbaums erschlagen wurde? Wie verlief der Tag, an dem Österreichs letzter Kaiser Karl für immer das Land verließ? Und der, an dem sein Sohn Otto zurückkehrte?

Ist alles Zufall, ist es Schicksal, ist es Bestimmung?

Mozart hatte bekanntlich sein Leben lang Geldsorgen, hier wird erstmals eine Zeitungs-Annonce gezeigt, die das Musikgenie in seinem letzten Lebensjahr schaltete, um seine Orgel zu verkaufen. Deren Ertrag sollte ihm wieder für ein paar Wochen helfen, über die Runden zu kommen. Aus erster Hand wird das Kennenlernen von Alma und Gustav Mahler im Hause der Salondame und eifrigen Kupplerin Berta Zuckerkandl geschildert.

Oft sind es bisher unbekannte Begebenheiten, die Geschichte spannend und lebendig erscheinen lassen. So wurde durch eine Korrespondenz, die erst mehr als hundert Jahre nach Mayerling auftauchte, zutage gefördert, dass nicht nur Kronprinz Rudolf, sondern auch dessen bigotte Frau Stephanie eine außereheliche Affäre hatte. Auch weiß man heute, dass das Kennenlernen Elisabeths und Kaiser Franz Josephs in Ischl doch etwas anders verlief, als in den *Sissi*-Filmen geschildert. Und es war wohl kein Zufall, dass Romy Schneider, die Darstellerin eben jener Sissi, ihrem tragisch verunglückten Sohn nach nur wenigen Monaten in den Tod folgte. Oder, dass der Komponist Arnold Schönberg, der sein Leben lang unter der panischen Angst litt, an einem 13. zu sterben, tatsächlich an einem 13. starb.

Neben dramatischen Schicksalsstunden und -tagen großer Österreicher gibt es auch amüsante. Etwa, dass Feldmarschall Radetzky mit 91 Jahren noch immer nicht in Pension gehen durfte. Aber auch, dass Friedrich Gulda seinen Tod kunstvoll inszenierte, um dann verschmitzt lächelnd in der Schweiz die ihm gewidmeten Nachrufe lesen zu können. Erheiternd auch, dass eine Patientin, die den Arzt Gunther Philipp mit den Ohren wackelnd in einer Kabarett-Bar gesehen haben wollte, für verrückt erklärt wurde, obwohl sie damit völlig recht hatte – der Primarius der Klinik wusste nur nicht, dass sein junger Neurologe nebenberuflich als Komiker tätig war.

Hans Mosers Schicksalsstunde schlug, als er mit über vierzig Jahren endlich in seiner wahren Größe erkannt wurde. Sein Filmpartner Paul Hörbiger geriet 1945 in Gestapo-Haft und wurde im Rundfunk für tot erklärt. Dass Egon Friedell aus Furcht vor den Nazis aus dem Fenster sprang, ist bekannt, hier wird auch eine Satire zitiert, die er zehn Jahre davor auf seinen eigenen Selbstmord geschrieben hat.

Es sind kurze Augenblicke, die große Emotionen hervorrufen können, Betroffene zerbrechen lassen – oder neues Glück schaffen. Sigmund Freud etwa begann sich nach seiner Vertreibung aus Wien und dem umjubelten Empfang in London so wohlzufühlen, dass er lächelnd zu einem Freund sagte: »Ich bin fast versucht, ›Heil Hitler!‹ auszurufen.«

Musste Leopold Figl seinen tiefen politischen Fall erleben, um danach als Außenminister den Staatsvertrag auszuhandeln? War es Zufall, dass Julius Raab 1958 ein Konzert besuchte, in dem ein »Wunderkind« am Klavier saß, dem der Bundeskanzler von nun an aus seiner Privatschatulle die Ausbildung ermöglichte und aus dem mittlerweile ein Pianist von Weltrang geworden ist? Und wer hätte gedacht, dass der erste Tagesordnungspunkt der Ära Kreisky im Jahr 1970 »Vergabe der Autonummern an Regierungsmitglieder« lautete?

Bruno Kreisky ist einer der Großen, deren Schicksalsstunden hier geschildert werden, die ich selbst noch kennenlernte. Die anderen sind Otto von Habsburg, Attila und Paul Hörbiger, Maximilian Schell, Karl Farkas, Peter Alexander, Gunther Philipp und Maxi Böhm. Meine Begegnungen mit ihnen boten mir wertvolle Informationen für die folgenden dreihundert Seiten.

Die besondere Ordnung dieses Buches besteht darin, dass es keine gibt. Ich wollte die einzelnen Kapitel weder nach Berufen gliedern, noch gefiel mir eine chronologische Reihung. So passiert es dann, dass beispielsweise auf Oskar Werners Alkoholkrankheit das erste Treffen Bertha von Suttners mit Alfred Nobel folgt. Oder, dass das Kapitel nach Kreisky dem fehlenden Testament des Prinzen Eugen gewidmet ist. In den meisten Kapiteln wird nicht nur die eine »Schicksalsstunde« behandelt, sondern auch jene Zeitläufte, die zu dem Ereignis führen beziehungsweise ihm folgen.

Die Frage, ob schicksalhafte Stunden – aber auch weniger bedeutende Momente – eher Zufall oder doch Bestimmung sind, kann nicht immer und vor allem nicht einheitlich beantwortet werden. Selbst die großen Geister waren sich hier nicht einig. »Das Wort Zufall ist Gotteslästerung, nichts unter der Sonne ist Zufall«, heißt es in Lessings *Emilia Galotti*, während es bei Schopenhauer der Zufall ist, »der die königliche Kunst versteht, einleuchtend zu machen«.

Da es somit keine verbindliche Erklärung für das Phänomen gibt, muss die Deutung vorwiegend subjektiv erfolgen. Ich selbst liefere die Fakten und überlasse den Leserinnen und Lesern dieses Buches das Urteil, ob die Handlung des jeweiligen Kapitels auf Zufall, Schicksal oder Bestimmung basiert.

Georg Markus
Wien, im August 2014

Danksagung
Mein besonderer Dank gilt Eduard Angeli, Agnes und Rudolf Buchbinder, Anneliese Figl, Peter Marboe, Peter Jankowitsch, Margit Schmidt, Maria Steiner/*Stiftung Bruno Kreisky Archiv*, Lilly Schnitzler †, Ronald Leopoldi, Anton Neumayr, Ernst Stankovski, Friedl Weiss †, Stefan Lintl/*Kurier*-Archiv, Gerald Piffl; Madeleine Pichler, Nathalie Li Pircher, Laura Kühbauch und Carmen Sippl vom Amalthea Verlag sowie Dietmar Schmitz.

DER TOD DES ALTEN KAISERS

Franz Joseph *oder Das Ende einer Epoche,*
21. November 1916

Man schreibt Dienstag, den 21. November 1916, es ist 21.05 Uhr, als Kaiser Franz Joseph I. sein Leben aushaucht. Mit ihm, darin sind sich die Bewohner Österreich-Ungarns einig, ist eine Epoche gestorben, niemand kann sich vorstellen, wie es ohne den seit 68 Jahren regierenden Monarchen weitergehen soll.

Die Besorgnis in seiner nächsten Umgebung hat in den ersten Novembertagen eingesetzt. Unter den Adjutanten im Schloss Schönbrunn herrscht Niedergeschlagenheit. Gerade noch waren die Politik, das Leben bei Hof und der seit zwei Jahren wütende Krieg die alles beherrschenden Themen. Jetzt fürchten die engsten Mitarbeiter des Kaisers um dessen Gesundheit, die Angst herrscht vor, dass es mit ihm – und damit auch mit der sechshundert Jahre alten Habsburgermonarchie – zu Ende gehen könnte.

In den letzten Oktobertagen hat der Kaiser trotz seines Alters von 86 Jahren noch frisch und voller Energie gewirkt, doch danach beginnt er rasch zu ermüden und körperlich zu verfallen. Dazu kommt ein hartnäckiger Husten, der den alten Herrn quält und erschöpft. Dennoch verrichtet er tagtäglich seine Arbeit wie seit fast sieben Jahrzehnten schon: Morgens um halb vier Wecken durch den Kammerdiener, nach dem Einseifen durch den Bademeister, der Rasur und dem Ankleiden setzt er sich an den Schreibtisch, um Akten aufzuarbeiten. Um fünf Uhr nimmt der Kaiser das erste Frühstück ein, danach neuerliches Aktenstudium. Um zwölf wird das Mittagessen aufgetragen, bestehend meist aus Suppe, Rindfleisch und Mehlspeise. Nachmittags wieder Akten, um fünf eine leichte Jause, Abendessen gibt's fast nie. Kurz nach acht Uhr begibt sich der Kaiser zu Bett.

Franz Josephs Leibarzt Dr. Joseph von Kerzl beunruhigt der Gewichtsverlust des Allerhöchsten Patienten, und er beklagt sich

*Kaiser Franz Joseph I. * 18. 8. 1830 Wien, † 21. 11. 1916 Wien. Prägt durch seine 68-jährige Regentschaft die k. k. Monarchie.*

bei dessen Tochter, Erzherzogin Marie Valerie, dass Franz Joseph angesichts seines Alters und seines angegriffenen Gesundheitszustands zu viel arbeite.

Norbert Ortner
*10. 8. 1865 Linz,
†1. 3. 1935
Salzburg.
Primarius an der
Wiener Rudolf-
stiftung, Ordi-
narius an den
Universitäten
Innsbruck
und Wien.

Am 9. November hat Franz Joseph erstmals erhöhte Temperatur, 37,6 Grad werden gemessen. Der Internist Professor Norbert Ortner wird beigezogen. Die Ärzte schlagen vor, dem Monarchen Krankenschwestern zur Seite zu stellen, doch dieser lehnt ab: »Meine Diener haben ihrem Kaiser, als er gesund war, treu gedient, sie sollen für ihn auch sorgen, wenn er krank ist.«

Am 11. November steigt die Temperatur auf 38,4 Grad, Franz Joseph fühlt sich schwächer als an den vorangegangenen Tagen und sagt zu Dr. Kerzl, der seinem Kaiser selbstverständlich im Gehrock gegenübersteht: »Diesmal wird es wohl zu Ende gehen.«

Marie Valerie will einen Priester kommen lassen, der ihrem Vater die Letzte Ölung erteilt, doch am nächsten Tag tritt Besserung ein. Das Thermometer zeigt Normaltemperatur, Franz Joseph hat wieder Appetit. Am kaiserlichen Hof herrscht Zuversicht, dass er es auch diesmal – wie schon mehrmals davor – schaffen werde. Dr. Kerzl meint, dass man mit den Sterbesakramenten warten solle. Es folgen vier Tage der Erholung, in denen es dem Kaiser von Stunde zu Stunde besser zu gehen scheint, er empfängt sogar Prinz Wilhelm von Hohenzollern und den bayerischen König Ludwig III. und unterhält sich angeregt.

Doch am 15. November kehren die Symptome wieder. Fieber, eine starke Bronchitis, Schmerzen im Rippenfell. 38,5 Grad werden gemessen, aber Franz Joseph sitzt weiter von morgens bis abends am Schreibtisch und erledigt Akten. Am Sonntag, dem 19. November wird die heilige Messe statt in der Schlosskapelle in seinem Arbeitszimmer gelesen, dem Kaiser fällt es sichtlich schwer, auf dem Betschemel niederzuknien, sich dann wieder aufzurichten, ein paar Schritte zu gehen. An diesem Abend halten Professor Ortner, Dr. Kerzl, des Kaisers Obersthofmeister Alfred Fürst Montenuovo und Generaladjutant Eduard Graf Paar ein Konsilium ab. Die Ärzte diagnostizieren einen entzündlichen Herd an der Lunge, von Lebensgefahr könne aber keine Rede sein.

Am nächsten Tag betritt Erzherzogin Marie Valerie die kaiserlichen Gemächer. Franz Joseph steht mühsam auf, um seine Lieblingstochter zu begrüßen, und geht ihr ein paar Schritte entgegen. »Ich fühle mich sehr schlecht«, klagt er, lässt sich aber beim Niedersetzen nicht helfen. Für einen weiteren Besuch, den Marie Valerie ihm mit ihren beiden Töchtern abstatten will, bedauert der Kaiser wegen des noch zu erledigenden Arbeitspensums keine Zeit zu haben. Als sie ihren Vater vor dem Abschied zum Schreibtisch geleitet, gesteht er ihr, dass er an diesem Tag gestürzt sei, sich aber glücklicherweise nicht verletzt habe. Dr. Kerzl ordnet an, dass sich ab sofort ständig ein Kammerdiener bei geöffneter Tür im Nebenzimmer aufzuhalten habe, um dem Kaiser bei jedem Schritt behilflich sein zu können.

Zu den letzten Amtsgeschäften, die der Kaiser erledigt, gehört der Antrag um Begnadigung einer zum Tode verurteilten Kindesmörderin. Flügeladjutant Albert von Margutti liest dem fiebernden Monarchen das Gnadengesuch vor und Franz Joseph unterschreibt mit zittriger Hand.

Am Morgen des 21. November zeigt das Fieberthermometer 38,1 Grad. Trotzdem sitzt der Kaiser ab halb fünf Uhr früh an seinem Schreibtisch. Die Ärzte stellen zunehmende Müdigkeit fest, aber auch, dass sich die Entzündung an der Lunge nicht weiter ausgebreitet hat. Am Vormittag erscheint General Arthur von Bolfras, Chef der kaiserlichen Militärkanzlei, um den Kaiser über den positiven Verlauf der Gefechtshandlungen in Rumänien zu informieren. Er meint, Franz Joseph zum ersten Mal leicht verwirrt vorgefunden zu haben. Gegen zehn bringt Burgpfarrer Ernst Karl Jakob Seydl »den päpstlichen Segen« mit besten Genesungswünschen. Als der Priester nach Beichte und Erteilen der Kommunion das Arbeitszimmer verlässt, sagt er zu den im Vorraum Wartenden, dass Seine Majestät, ganz im Gegensatz zu der Wahrnehmung von General Bolfras, über völlige Geisteklarheit verfüge.

Um halb zwölf Uhr erscheinen Thronfolger Karl und seine Ehefrau Zita in Schönbrunn. Sie erklären, Franz Josephs Arbeitszimmer nur betreten zu können, wenn er ruhig sitzen bleibe. Der diensthabende Flügeladjutant meldet dies dem Kaiser, der jedoch erwidert, dass es unmöglich sei, eine Dame sitzend zu empfangen. Er versucht sich zu erheben, als er jedoch merkt, wie sehr ihn die Kräfte bereits verlassen haben, bleibt er sitzen und sagt: »Nun gut, wenn es nicht anders möglich ist, so soll es sein.«

»Am Vormittag des 21. November 1916 empfing Kaiser Franz Joseph Erzherzog Karl und mich«, schreibt Kaiserin Zita in ihren Lebenserinnerungen. »Er saß an seinem Schreibtisch in Uniform und arbeitete noch an einem Rekrutierungsakt. Er war brennend vor Fieber, und trotzdem ließ er nicht von der Arbeit.« Das Ehepaar bleibt nur wenige Minuten, in denen der Kaiser seiner Hoffnung Ausdruck gibt, bald wieder genesen zu sein, da er »fürs Kranksein keine Zeit« habe. Er erwähnt die Truppenerfolge und die freundliche Teilnahme des Papstes an seiner Genesung. »Dann entließ uns der Kaiser mit viel Herzlichkeit«, schreibt Zita, »und das war das letzte Mal, dass wir ihn bei Bewusstsein gesehen haben.«

Joseph Ritter von Kerzl * 28. 8. 1841 Pardubitz/Böhmen, † 29. 8. 1919 Semmering. Ab 1884 Hofarzt, begleitet er Kaiserin Elisabeth auf ihren Reisen, seit 1897 Leibarzt Kaiser Franz Josephs.

Franz Joseph nimmt, nachdem Karl und Zita gegangen sind, ein leichtes Mittagessen ein, danach ist Kabinettsdirektor Franz von Schießl gemeldet, um Allfälliges zu besprechen, doch der in seinem Lehnstuhl sitzende Kaiser ist nicht mehr in der Lage, ihn zu empfangen. Dr. Kerzl kommt, sieht Franz Joseph ganz in sich zusammengesunken, das Thermometer zeigt erstmals 39,5 Grad. Der Leibarzt informiert Marie Valerie von einer deutlichen Verschlechterung des Zustands Seiner Majestät.

Dennoch erhebt sich Franz Joseph etwas später aus seinem Lehnstuhl und geht mit Hilfe eines Kammerdieners zu seinem Schreibtisch, wo er seine laufenden Geschäfte zu erledigen versucht. Mit großer Besorgnis beobachtet ein Flügeladjutant durch einen Spiegel aus dem Nebenzimmer, wie Franz Joseph immer wieder den Kopf fallen lässt. Die Feder, die ihm vom Kammerdiener gereicht wird, fällt zu Boden. Der Kaiser legt das Haupt in die Hand und schläft ein.

Um vier Uhr nachmittags erwacht er und lässt sich die Feder reichen, um seine Arbeit wieder aufzunehmen. Er arbeitet den Aktenstoß auf, unterschreibt und ordnet, sperrt die Mappe zu.

Bis zuletzt an seinem Schreibtisch: der greise Monarch bei der Arbeit

Nach einem kleinen Abendessen um sechs erlaubt der Kaiser der eingetroffenen Marie Valerie, sein Arbeitszimmer zu betreten. Sie ist zutiefst betroffen über den Wandel des Aussehens ihres Vaters, der in ihren Augen zum ersten Mal die Züge eines Greises trägt. Mit erstickter Stimme sagt Franz Joseph, dass der Burgpfarrer hier gewesen sei und ihn vorbereitet habe.

Marie Valerie küsst die Hand ihres Vaters und verlässt den Raum. Zwei Kammerdiener erscheinen und wollen den Kaiser zur Nachtruhe betten. »Ich habe noch viel zu tun«, wehrt Franz Joseph ab, lässt es dann aber zu, als er merkt, dass er zur Arbeit nicht fähig ist.

Es ist sieben Uhr abends. Das Bewusstsein des alten Herrn beginnt sich zu trüben, er findet das Kopfende des Bettes nicht; die Kammerdiener helfen ihm. Die beiden Ärzte stellen fest, dass die Entzündung beide Lungenflügel erfasst habe, das Herz aber noch verhältnismäßig kräftig sei.

Eugen Ketterl ** 7.10.1859 Wien, †11.10. 1928 Wien. Beginnt seine Laufbahn als Servierkraft am kaiserlichen Hof, ab 1895 bis zu dessen Tod Leibkammerdiener Kaiser Franz Josephs.*

Als der Kopf des Monarchen auf seinem Polster ruht, fragt ihn Kammerdiener Eugen Ketterl wie jeden Abend: »Haben Eure Majestät noch Befehle?«, worauf Franz Joseph, lauter als zuletzt, sagt: »Morgen früh um halb vier wecken wie immer.«

Während der Kaiser einschläft, füllt sich sein Schlafgemach mit Menschen. Das Thronfolgerpaar, die nahen Familienmitglieder, seine engsten Mitarbeiter Montenuovo, Paar, die Flügeladjutanten, hohe Würdenträger, die Kammerdiener – sie alle wissen, dass die letzte Stunde Seiner Apostolischen Majestät geschlagen hat.

Einmal noch erwacht er, ohne zu erfassen, dass sein Zimmer voll mit Menschen ist, und verlangt mit leiser Stimme zu trinken. Franz Joseph ist nicht mehr in der Lage, den ihm gereichten Tee einzunehmen. Da richtet ihn Kammerdiener Ketterl auf, und es glückt, dem Kaiser einige Tropfen einzuflößen. »Na«, flüstert Franz Joseph, »warum geht's denn jetzt?«

Dies sind seine letzten Worte.

Er fällt in eine Ohnmacht, aus der er nicht mehr erwachen wird. »Es war ergreifend zu sehen«, erinnerte sich Kaiserin Zita, »mit welcher Ruhe und mit welchem Frieden der Kaiser hinüberging.«

Um halb neun Uhr erscheint der Hofkaplan, um dem Sterbenden das Sakrament der Letzten Ölung zu spenden. Nach einem kurzen Hustenanfall wird der Atem leiser, Dr. Kerzl tritt an das einfache Soldatenbett des Kaisers, Marie Valerie fragt: »Atmet er noch?« Als der Leibarzt verneint, nähert sie sich ihrem Vater und drückt ihm als letzte Geste ihrer Liebe die Augen zu.

In Wien hat sich bereits im Lauf dieses Tages herumgesprochen, dass der Kaiser im Sterben liegt. Als sich abends die Nachricht von seinem Ableben verbreitet, ist der Schönbrunner Schlosspark voll mit Menschen. Gleichzeitig füllt sich der Vorraum seines Schlafgemachs mit weiteren, telefonisch herbeigerufenen Personen, die Franz Joseph nahestanden, unter ihnen seine langjährige Seelenfreundin Katharina Schratt. Man hat sie in seinen letzten Lebenstagen nicht zu ihm gelassen, jetzt setzt Karl – der neue Kaiser Karl – ein Zeichen des Respekts. Er reicht der Hofschauspielerin den Arm und führt sie an das Bett seines eben verstorbenen Großonkels. Stumm legt Frau Schratt zwei weiße Rosen auf die Brust des Kaisers.

Viele Bewohner Österreich-Ungarns befürchten, dass mit Franz Josephs Tod an diesem 21. November 1916 auch die altehrwürdige Monarchie im Sterben liegt. Sie wird ihn tatsächlich um nur zwei Jahre überleben.

In die falsche Frau verliebt

Wolfgang Amadeus Mozart *heiratet Constanze statt Aloisia, 4. August 1782*

Wolfgang Amadeus Mozart * 27. 1. 1756 Salzburg, † 5. 12. 1791 Wien. Bedeutende Werke: Le nozze di Figaro (1786), Don Giovanni (1787), Così fan tutte (1790), Die Zauberflöte (1791) u. v. a.

Dass sich Mozart stets in Geldnöten befand, weiß man, dass er in seinem letzten Lebensjahr sogar seine Orgel verkaufen musste, kann hier erstmals im Faksimile dokumentiert werden. In der *Wiener Zeitung* vom 22. Jänner 1791 ist das von ihm geschaltete Inserat zu finden: »Orgel zu verkaufen. In der Rauhensteingasse Nr. 970* im ersten Stock auf der hintern Stiege ist eine gute Orgel von einen (sic!) berühmten Meister zu verkaufen.«

Zunächst meldet sich niemand, erst als die Zeitungsannonce zum vierten Mal erschienen ist, findet die Orgel einen Abnehmer, und das Ehepaar Mozart ist von seinen Geldsorgen befreit. Aber wie so oft wieder nur für ein paar Wochen.

Auch das Kennenlernen seiner Frau Constanze ist schon die Folge finanzieller Engpässe gewesen. Als der 22-jährige Musiker aus seiner Stellung als Konzertmeister vom Salzburger Fürsterzbischof Colloredo nach langwierigen Streitereien entlassen wird, geht er auf Reisen, um Geldgeber und eine neue Anstellung zu finden. Über München und Augsburg gelangt Wolfgang Amadeus nach Mannheim, wo er beim Kurfürsten Karl Theodor vorspricht, jedoch einen negativen Bescheid erhält. Mannheim wird dennoch zur wichtigen Station Mozarts, weil er hier seine künftige Frau Constanze Weber kennenlernt.

Mozart hat während dieser Reise – begleitet von seiner Mutter – mehrere Kompositionsaufträge angenommen, und so begibt er sich in Mannheim auf Suche nach einem Musiker, der seine neuen Werke kopieren soll. Man empfiehlt ihm den Bassisten und Theatersouffleur Fridolin Weber, der mit seiner Familie in beeng-

---

* Heute befindet sich an dieser Stelle das Haus Rauhensteingasse 6; die neue Nummerierung gilt seit 1862.

»Orgel zu verkaufen«:
Mozart schaltet am 22. Jänner 1791 ein Inserat

ten Verhältnissen lebt und deshalb glücklich ist, sein Einkommen durch Vervielfältigungen auf Notenpapier aufbessern zu können.

Weber und seine Frau Maria Cäcilia haben zwei Söhne und vier Töchter. Als Mozart am 17. Jänner 1778 zum ersten Mal das Haus der Familie Weber betritt, würdigt er seine spätere Frau Constanze kaum eines Blickes, sondern hat nur Augen für deren um ein Jahr ältere Schwester Aloisia. Sie ist bildhübsch und noch dazu eine äußerst begabte Sopranistin. Mozart musiziert mit ihr, gibt der Sechzehnjährigen Unterricht, tritt mit Aloisia während seines fünfmonatigen Mannheim-Aufenthalts in mehreren Konzerten auf. Und verliebt sich in sie. Aber auch sie zeigt, dass sie für ihn zumindest Sympathien empfindet.

Der in Salzburg gebliebene Vater Leopold ist entsetzt, als er durch Briefe seiner Frau von Wolfgangs Zuneigung für eine Sängerin erfährt, deren Familie ebenso arm ist, wie die Mozarts selbst es sind. Allerdings ist Wolfgang schon als Wunderkind aufgefallen, hat Opern, Sinfonien, Streichquartette, Messen, Lieder und Klavierstücke komponiert – und wer dagegen sind diese Weberischen?

»Frauenzimmer«, schreibt Leopold seinem Sohn, »die Versorgung suchen, stellen jungen Leuten von großem Talent erstaun-

*Leopold Mozart
* 14. 11. 1719
Augsburg, † 28. 5.
1787 Salzburg.
Er widmet,
sobald er dessen
Genie erkennt,
sein Leben der
Laufbahn seines
Sohnes Wolfgang
Amadeus Mozart.*

lich nach, um sie ums Geld zu bringen oder gar in die Falle und zum Manne zu bekommen. Gott und Deine Vernunft wird Dich bewahren.« Mit den nun folgenden, letzten Worten seines Briefes greift Leopold zum schärfsten Mittel der Abschreckung für den Fall der befürchteten Eheschließung: »Das würde wohl mein Tod sein!«

Aloisia Weber
*um 1760 Zell/
Baden-Württem-
berg, †8.6.1839
Salzburg. Als
Sopranistin eine
der wichtigsten
Interpretinnen
Mozarts, den sie
1778 in Mann-
heim kennen-
lernt.

Doch selbst diese Drohung kann Wolfgang nicht von seiner Liebe zu Aloisia abhalten, er will mit ihr nach Italien, ins Land des Belcanto, fahren, für sie Opern komponieren und sie »zur Primadonna machen«. Mutter Anna Maria Mozart, die ebenso gegen die Verbindung mit Aloisia ist wie ihr Mann, drängt hingegen auf die geplante Weiterfahrt nach Paris, um dem eigentlichen Zweck der Reise, eine Anstellung für Amadeus zu finden, nachzukommen. Mozart gehorcht den Eltern, fährt gegen seinen eigenen Willen nach Paris – und nimmt seinen Liebeskummer mit. »Wie ich (von der Familie Weber, Anm.) wegging, so weinten sie alle«, schreibt er dem Vater aus Paris. »Ich bitte um Verzeihung, aber mir kommen die Tränen in die Augen, wenn ich daran denke.«

Mutter und Sohn Mozart wohnen in einem armseligen Pariser Quartier, und der verliebte Wolfgang hat nichts anderes im Kopf als seine Aloisia. Ob sie an ihn denken und auf ihn warten würde? Nichts sonst interessiert ihn in der französischen Metropole. An Aloisia schreibt er: »Am glücklichsten werde ich an dem Tage sein, ab dem ich die große Freude erleben werde, Sie wieder zu sehen und herzlichst zu umarmen. Nur in diesem Wunsche, in dieser Hoffnung finde ich den einzigen Trost und Frieden.«

Es ist ein fürchterlicher Schicksalsschlag, der ihn aus seinen romantischen Träumen reißt. Mozarts Mutter stirbt plötzlich und unerwartet am 3. Juli 1778 im Alter von 57 Jahren in Paris. Ihr Tod erschüttert ihn zutiefst. Allein, verzweifelt und unverrichteter Dinge verlässt er Paris.

Eines freilich kann selbst die große Trauer nicht verhindern: Die Rückfahrt nach Salzburg gestaltet er so, dass sie ihn über Mannheim führt. Er will Aloisia seine Liebe gestehen, sie nach Salzburg mitnehmen und um ihre Hand anhalten. Da die Angebetete aber mittlerweile ein Engagement an der kurfürstlichen Oper in München erhalten hat, muss Mozart seine Reise- und Zukunftspläne ändern. Dass sie jetzt an Bayern gebunden ist, sollte nicht die einzige Enttäuschung für ihn sein.

Aloisia ist, als er sie zu Weihnachten 1778 in die Arme nehmen will, eine andere geworden. Die jetzt in München engagierte junge Sängerin macht ganz auf Diva und nimmt die Arie, die Mozart für sie mit ganzem Herzen geschrieben hat und die er ihr als Geschenk überreichen will, kaum zur Kenntnis. Sollte sie je Interesse an diesem kleinen, unscheinbaren Musiker gehabt haben, so ist es mittlerweile verflogen. Aloisia sieht sich bereits als Star und Mozart als brotlosen Komponisten, der als Ehemann nicht infrage kommt. Nicht genug damit, beleidigt sie ihn noch, weil er sich in Paris mit seinem letzten Geld in einen roten Anzug mit Goldknöpfen neu eingekleidet hat: »Nein, wie du komisch aussiehst«, spottet Aloisia und belächelt ihn.

Er will sie endlich »wieder sehen und herzlichst umarmen«: Mozarts erste große Liebe Aloisia Weber

Mozart gibt nicht auf. Er hält, trotz ihrer plötzlichen Arroganz, um Aloisias Hand an, erklärt ihr, immer für sie da zu sein, für sie komponieren und mit ihr in München leben zu wollen. Aloisia antwortet, sie sei jetzt Primadonna und brauche niemanden mehr, der etwas für sie komponieren würde.

Es ist wohl eine der schwersten Stunden seines Lebens. »Ich kann nicht mehr«, schreibt er dem ohnehin durch den Verlust seiner Frau verstörten Vater, »mein Herz ist gar zu sehr zum Weinen bestimmt. Heute kann ich nichts als weinen. Ich habe gar ein zu empfindsames Herz.«

Mozart trifft die inzwischen nach Wien übersiedelten Webers 1781, zweieinhalb Jahre später, wieder. Er wohnt eine Zeit lang bei ihnen, was seinen Vater einmal mehr in Rage bringt. Schon wieder diese Weberischen! Aber welche der Töchter könnte seinem Sohn jetzt noch gefährlich werden? Die angebetete Aloisia sicher nicht, die ist inzwischen mit dem Wiener Hofschauspieler Joseph Lange verheiratet. Bleiben noch Josepha, Sophie und Constanze.

Mozart hat zu diesem Zeitpunkt bereits zwölf Opern geschrieben, darunter *Bastien und Bastienne, Idomeneo*, und *Die Entführung aus dem Serail* ist in Arbeit. Die Heldin eben dieser Oper heißt – welch ein Zufall – Constanze. Mozart versteht die *Entführung* als Liebeserklärung an Constanze Weber, deren Ähnlichkeit mit der geliebten Aloisia unverkennbar ist.

Obwohl bereits 25 Jahre alt, steht Mozart immer noch unter den Direktiven des Vaters, der ihm alle möglichen »guten Partien« unter seinen begüterten Schülerinnen in Wien einzureden versucht. Monatelang lügt Mozart dem in Salzburg lebenden Vater vor, gar nicht heiraten zu wollen. Bis er ihm im Dezember 1781 – mit nicht gerade romantisch anmutenden Argumenten – das Gegenteil gesteht: »Ich, der von Jugend auf niemals gewohnt war, auf meine Sachen, was Wäsche, Kleidung usw. anbelangt, acht zu geben, kann mir nichts Nötigeres denken als eine Frau.« Erst nach einer halben Briefseite kommt er zum Punkt: »Nun aber, wer ist der Gegenstand meiner Liebe? – Erschrecken Sie auch nicht, ich bitte Sie. – Doch nicht eine Weberische? – Ja, eine Weberische. – Aber nicht Josepha – nicht Sophie. Sondern Constanze, die Mittelste.«

Auch wie er die Neunzehnjährige dem Vater beschreibt, zeugt nicht von überwältigender Begeisterung: »Sie ist nicht hässlich, aber auch nichts weniger als schön. – Ihre ganze Schönheit beruht in zwei kleinen schwarzen Augen und in einem schönen Wachstum.«

Constanze Mozart geb. Weber * *5. 1. 1762 Zell/Baden-Württemberg, †6. 3. 1842 Salzburg. Sopranistin. Sie heiratet am 4. 8. 1782 Wolfgang Amadeus Mozart.*

Da Constanzes Vater mittlerweile verstorben ist, muss Wolfgang Amadeus mit ihrem geschäftstüchtigen Vormund in Verhandlungen treten. »Er hat mir den Umgang mit Constanze verboten, es sei denn, ich unterschreibe einen Vertrag mit folgenden Bedingungen: Ich heirate das Mädchen im Lauf der nächsten drei Jahre – oder zahle ihr eine lebenslängliche Rente von dreihundert Gulden jährlich*. Was blieb mir also für ein Mittel übrig? Ich konnte nichts Leichteres in der Welt unterschreiben, denn ich wusste, dass es zu

---

* Entspricht laut »Statistik Austria« im Jahre 2014 einem Betrag von rund 15 000 Euro.

Sie war nicht die erste Wahl, sollte ihm jedoch eine gute Frau sein: Wolfgang Amadeus und Constanze Mozart geborene Weber

der Bezahlung dieser dreihundert Gulden niemals kommen wird – weil ich sie niemals verlassen werde.«

Obwohl Constanze den erpresserischen »Vertrag« vor Wolfgangs Augen zerreißt, bleibt Leopold Mozart bei seiner Überzeugung, dass die Familie Weber seinen gutmütigen Sohn hinterlistig einfangen will. Jedenfalls weigert sich Vater Mozart, die Heiratserlaubnis zu erteilen.

Am 16. Juli 1782 wird *Die Entführung aus dem Serail* im Wiener Hofburgtheater zum ersten Mal aufgeführt. Bei der Premiere reagiert das Publikum verhalten, doch bald wird die neue Mozart-Oper als überragendes Werk erkannt. Kaiser Joseph II. dankt Mozart mit dem berühmt gewordenen, rätselhaften Satz: »Zu schön für unsere Ohren und gewaltig viele Noten, lieber Mozart«, worauf dieser erwidert: »Gerade so viel Noten, Euer Majestät, als nötig sind.«

Die Entführung ist zu Mozarts Lebzeiten seine erfolgreichste Oper und wird in halb Europa aufgeführt. Dennoch erhält der Komponist nur hundert Dukaten als Gesamthonorar, mit dem alle Ansprüche abgegolten sind. Hätte es damals Urheberrechte gegeben, wäre Mozart ein reicher Mann geworden. So aber bekommt ein Spitzensänger für eine einzige Aufführung zehn Mal mehr als der Komponist für sein Werk.

Immerhin erlauben die hundert Dukaten Mozart jetzt im »Haus zum roten Säbel«* eine Wohnung zu mieten – und damit seine Ehe in die Wege zu leiten. Auch ohne Zustimmung des Vaters. Mozart war immer ein folgsamer Sohn, doch jetzt ist seine Geduld am Ende. Er heiratet seine Constanze am 4. August 1782 im Wiener Stephansdom. Nun, da er die Hochzeit nicht mehr verhindern kann, schickt der Vater sein Einverständnis.

Constanze – auch sie eine ausgebildete Sängerin, wenn auch bei Weitem nicht so begabt wie Aloisia – ist Mozart eine gute Frau, sie unterstützt ihn bei seiner Arbeit, nimmt ihm die Sorgen des Alltags (mit Ausnahme der finanziellen) ab, begleitet ihn zu Vorstellungen und auf Reisen. Der glücklichen Ehe entspringen sechs Kinder, von denen nur zwei die Eltern überleben werden. Mozart schreibt in mehreren Briefen, dass Constanze für ihn eine Inspiration sei, die er für seine Tätigkeit als Komponist brauche. Dass er seiner Frau untreu war, wie oft behauptet wird, lässt sich nicht nachweisen, es gibt kein einziges Dokument, keinen Brief, der einen solchen Verdacht bestätigen würde.

Nach dem Tod des Musikgenies steht Constanze alleine mit seinen Schulden da. Um sich und die Kinder durchzubringen, gibt sie mit ihrer Schwester Aloisia Benefizkonzerte und eine Konzertreise mit Mozarts Werken. 1809 heiratet die Witwe Mozart in Pressburg den dänischen Diplomaten Georg Nikolaus von Nissen, mit dem sie sich 1824 in Salzburg niederlässt.

Die einst gefeierte Sängerin Aloisia Weber schenkt ihrem Mann Joseph Lange sechs Kinder, doch die Ehe wird nicht glücklich.

Im Sommer 1829 trifft Aloisia, mehr als ein halbes Jahrhundert nachdem sie Mozart eine so herbe Abfuhr erteilt hat und 38 Jahre nach seinem Tod, in einem Wiener Hotelzimmer die britische Schriftstellerin Mary Novello. Sie und ihr Mann, der Verleger Vincent Novello, sind aus London angereist, um sich auf Mozarts

---

*   Heute Wien I., Wipplingerstraße 19.

Spuren zu begeben und eine Biografie über ihn zu schreiben. Aloisia, die in jungen Jahren als bedeutende Mozart-Interpretin am Wiener Kärntnertor- und am Burgtheater gefeiert wurde, ist mittlerweile 67 Jahre alt und fristet ihr Dasein durch Gesangsstunden. Sie hätte Mozart bis an sein Lebensende geliebt, erklärt sie. Als Mary Novello fragt, warum sie ihn denn nicht erhört habe, antwortet sie: »Ich konnte ihn damals nicht lieben, weil ich ihn nicht als den erkannte, der er wirklich war.« Und sie schildert noch, dass ihre Schwester Constanze immer eifersüchtig gewesen sei, jedoch die bessere Frau für Mozart war. Jedenfalls habe Aloisia, so Mary Novello, mit viel Liebe über Mozart gesprochen und es sehr bedauert, dass alles so gekommen sei.

DAS LETZTE GASTSPIEL

Max Pallenbergs tödlicher Flugzeugabsturz, 26. Juni 1934

*Max Pallenberg
* 18. 12. 1877
Wien, †26. 6.
1934 Karlsbad.
Populärer
Schauspieler und
Sänger. Ab 1904
am Theater in
der Josefstadt,
später im
Ensemble Max
Reinhardts.*

Eine der bedeutendsten Theaterkarrieren im deutschen Sprach-raum nimmt ein abruptes, tragisches Ende. Der Wiener Schauspieler Max Pallenberg kommt bei einem Flugzeugunglück ums Leben. Der Star unter den Charakterdarstellern seiner Zeit ist von Wien über Prag zu einem Gastspiel nach Karlsbad geflogen, wo die dreimotorige Maschine kurz vor der Landung ins Trudeln gerät und abstürzt. Seine Frau, die nicht minder berühmte Sängerin und Schauspielerin Fritzi Massary, verfällt in tiefe Trauer.

Der 56-jährige Max Pallenberg hatte in der abgelaufenen Saison in Wien am Deutschen Volkstheater und am Theater in der Josef-stadt große Erfolge gefeiert, unter anderem als Molières *Der eingebildete Kranke*, in dem Schwank *Familie Schimek* und als Mephisto, als der er auch unter Max Reinhardts Regie bei den Salz-burger Festspielen zu sehen war. Allein diese drei Rollen zeigen die große Bandbreite des Komödianten, der für die kommende Saison bereits ein Engagement des Burgtheaters angenommen hatte.

Wie so oft auf Tournee, sollte Max Pallenberg schon am Abend nach seiner Ankunft und an den sechs darauf folgenden Tagen am Stadttheater Karlsbad in dem Lustspiel *Der letzte Wiener* auftreten. Der Vollblutkomödiant, der jedes Jahr in Karlsbad gastierte, war am 26. Juni 1934 um 9.15 Uhr mit der fahrplanmä-ßigen Maschine vom Flughafen Wien-Aspern nach Prag geflo-gen, wo er kurz vor elf Uhr eintraf. Da der Anschlussflug nach Karlsbad ausgebucht war, wollte er zunächst per Bahn in den mondänen Kurort weiterreisen, wurde aber am Prager Flughafen von dem aus Brünn stammenden Fabrikanten Moritz Skurnik angesprochen, der wie er nach Karlsbad wollte. Skurnik schlug Pallenberg vor, gemeinsam eine kleine Maschine zu mieten, womit sich der Schauspieler einverstanden zeigte. Gesteuert wurde der Eindecker der staatlichen Aerolinie von dem tschechischen Piloten Tomiček.

Der genaue Unglückshergang kann nur rekonstruiert werden. Die Maschine startet bei gewittrigem Föhnwetter in Prag, erreicht Karlsbad unter günstigen Witterungsbedingungen und sackt mittags um Punkt zwölf Uhr wenige Meter vor der Landebahn ab. Wie Zeugen der Katastrophe vermuteten, dürfte ein Seitensteuer weggebrochen sein, wodurch das Flugzeug manövrierunfähig wurde. Im Gleitflug steuert der Pilot die Maschine von achthundert auf dreißig Meter Höhe, dann schnellt sie schräg abwärts, überschlägt sich, stürzt nach vorn, bohrt sich mit der Motorengondel in die Erde. Die Benzintanks fangen Feuer, das rasch vom herbeieilenden Flughafenpersonal gelöscht wird. Doch die beiden Passagiere und der Pilot können nur noch tot geborgen werden. Max Pallenberg umklammert mit seiner Faust die Reste einer verkohlten Tageszeitung.

Während eine Kommission von Luftfahrtingenieuren zur Untersuchung der Tragödie auf das Flugfeld entsandt wird, werden die sterblichen Überreste Pallenbergs, Skurniks und Tomičeks in die Karlsbader Leichenhalle gebracht. Die Nachricht von dem Unglück verbreitet sich in Karlsbad wie ein Lauffeuer. Unter den Kurgästen befindet sich der Schriftsteller Franz Molnár, ein enger Freund Pallenbergs, den die Unglücksbotschaft schwer erschüttert. Der Direktor des Karlsbader Theaters sagt zum Zeichen der Trauer die Abendvorstellung ab. Ihm fällt auch die Aufgabe zu, die Angehörigen der Unglücksopfer zu verständigen. Frau Massary, die sich in ihrem Haus in Lugano aufhält, wird jedoch durch ihre Schwester und den Wiener Theaterdirektor Rudolf Beer von dem Unglück informiert. Mit Beer hat Pallenberg, gut gelaunt, noch den Abend vor seinem Abflug verbracht, an dem er sich nicht überreden ließ, sicherheitshalber lieber doch per Bahn nach Karlsbad zu fahren.

Pallenberg liebte das Tempo, er mochte es, wenn die Zeit wortwörtlich wie im Flug verging, er war ein Rastloser, Unermüdlicher – sowohl in seiner Rollengestaltung als auch im Privatleben. Deshalb war er zu einer Zeit, da das Fliegen noch nicht als Selbstverständlichkeit galt, oft per Flugzeug unterwegs, reiste manchmal

Seine Leidenschaft fürs Fliegen wurde ihm zum Verhängnis: Max Pallenberg (rechts)

für ein paar Stunden nach Prag oder Budapest, um sich ein Stück anzusehen.

Max Pallenberg hat in Wien als Handelsangestellter gearbeitet, ehe er mit zwanzig Jahren ans Theater »durchbrannte« und nach der üblichen Provinzlaufbahn am Deutschen Volkstheater engagiert wurde. Er feierte Erfolge als Komiker, in der Operette und im klassischen Fach, drehte mehrere Stumm- und Tonfilme. Seine Spielstätten waren die Berliner und die Wiener Bühnen, die meisten von ihnen geleitet von Max Reinhardt. 1923 feierte Pallenberg einen außergewöhnlichen Erfolg in der Titelrolle in Hugo von Hofmannsthals Lustspiel *Der Unbestechliche*, das der Dichter für ihn geschrieben hatte. Weitere große Partien waren Molnárs *Liliom*, der Theaterdirektor in Pirandellos *Sechs Personen suchen einen Autor* und die Theaterversion von Jaroslav

Hašeks *Die Abenteuer des braven Soldaten Schwejk* in der Regie von Erwin Piscator.

Pallenberg war seit 1916 mit Fritzi Massary, einer der größten Diven ihrer Zeit, glücklich verheiratet. Gemeinsam verließen sie Berlin, als Hitler die Macht übernahm, lebten in der Schweiz und in ihrer Geburtsstadt Wien.

Als die Schauspielerin vom Tod des geliebten Mannes erfährt, ist sie einem Nervenzusammenbruch nahe, reist dennoch sofort nach Wien, will von dort gleich weiter an den Unglücksort, fühlt sich aber nicht in der Lage dazu. Verzweifelt wartet sie auf das Eintreffen des Sarges mit Pallenbergs sterblichen Überresten, die auf dem Zentralfriedhof beigesetzt werden.

Unter den Hunderten Trauergästen befindet sich Wiens künstlerische Prominenz, die Theaterdirektoren der Stadt, die Komponisten Franz Lehár und Emmerich Kálmán sowie Hans Moser, der in Pallenberg immer sein großes Vorbild sah.

Kurz vor Beginn der Beerdigung verliert Fritzi Massary das Bewusstsein, sie wird in einen Nebenraum der Feuerhalle gebracht und medizinisch versorgt. Von ihrer – aus einer früheren Beziehung stammenden – Tochter und ihrem Schwiegersohn mehr getragen als gestützt, kehrt sie zurück zu den Trauergästen. Der Staatsopernchor singt, Reden werden gehalten und Alfred Polgar schreibt in seinem Nachruf: »Noch grauer und trüber, als sie ohnehin schon ist, noch mehr verlassen von guten und bösen Geistern scheint die Welt, seit dieser strahlende Spaß- und Ernstmacher nicht mehr in ihr herumrumort.«

»Wie soll sie weiterleben?«, schreibt Fritzi Massarys Biografin Carola Stern. »Das Teuerste hat sie in den ersten beiden Jahren des Exils verloren: den Mann, die Wahlheimat Berlin und den Beruf. Denn das weiß sie längst: Von der Operettenbühne muss sie Abschied nehmen. Eine verwitwete Diva über fünfzig im Liebesduett mit einem zwanzig, dreißig Jahre Jüngeren – nein, das geht nicht mehr.«

»Die Massary« verlässt Österreich und emigriert über die Schweiz und Frankreich 1939 zu ihrer Tochter in die USA, wo sie 1969 stirbt.

Fritzi Massary
* 21. 3. 1882
Wien, † 30. 1.
1969 Beverly
Hills. Feiert
große Erfolge in
Wien und Berlin,
ihre Glanzrollen
sind Die lustige
Witwe, Die
Csárdásfürstin
und Madame
Pompadour.

Aktiv noch mit 91 Jahren

Josef Wenzel Graf Radetzky *geht (nicht) in Pension,*
6. März 1857

*Josef Wenzel Graf Radetzky * 2. 11. 1766 Schloss Trebnic bei Prag, †5. 1. 1858 Mailand. Feldherr, Teilnehmer am letzten Türkenkrieg. Besiegt Napoleon bei Leipzig.*

Das erste Mal sucht der Feldmarschall im Alter von 86 Jahren um die Versetzung in den dauernden Ruhestand an. Aber nicht, weil er sich gebrechlich oder außerstande sieht, seine Truppen anzuführen. Sondern aus Protest dagegen, dass man seinen Sohn Theodor als Oberst der k. k. Armee, ohne den Vater vorher verständigt zu haben, in Pension geschickt hat. Doch Kaiser Franz Joseph lehnt das Gesuch des alten Radetzky ab und fügt hinzu, »dass ich mit Zuversicht erwarte, Sie noch ferner Meinem Dienste zu erhalten.«

Franz Josephs Wunsch ist Josef Wenzel Graf Radetzky Befehl, und so bittet er den Grafen Grünne, den Generaladjutanten des Kaisers, die Angelegenheit »als Mann und Freund« vergessen zu wollen. Mit 87 Jahren wohnt Radetzky, im April 1854, der Vermählung des Kaisers mit Elisabeth bei, im Alter von 88 Jahren unternimmt er noch ausgedehnte Inspektionsfahrten nach Bologna und in die Herzogtümer.

Nach den anstrengenden Reisen scheint der Feldmarschall einen neuerlichen Grund für die bevorstehende Pensionierung anführen zu können, also schreibt er dem Monarchen, »dass es mit dem Reiten nicht mehr ginge«. Worauf der Kaiser das Pensionsansuchen des greisen Feldmarschalls einmal mehr zurückweist und ihm stattdessen als besonderes Zeichen der Wertschätzung gestattet, »sich des Wagens zu bedienen«.

Im Juli 1856 bittet der mittlerweile fast Neunzigjährige den Grafen Grünne, »Seiner Majestät die Unmöglichkeit anzuzeigen, noch ferner dienen zu können«. Zwar stimmt der Kaiser der Enthebung aus dem Militärdienst pro forma zu, beauftragt Radetzky jedoch gleichzeitig »Ihr Mir so teures, ruhmvolles Leben noch für eine Reihe von Jahren erhalten zu sehen«. Auch als Radetzky mit

Handschreiben vom 28. Februar 1857 seiner Funktionen als Generalgouverneur des Königreichs Lombardo-Venetien sowie als General der Zweiten k. k. Armee entbunden wird, stellt der Kaiser fest, dass ein Radetzky als solcher überhaupt nicht »pensioniert« werden könne, und fügt hinzu: »... muss ich Sie dringend bitten, Ihren Kaiser auch in der Zukunft mit Ihrem weisen Rate zu unterstützen, den in bedeutungsschweren Ereignissen in Anspruch zu nehmen Ich Mir vorbehalte.«

Also wieder nichts mit der Rente, die Radetzky in Wahrheit auch gar nicht ernsthaft anstrebt. Im Gegenteil, er genießt es, vom Kaiser als unentbehrlich angesehen zu werden. Als er sich am 1. März 1857 von seinen Truppen verabschiedet, schließt der in seinem 91. Lebensjahr stehende Graf eine Rückkehr in den aktiven Dienst nicht aus, »wenn die Stimme unseres geliebten Monarchen mich etwa nochmals rufen sollte, um zu zeigen, dass der Degen noch immer fest in meiner Hand ruht.«

Und die Stimme des geliebten Monarchen ruft! Radetzky wird am 6. März 1857 in Verona in Anwesenheit des Kaisers verabschiedet, doch gleichzeitig weist Franz Joseph dem Noch-immer-nicht-Pensionisten fünf ranghohe Offiziere plus Leibarzt als persönlichen Stab zu und stellt Radetzky sieben kaiserliche Schlösser inklusive Hofburg und Augartenpalais »zu beliebigem Aufenthalt zur Verfügung«. Der alte Haudegen nimmt jetzt die Funktion des »Ersten Ratgebers des Obersten Kriegsherrn« ein, trägt somit weiterhin des Kaisers Rock und gilt »bis an sein Lebensende im Aktivdienst stehend«.

Radetzky, der seit 1854 verwitwet ist, verbringt seinen Lebensabend teils in der Villa Reale in Mailand, teils im kaiserlichen Palast in Monza, wo er noch voller Elan von früh bis spät seiner Arbeit nachgeht. Man darf in diesem Zusammenhang nicht an einen neunzigjährigen Mann des 21. Jahrhunderts denken, sondern daran, dass die Lebenserwartung zu Radetzkys Zeiten bei vierzig Jahren lag und Nestroy sich, als er 1861 sechzig wurde, als »Greis« bezeichnete (und tatsächlich ein Jahr später starb).

Das Erstaunliche an der geistigen und körperlichen Frische des aus einer verarmten Adelsfamilie stammenden Radetzky ist, dass er in seiner Jugend nicht in die Theresianische Militärakademie aufgenommen wurde, weil er laut ärztlichem Attest »zu schwach ist, um die Beschwerden des Militärdienstes auch nur einige Jahre ertragen zu können«. Da haben sich die Herren Militärärzte aber gründlich geirrt!

Es ist nicht verwunderlich, dass sich der Kaiser um die mehrmalige Verlängerung von Radetzkys Dienstzeit bemüht, hat er doch seit den Tagen des Prinzen Eugen als der bei Weitem bedeutendste österreichische Feldherr Geschichte geschrieben. In jüngeren Jahren mehrmals erfolgreich gegen Napoleon im Einsatz, hat er mit über achtzig Jahren noch Österreichs Truppen siegreich in die Schlachten bei Santa Lucia, Vicenza, Custozza und Novara geführt.

Radetzky erfreut sich auch nach 72 Dienstjahren, in denen er in siebzehn Feldzügen fünf Kaisern gedient hat, immer noch guter Gesundheit, bis er am 21. Mai 1857 die Gattin des Grafen Karl von Wallmoden empfängt und sie bei der Verabschiedung ganz selbstverständlich zur Tür geleitet. Auf dem Weg dorthin rutscht er auf dem glatten Marmorboden der Villa Reale aus und zieht sich einen Schenkelbruch zu. Von da an lässt sich Radetzky von seinem Kammerdiener Ferschl im Rollstuhl zu seinen immer noch zahlreichen Verpflichtungen führen.

Am 29. Dezember 1857, drei Tage nach seiner letzten Ausfahrt, wird Radetzky von hohem Fieber befallen, am Silvestertag empfängt er die Sterbesakramente, und am 5. Jänner 1858 stirbt er in Mailand. Als aktiver Offizier, in seinem 92. Lebensjahr stehend. Das Kommando der Zweiten Armee meldet nach Wien: »Seine Exzellenz der Herr Feldmarschall Graf Radetzky ist nach längerem Lungenleiden heute Vormittag um 8 Uhr verschieden.« Am selben Tag noch erlässt der Kaiser einen Armeebefehl: »Dem Willen des Allmächtigen hat es gefallen, Meinen treuesten Diener, den Feldmarschall Graf Radetzky, aus diesem Leben abzuberufen … Um dem tiefen Schmerz Meines mit Mir trauernden Heeres Ausdruck zu verleihen, befehle Ich, dass in jeder Militärstation für den Verblichenen ein Trauergottesdienst gehalten und von Meiner ganzen Armee und Flotte die Trauer vierzehn Tage hindurch angelegt werde. Alle Fahnen und Standarten haben auf diese Zeit den Flor zu tragen.«

Nicht genug damit, möchte der Kaiser seinem Feldherrn die höchste Ehre erweisen. Nur eine Nichtangehörige des Kaiserhauses wurde in der Kapuzinergruft beigesetzt: die Gräfin Karoline Fuchs-Mollard, einst Erzieherin Maria Theresias und von dieser ganz außergewöhnlich geschätzt. Nun soll Radetzky als zweiter Nicht-Habsburger in der Kaisergruft bestattet werden. Der Monarch muss jedoch zu seinem großen Befremden erfahren, dass Radetzky seinen Leichnam bereits zu seinen Lebzeiten »verkauft« hat: Joseph Pargfrieder*, Armeelieferant für Schuhe und andere Gebrauchsartikel, kam jahrzehntelang für die Schulden der zeitlebens auf großem Fuß lebenden Feldmarschälle Josef Wenzel Radetzky und Maximilian von Wimpffen auf. Die beiden höchsten Militärs der k. k. Armee gingen im Gegenzug die Verpflichtung ein, ihre sterblichen Überreste auf dem »Heldenberg« im niederösterreichischen Kleinwetzdorf bei Stockerau an Pargfrieders Seite begraben zu lassen. Nun bleibt dem Kaiser nichts anderes übrig, als sich dem Willen eines Herrn Pargfrieder zu beugen. Und Radetzky findet seine letzte Ruhe statt an der Seite der österreichischen Monarchen an der Seite eines Offizierskameraden und eines Schuhhändlers. Im Volksmund kursiert fortan der Reim:

Nie wirklich in Pension gegangen: Feldmarschall Josef Wenzel Graf Radetzky im Alter von neunzig Jahren

Hier liegen drei Helden in ewiger Ruh,
Zwei lieferten Schlachten, der dritte die Schuh.

---

* Joseph Gottfried Pargfrieder (1782–1863), als Armeelieferant reich geworden, errichtete den »Heldenberg«, auf dem er neben den Feldherren Radetzky und Wimpffen – die er jahrzehntelang finanziell unterstützt hatte – seine letzte Ruhe fand.

ALMA TRIFFT GUSTAV MAHLER

Berta Zuckerkandl *als Kupplerin,*
7. November 1901

*Berta Zucker-
kandl geb. Szeps
* 13. 4. 1864
Wien, † 16. 10.
1945 Paris.
Schriftstellerin
und Salondame.
In ihren Salons
trifft sich die
Welt des Fin de
Siècle.*

In der feudalen Villa in der Nußwaldgasse in Wien-Döbling läutet das Telefon, damals noch ein Luxusgegenstand, der nur wenigen Haushalten zur Verfügung stand. Die nun folgenden beiden Gespräche werden zum Schicksal zweier Menschen, die im kulturellen Wien der Jahrhundertwende eine bedeutende Rolle spielen.

»Gustav Mahler. Guten Tag. Ich bringe Ihnen Grüße aus Paris.«

»Vielen Dank, Herr Direktor, dass Sie sich diese Mühe nehmen«, erwidert Berta Zuckerkandl.

»Zu danken habe ich Ihren Verwandten in Paris. Dort fand ich Verständnis, wirkliche Musikliebe … Nur das hat mich bewogen, Sie anzurufen. Ist sonst nicht meine Art.«

»Ich traue mich kaum, Sie zu fragen, Herr Direktor, ob es Ihnen passt, einen Abend bei uns zu verbringen?«

»Vielleicht entschließe ich mich dazu. Aber es ist ein Opfer. Und nur unter der Bedingung: Keine Gesellschaft, sonst laufe ich davon.«

»Das weiß ich, Sie brauchen nichts dergleichen zu befürchten.«

»Donnerstag bin ich frei. Ich esse nur Grahambrot und Meraner Äpfel. Empfehle mich.«

*Gustav Mahler
* 7. 7. 1860
Kalischt/Böhmen,
† 18. 5. 1911
Wien. Komponist
und Dirigent.
1897 bis 1907
Direktor der
Wiener Hofoper.*

Tatsächlich, Gustav Mahler hat Berta Zuckerkandl noch in der Sammlung prominenter Gäste in ihrem Salon gefehlt, in dem die künstlerische und wissenschaftliche Elite der Donaumonarchie ein- und ausgeht. Zu ihnen gehören die bedeutendsten Kapazitäten auf ihrem Gebiet, darunter Johann Strauß, Arthur Schnitzler, Stefan Zweig, Otto Wagner, Josef Hoffmann, Julius Wagner-Jauregg, Alexander Girardi und Max Reinhardt. Nun also ist Gustav Mahler dran. Und wie's der Zufall will, klingelt am nächsten Tag im Hause Zuckerkandl schon wieder das Telefon, diesmal

42

wird Bertas Mann, der angesehene Arzt Emil Zuckerkandl, an den Apparat gerufen. Am anderen Ende der Leitung ist Almas Mutter, Anna Moll: »Emil, ich möchte dich konsultieren.«

»Mich? Ich kuriere nur Leichen.«

»Ja, ich weiß. Aber ich bilde mir ein, dass ein berühmter Anatom wie du vieles besser weiß als so ein Auswendigkurierer.«

»Also, was gibt es?«

»Es ist wegen Alma. Das Mädel magert ab, ist ganz blass und – kannst du dir das vorstellen – ist ganz still geworden. Was mir am meisten auffällt, sie kokettiert nicht mehr.«

»Das ist bedenklich. Was sagt euer Arzt?«

»Blödsinn. Dass sie bleichsüchtig ist. Es gibt nur eine Erklärung. Alma sitzt beinahe jeden Abend in der Oper. Sie kommt dann ganz verweint nach Hause, setzt sich ans Klavier und spielt stundenlang.«

»Soll ich eine Diagnose stellen? Es ist möglich, dass die Suggestionskraft dieses Musikers an der sogenannten Bleichsucht schuld ist. Sollte das der Fall sein, vielleicht kann ich Alma kurieren.«

»Dann bist du ein Hexenmeister.«

»Schick sie Donnerstagabend zu uns. Kann sein, ich beginne mit meiner Kur.«[*]

Von »Keine Gesellschaft«, wie Gustav Mahler es gefordert hat, kann somit keine Rede sein. Nicht genug mit Alma Schindler, angelt sich Berta Zuckerkandl für diesen 7. November 1901 auch noch den Dichter Hermann Bahr, den früheren Burgtheaterdirektor Max Burckhard und den großen Maler Gustav Klimt als Gäste. Die Zusammensetzung der Gesellschaft entbehrt nicht einer gewissen Pikanterie: Mit Klimt hat die 22-jährige Alma bereits eine Romanze hinter sich, Burckhard ist ihr gegenwärtiger Verehrer und Gustav Mahler ihr künftiger Ehemann. Bald wird sich zeigen, dass dieser Abend Berta Zuckerkandl die Möglichkeit eröffnet, einer ihrer Lieblingsbeschäftigungen nachzukommen: der Kuppelei.

---

[*] Der Wortlaut der beiden Telefongespräche findet sich in Berta Zuckerkandls Erinnerungen *Österreich intim*.

Der 41-jährige Mahler verbringt trotz Zuwiderhandelns gegen seine Bedingung, der einzige Gast zu sein, den ganzen Abend im Hause Zuckerkandl. Genaue Auskunft über das Treffen im Salon gibt ein Brief, den Berta drei Wochen später an ihre Schwester Sophie nach Paris schickt, die mit Paul Clemenceau, dem Bruder des künftigen französischen Ministerpräsidenten Georges Clemenceau, verheiratet ist. »Vor allem«, schreibt Frau Zuckerkandl, »muss ich Dir von Gustav Mahler erzählen. Denk Dir, er selbst hat mich eines Tages angerufen, um mir eure Grüße zu bestellen. Er hat sogar zugesagt, einen Abend bei uns zu verbringen. Es war keine leichte Frage, wen man zu diesem scheuen, verschlossenen, hypersensiblen Menschen einladen sollte. Längst war der Ruf von ungemütlichen Vorfällen zu mir gedrungen.«

Berta Zuckerkandl erwähnt, dass neben Hermann Bahr, Burckhard und Klimt »nur ein junges Mädchen kam, das einzuladen Emil sich in den Kopf gesetzt hatte. Alma Schindler, die Tochter des großen Malers Emil Schindler. Er ist vor Jahren gestorben, jetzt ist sie die Stieftochter des Malers Carl Moll, des frevelhaft geschickten Impresarios der Sezession.«

Und so schildert Berta Zuckerkandl den Verlauf des Abends: »Natürlich war das Menü auf Mahler eingestellt, er verträgt nur

Brachte Alma und Gustav Mahler zusammen: Wiens große Salondame Berta Zuckerkandl

leichte Kost. Punkt acht Uhr kam er. Viel gemütlicher als wir dachten.« Der Hofoperndirektor erzählt von einem Erzherzog, der verlangte, eine absolut unbegabte, aber ausnehmend hübsche, von ihm protegierte Sängerin an die Oper zu engagieren, was von Mahler abgelehnt wurde. Burckhard gibt an, ähnliche Protektionsversuche auch am Burgtheater abgewendet zu haben, was seinem Vorgänger noch nicht gelungen war. Die Möglichkeiten des Erzhauses, auf künstlerische Belange Einfluss zu nehmen, seien also geringer geworden.

Alma hat schweigend zugehört. Nun fragt sie temperamentvoll: »Warum hat sich das Publikum das gefallen lassen?«

Mahler hat sie bisher nicht beachtet. Jetzt sieht er sie aufmerksam an. »Eine solche Frage kann nur die Jugend stellen, die weiß noch nichts von Feigheit und Kompromissen.«

Dann wird das Dessert serviert und Mahler wendet sein Interesse den Äpfeln zu. Zum schwarzen Kaffee löst sich die Tischgemeinschaft auf. Plötzlich hört Berta Zuckerkandl laute Stimmen aus dem Nebenzimmer, denen sie nachgeht. Zornig steht Alma da. Auch Mahler ist wütend und hüpft hin und her.

»Sie haben nicht das Recht, ein Werk, das Ihnen eingereicht wird – noch dazu von einem echten Musiker wie Zemlinsky – einfach ein Jahr lang liegen zu lassen«, wird Mahler von Alma attackiert. »Sie können ›Nein‹ sagen, aber antworten hätten Sie müssen!«

»Das Ballett ist miserabel«, knurrt der Hofoperndirektor. »Ich verstehe nicht … Sie studieren doch Musik – wie können Sie für so einen Schmarren eintreten?«

»Erstens ist es kein Schmarren. Wahrscheinlich haben Sie sich nicht die Zeit genommen, das Werk durchzusehen, und zweitens kann man auch höflich sein, wenn es sich um schlechte Musik handelt.«

Gustav Mahler hat natürlich keine Ahnung, dass Alma auch mit Alexander Zemlinsky, ihrem Kompositionslehrer, durch ein stürmisches Verhältnis verbunden ist.

Der Direktor nagt an seinen Lippen. Plötzlich streckt er seine Hand aus: »Machen wir Frieden. Ich verspreche Ihnen natürlich

Alma Mahler geb. Schindler *31.8. 1879 Wien, †11.12.1964 New York. Geliebte, Ehefrau und Muse bedeutender Künstler. Sie heiratet 1902 Gustav Mahler, zweite Ehe mit Walter Gropius, dritte Ehe mit Franz Werfel.

nicht, das Ballett anzunehmen. Weil Sie aber so tapfer für Ihren Lehrer einstehen, verspreche ich Ihnen, Zemlinsky morgen zu mir zu bitten.«

Alma ist über ihren Temperamentsausbruch sichtlich erschrocken. Wie hat sie ihn ihrem Idol gegenüber nur wagen können? Sie flüchtet zu Klimt und Burckhard. »Klimt hat für sie geschwärmt, als sie sechzehn Jahre alt gewesen ist. Burckhard ist eben jetzt in sie verliebt. Sie aber nimmt das recht gleichgültig hin«, schreibt Berta Zuckerkandl.

»Es ist das erste Mal«, drängt Mahler zum Aufbruch, »dass ich mich in einer Gesellschaft wohlfühle. Ich muss aber fort, denn ich habe morgen Kostümprobe. Übermorgen ist die Generalprobe von *Hoffmanns Erzählungen*.«

Beim Abschied fragt er zunächst Berta Zuckerkandl: »Darf ich Sie zur Generalprobe einladen? Übermorgen Punkt zehn.« Und dann an Alma gerichtet: »Wenn es Fräulein Schindler interessiert, so bitte ich auch sie, mir das Vergnügen zu machen.«

Eines der raren Fotos, die das Ehepaar gemeinsam zeigen: Alma und Gustav Mahler bei einem Spaziergang

Fort ist er. Mit hastigen Schritten verschwindet er wie ein Irr-licht. Die anderen Gäste bleiben noch.

»Alma, du kannst dich nicht beklagen«, sagt Frau Zuckerkandl im Scherz, »ich habe dir die Vergangenheit eingeladen«, und sie zeigt auf Klimt, »die Gegenwart« und sie zeigt auf Burckhard, »und vielleicht die Zukunft«.

Berta weiter in dem Brief an ihre Schwester: »Drei Wochen sind seither vergangen. Gestern hat sich Alma mit Mahler verlobt. Gleich nach dem Abend bei mir hatte er Frau Moll, Almas Mutter, besucht, war von der Atmosphäre dieses Hauses entzückt – taute auf, vergaß seine asketische Weltanschauung, wurde jung und töricht verliebt.«

Zufall? Schicksal? Bestimmung? Alma Schindler und Gustav Mahler heiraten am 9. März 1902 in der Wiener Karlskirche, 1904 wird Tochter Anna geboren. Die Ehe hält – mit Höhen und Tie-fen – bis zu Mahlers Tod im Mai 1911.

Nicht mehr und nicht weniger ereignete sich an jenem Abend im Salon der Schriftstellerin und Journalistin Berta Zuckerkandl, die schon in ihrer Kindheit der großen, weiten Welt begegnet war. Ihr Vater Moriz Szeps war Chefredakteur und Herausgeber des libe-ralen *Neuen Wiener Tagblatts* und ein enger Freund des österrei-chisch-ungarischen Thronfolgers, Kronprinz Rudolf, der in seiner Zeitung anonym Texte veröffentlichte, die zum Teil gegen die Politik der k. u. k. Monarchie gerichtet waren.

Berta Zuckerkandls Salon befand sich bis 1916 in der Döblin-ger Nußwaldgasse. Als das Ehepaar an die Ringstraße übersie-delte, war der Prominententreff im Haus des Café Landtmann etabliert.

Ein Fiaker macht Karriere

Josef Bratfischs Diskretion,
14. November 1887

*Josef Bratfisch
* 26. 8. 1847
Wien, † 16. 12.
1892 Wien.
Kutscher und
Wienerliedsänger,
ab 1887 Leib-
fiaker des
Kronprinzen
Rudolf.*

Einen solchen Fall gibt's nur einmal. Dass der Name eines Kutschers weit mehr als hundert Jahre nach seinem Ableben immer noch bekannt, ja geradezu populär ist. Bei Josef Bratfisch spielt wohl mit, dass er »nebenberuflich« Heurigensänger und Kunstpfeifer war, vor allem aber, dass er sich als Freund des Kronprinzen Rudolf bezeichnen und diesen gemeinsam mit Mary Vetsera auf ihrer letzten Fahrt nach Mayerling bringen durfte.

In Wien wusste man von der Begeisterung des Kronprinzen für das Volkslied, oft konnte man den Sohn des Kaisers, teils erkannt, teils anonym, in Gasthäusern und Buschenschenken beobachten, in denen er stundenlang und geradezu andächtig den »schmalzigen« Melodien der Musikanten lauschte, sei es in Gesellschaft seiner meist politisch liberalen Freunde oder mit einer seiner zahlreichen Geliebten.

Der 14. November 1887 sollte zu einem besonderen Abend werden. Rudolf hatte sogar einen eigenen Berater für das Volkslied, und das war kein Geringerer als der Komponist Carl Michael Ziehrer, der eines Tages den Auftrag erhielt, für den Sohn des Kaisers und seine Jagdgesellschaft auf Schloss Orth an der Donau einen wienerischen Abend mit den besten Volks- und Heurigensängern zu organisieren. Ziehrer schrieb Anfang November an Johann Schrammel: »Bei Seiner Kaiserlichen Hoheit, dem Kronprinzen, dürfte zwischen 14. und 17. November ein echt wienerischer Abend veranstaltet werden. Komme, Sie zu fragen, ob Sie an diesen Tagen Zeit (abends) hätten, zu spielen, selbstverständlich auch mehrere Ihrer Sänger. Bitte morgen mich bestimmt zwischen 1 und 2 Uhr mit Ihrem Besuch zu beehren, da ich abends noch Bericht erstatten muss. C. M. Ziehrer, III. Bezirk, Gärtnergasse 17.«

Johann Schrammel, einer der populärsten Musiker Wiens, erkannte die Bedeutung des Auftrags und trommelte neben seinem Bruder Josef und den Partnern seines Quartetts, Anton Strohmayer und Georg Dänzer, noch weitere Volkskünstler zusammen, darunter den Kunstpfeifer »Baron Jean«, die Jodlerin »Kiesel-Marie«, den »Friseur Brady«, den Grinzinger Gastwirt und Dudler Josef Brandmeyer sowie – als musikalische Krönung – den singenden Fiaker Josef Bratfisch.

Schon am Tag der Ankunft wird auf Schloss Orth »aufg'spielt«, wobei laut einem Bericht im *Illustrierten Extrablatt* neben dem Kronprinzenpaar auch (der spätere Thronfolger) Erzherzog Franz Ferdinand sowie die Prinzen Leopold in Bayern und Philipp von Coburg zur erlesenen Zuhörerschar – »Herren im Frack, Damen in Promenadetoilette« – zählen. Die ausgelassene Soiree dauert von sechs Uhr abends bis drei Uhr früh, »und es ernteten die Musiker wie die Sänger den lebhaftesten Beifall der höchsten Herrschaften«.

Am nächsten Abend erteilt der Kronprinz laut *Extrablatt* »immer wieder das Zeichen zum Applaus, ist bester Laune und bestellte bei Bratfisch das Lied *Das waß nur a Weana, a weanerisches Blut*. Der Fiaker kannte wohl die Melodie, nicht jedoch den Text und so nahm der Kronprinz Papier, schrieb die Strophen des Liedes aus dem Gedächtnis auf und überreichte das Blatt dem Fiaker.«

Was nun folgt, verschweigt das *Extrablatt*: Bratfisch, nur der damals üblichen Kurrentschrift mächtig, kann Rudolfs Lateinbuchstaben nicht entziffern und hält dem Kronprinzen unter Außerachtlassung der im Umgang mit Mitgliedern des Kaiserhauses üblichen strengen Verhaltensregeln entgegen: »So a Schrift kann doch kein anständiger Mensch lesen!« Rudolf lacht herzhaft über diesen Temperamentsausbruch, fällt dem vierzig Jahre alten Kutscher um den Hals und trägt ihm das vertrauliche »Du« an. Dann singt er mit ihm im Duett das Wienerlied *Das is in Weana sein Schan* und ernennt ihn auf der Stelle zu seinem Leibfiaker.

Obwohl der Kronprinz sein Wort in einer Weinlaune gegeben hat, bekennt er sich allen Bedenken seiner Umgebung zum Trotz

Garnierten Liptauer für Kronprinz Rudolf und seine Geliebte: der musizierende Leibfiaker Bratfisch

weiterhin zum Du-Wort, pflegt mit dem als trinkfest bekannten Bratfisch eine freundschaftliche Beziehung und macht ihn zum Vertrauten seiner geheimen Leidenschaften, weil er bald weiß, dass er sich auf Bratfischs Verschwiegenheit verlassen kann. Wie sehr er ihm vertraute, zeigen zwei Besuche Rudolfs in der Privatwohnung der Familie Bratfisch, »in Begleitung von Frl. Mizzy Kaspar«, wie uns Bratfischs Tochter Antonia Konhäuser in einer *Denkschrift* hinterließ. Maria Caspar, eine in Graz geborene Edelprostituierte, war Rudolfs langjährige Geliebte, der er wenige Monate später als erster Frau das Angebot unterbreitete, mit ihm in den Tod zu gehen – was diese brüsk ablehnte. Dem Kronprinzen wurde, als er im Herbst 1888 mit Mizzi in Bratfischs Parterrewohnung in der Wiener Laudongasse Nr. 52 einkehrte, eine Jause serviert, »bestehend aus garniertem Liptauer, den meine Mutter seiner Meinung nach ausgezeichnet anzurichten verstand und den er bei Hofe nie derart bekam. Dazu wurde Bier und Wein getrunken.«

In den knapp eineinhalb Jahren, in denen Bratfisch für Kronprinz Rudolf fährt, bleibt er wie bisher in Anstellung des Fiakerunternehmers Leopold Wollner, dessen Stallungen in der Breitenfelder Gasse Nr. 13 in Wien-Josefstadt liegen. Doch Rudolf bezahlt den singenden Fiaker für seine treuen Dienste weit über seinen eher kargen Lohn hinaus fürstlich, und er schenkt ihm sogar das Haus Lacknergasse 8 in Wien-Hernals, in das dieser dann auch mit Frau und Tochter einzieht. Josef Bratfisch ist mit seiner Fiaker-Lizenznummer 104 für den Kronprinzen abgestellt, er erledigt Einkäufe, bringt ihn zu diskreten Terminen, führt Rudolfs Liebschaften in die Hofburg oder wartet mitunter nächtelang vor deren Wohnhäusern. Ebenso ist der singende und pfeifende Fiaker bei allen ausgelassenen Festen des Kronprinzen mit seinem musikalischen Repertoire dabei. Rudolf behält zwar weiterhin seinen »offiziellen« Hofkutscher Anton Prechtler – doch für geheime Fuhren und Erledigungen ist ausschließlich Bratfisch zuständig.

Ab dem 5. November 1888, als Rudolf und Mary Vetsera einander zum ersten Mal heimlich treffen, bringt Bratfisch die siebzehnjährige Baronesse zu fast allen Rendezvous mit dem Kronprinzen. Er holt sie meist vom Haus ihrer Eltern in der Salesianergasse ab, wartet mit seiner Kutsche aber diskret wenige Meter entfernt in der Marokkanergasse, von wo er Mary in die Hofburg bringt.

Am 28. Jänner 1889 führt er die Baronesse mit seinem Gespann jedoch laut Anweisung des Kronprinzen zum Gasthaus Rother Stadl nahe von Kalksburg. Anfang Februar wird Bratfisch beim Wiener Polizeipräsidenten Franz Freiherr von Krauss zu Protokoll geben, dass sich Rudolf dorthin von seinem Hofkutscher Prechtler führen ließ und gegen 13 Uhr ankam. Weiters sagte Bratfisch aus: »Der Kronprinz war sehr aufgeräumt und heiter und entschuldigte sich bei mir, dass wir so lange warten mussten. Er gab nun den Befehl, nach Mayerling zu fahren. Er sagte aber, ich solle mir Zeit lassen, damit wir erst in der Dämmerung dorthin kommen. Die Straßen waren so schlecht und vereist, dass es ohnehin nicht schneller ging.« Im Kassabuch des Fuhrwerkunternehmers Wollner ist vermerkt: »Bratfisch fährt nach Mayerling, 30 Kronen.«

Als zwei Tage später in Rudolfs Jagdschloss die beiden tödlichen Schüsse fallen, ist Bratfisch bereits in Wien. Er hat also nicht, wie oft fälschlich berichtet wird, »zum Abschied« noch für Rudolf und Mary Wienerlieder gesungen.

Nach dem Doppelselbstmord Rudolfs und Marys werden dem Leibfiaker von ausländischen Zeitungen enorme Geldbeträge geboten, um »das Geheimnis von Mayerling lüften« zu können. Doch der Fiaker bleibt über den Tod seines Herrn hinaus loyal und verschwiegen. Er wird auch vom Kaiser – wohl um seine Diskretion fortzusetzen – in großzügiger Weise ausbezahlt und baut sich mit der Abfindung einen eigenen Fiakerbetrieb auf.

Zeitzeugen gaben an, dass es nach dem Tod seines Herrn »um Bratfisch geschehen« war. Der einst so frohe und lebenslustige Mann wurde wortkarg wie ein Kartäusermönch, nie mehr hörte man ihn singen, nie mehr sah man ein fröhliches Lachen um seinen Mund. Bratfisch konnte seine Selbstständigkeit als Unternehmer nicht lange genießen, er starb knapp drei Jahre nach Mayerling im Alter von 45 Jahren an Kehlkopfkrebs. Der Kutscher fand in einem ehrenhalber gewidmeten Grab der Stadt Wien auf dem Hernalser Friedhof seine letzte Ruhe und wurde in dem 1956 gedrehten Film *Kronprinz Rudolfs letzte Liebe* von Attila Hörbiger dargestellt.

»Schreiben S' mir eine Type«

Hans Moser wird entdeckt,
31. Dezember 1922

42 Jahre musste dieser Schauspieler alt werden, ehe man von ihm Notiz nahm. Mehr als zwei Jahrzehnte war er auf böhmischen Schmierenbühnen aufgetreten, als jugendlicher Liebhaber mit Chor- und Statisterieverpflichtung, musste Kulissen schieben und Theaterzettel austragen. Meist in schmutzigen Gasthaussälen, in denen es als »Gage« ein nicht einmal besonders schmackhaftes Abendessen gab. Kein Direktor oder Regisseur ließ ihn sein, wofür er geboren war: ein Komödiant von Gottes Gnaden.

Er selbst wusste, was er konnte. Sein Traum war es, sein komisches Talent in Solonummern zeigen zu können, so wie sie den berühmten Kollegen der damals populären Wiener Varieté- und Kabarettbühnen auf den Leib geschrieben wurden. Aber niemand würde einem unbekannten Schmierendarsteller aus der Provinz eine solche Nummer schreiben.

1922 hat er endlich wieder einmal ein Engagement in Wien. Es ist nichts von Bedeutung, Hans Moser spielt im Varieté Reklame auf der Praterstraße in dem Einakter *Nachtasyl* eine kleine Rolle.

Doch er weiß, dass dieses Engagement seine vielleicht letzte Gelegenheit sein könnte. Und er nützt sie. Im Ensemble des Varietés befindet sich eine junge Soubrette namens Friedl Weiss, die jeden Abend nach der Vorstellung vom berühmten Librettisten Fritz Löhner-Beda – der viele Sketches, aber auch Texte für die Operetten von Franz Lehár schrieb – abgeholt wird. Wie Moser herausfindet, ist die Schauspielerin mit dem angesehenen Schriftsteller verlobt.

Hans Moser wittert seine Chance, wie mir Friedl Weiss fast sechzig Jahre später anvertraute. »Eines Tages klopfte Herr Moser an meine Garderobentür, trat ein und sagte: ›Frau Weiss, ich bin

Hans Moser, eigentlich Hans Julier * 6. 8. 1880 Wien, † 19. 6. 1964 Wien. Volksschauspieler. 1925 von Max Reinhardt an das Theater in der Josefstadt und nach Berlin geholt. 200 Filme u. a. Burgtheater (1936), Hallo Dienstmann! (1952).

ein armer kleiner Schauspieler, Sie sind doch immer in Begleitung des Herrn Dr. Löhner-Beda. Ich hätte eine Bitte an ihn. Vielleicht könnte er mir eine Soloszene schreiben, das wäre sehr wichtig für mich.«

Fritz Löhner-Beda, eigentlich Löwy *24. 6. 1883 Wildenschwert/ Böhmen, †4. 12. 1942 Auschwitz (ermordet). Kabarettautor, Librettist. Mit Franz Lehár Schöpfer u. a. der Operetten Das Land des Lächelns *(1929),* Giuditta *(1934).*

Wie nicht anders zu erwarten, explodiert der stets unter Zeitdruck stehende Löhner-Beda, als er durch seine Verlobte vom Wunsch des unbekannten Schauspielers erfährt: »Immer kümmerst du dich um die anderen, ich komm nicht einmal dazu, dir eine neue Nummer zu schreiben, und das wäre viel wichtiger.«

Moser lässt nicht locker und klopft schon am nächsten Abend wieder an der Garderobentür des Fräulein Weiss. »No, was hat er gesagt, der Herr Doktor?«

»Sehr gut schaut's nicht aus, Herr Moser. Aber passen S' auf, wenn ich heut aus dem Theater geh, wird er draußen auf mich warten. Da werde ich Sie ihm vorstellen.«

Gesagt, getan. »Herr Doktor Beda – Hans Moser!«

»Ja, meine Verlobte hat mir von Ihnen erzählt«, stöhnt der Vielbeschäftigte. »Ich soll Ihnen was schreiben. Was hätten S' denn gern?«

»A Type, Herr Doktor, wenn S' mir eine Type schreiben könnten, das wär sehr gut, wissen S', so was Wienerisches.«

»Was für eine Type denn?«

»Ich hab' mir dacht, einen Garderober oder einen Hausmeister oder so was halt.«

»Also gut, ich werd's versuchen«, erwidert Löhner-Beda – wohl eher um den Schauspieler loszuwerden. »Kommen S' halt morgen vor der Vorstellung ins Dobner.«

Pünktlich, wie vereinbart, betritt Moser am nächsten Abend das beliebte Künstlercafé am Naschmarkt. Fritz Löhner-Beda sitzt an seinem Stammtisch, hatte die Vereinbarung aber längst vergessen. Er bittet um Entschuldigung, sperrt sich eine Dreiviertelstunde lang in die Herrentoilette ein – und kommt mit einem fertigen Einakter zurück. Der Titel lautet: *Ich bin der Hausmeister vom Siebenerhaus.*

Löhner-Beda überlässt Moser die Szene eines »Hausdrachens«, der seine »Macht« gegenüber den Wohnungsmietern ausspielt, ohne dabei die Armut und die Erbärmlichkeit seines eigenen Daseins zu erkennen.

Der Direktor des Varieté Reklame ist sofort begeistert, als er davon erfährt. »Was, ein Sketch vom Löhner-Beda? Schon gekauft, das ist doch klar.«

Die Silvestervorstellung steht unmittelbar bevor, für sie ist die Nummer des berühmten Librettisten ideal. Und wirklich, am 31. Dezember 1922, tritt Hans Moser mit dem *Hausmeister vom Siebenerhaus* in seiner ersten Solonummer auf.

Endlich, zum ersten Mal in seinem Leben, kann der bisher so gut wie nicht wahrgenommene Schauspieler sein überragendes Talent unter Beweis stellen. Fritz Löhner-Beda sitzt in der Vorstellung und ist hingerissen, als er sieht, was Moser aus seiner Nummer herausholt. Der Librettist lädt für die folgenden Abende Gott und die Welt ins Varieté Reklame, und Moser wird zum Gesprächsthema der Stadt. Man engagiert ihn in andere Unterhaltungsetablissements, in den Simpl, ins Café Lurion, ins Konzertcafé Westminster, ins Chat Noir und ins Rideamus, in denen er mit der einzigartigen Interpretation seiner Solonummer das Publikum begeistert. Begleitet wird er immer von seiner Frau Blanca, mit der er seit 1911 verheiratet ist, die immer an ihn glaubte und ihm auch in den düsteren Stunden der Verzweiflung Mut machte. Eines Abends sitzt die berühmte Komikerin Gisela Werbezirk im Publikum und wünscht sich Moser als Partner für das von Karl Farkas an der Neuen Wiener Bühne inszenierte Lustspiel *Frau Lohengrin*.

Nach zwei weiteren Nummern, die Löhner-Beda für ihn schreibt – *Der Patient* und *Der Heiratsvermittler* – fasst Moser 1923 den Mut, selbst eine Solonummer zu entwickeln. Das Budapester Orpheum auf der Taborstraße hat ihn engagiert, und er will auf der renommierten Kabarettbühne etwas Neues, etwas Besonderes zeigen. Da erinnert sich Moser der Dienstmänner, die er in seiner Kindheit beobachtet hat, wie sie ihrer Kundschaft schwere Koffer, Körbe und Einkaufstaschen nachgetragen und wie sie unter ihrer Last gestöhnt haben. Hans Moser ist am Wiener Naschmarkt aufgewachsen und konnte dort viele Dienstmänner studieren. Jetzt will er einen nörgelnden, viel zu schwachen Kofferträger darstellen. Und die Idee sollte sich als durchschlagender Erfolg erweisen, er spielt die Rolle sein Leben lang.

Und es geht rasant weiter: Robert Stolz sieht Moser als *Dienstmann* und empfiehlt ihn dem Direktor des Ronacher, der ihn sofort in seine neue Revue *Wien gib' acht!* holt. Eduard Sekler, der Regisseur des Programms, erinnerte sich später: »Damals, im Ronacher, hat Moser, als Dienstmann verkleidet, zum ersten Mal genuschelt. Wir inszenierten die Kofferszene, und irgendwie ergab sich diese eigentümliche Sprechweise. Sie sollte ihm zur Eigenart werden. Und da er merkte, dass das dem Publikum gefiel, hat er es eben beibehalten.«

Einer anderen Version zufolge sei das Nuscheln krankheitsbedingt, durch eine Verkrümmung des Moser'schen Kehlkopfs, entstanden.

Wie auch immer, das Ronacher ist – im Gegensatz zu den bisherigen Kellerbühnen – ein großes Theater. Zeitungskritiken erscheinen, und Anton Kuh schreibt 1924 von dem »bald in Pallenberg-Nähe rückenden Hans Moser«. Dieser spielt inzwischen auch die Solonummer eines Pompfüneberers, die Karl Farkas für ihn verfasst hat: Ein Leichenbestatter soll in der Szene die sterblichen Überreste eines soeben verblichenen Mannes abholen, er irrt sich aber im Stockwerk und gerät statt zu der erwarteten Trauergemeinde in eine ausgelassene Hochzeitsgesellschaft. Die Besucher des Festes halten den Leichenbestatter für einen kostümierten Witzbold, der sich wiederum sehr wundert, im Falle einer derart traurigen Angelegenheit auf eine so beschwingte Runde zu stoßen.

Eines Abends kommt kein Geringerer als Charlie Chaplin, auf Kurzbesuch in Wien, ins Ronacher. Chaplin ist begeistert und kauft Farkas die Rechte der Verwechslungsszene ab, weil er sie in

Die dritte Solonummer hat er sich selbst auf den Leib geschrieben: Den »Dienstmann« spielte Hans Moser sein Leben lang.

Amerika verfilmen will. Er hat es – aus Respekt vor Mosers Leistung – nie getan.

Die verschenkten Jahre, die Auftritte mit Chor- und Statisterieverpflichtung, des Kulissenschiebens und Zettelaustragens sind endgültig vorbei. Jetzt geht alles Schlag auf Schlag. Das Theater an der Wien steigt in der »Silbernen Operettenära« zu neuer Blüte auf. Direktor Hubert Marischka holt Moser als »Dritten-Akt-Komiker« für die Uraufführung von Emmerich Kálmáns *Gräfin Mariza* und überträgt ihm von da an eine Traumrolle nach der anderen. Als Moser in Bruno Granichstaedtens Operette *Der Orlow* als Billeteur brilliert, kommt Max Reinhardt ins Theater an der Wien, um ihn zu sehen – und sofort zu engagieren.

Von einem Tag zum anderen steht er, der kurz zuvor noch der »Schmiere« angehörte, in der allerersten Reihe der besten Darsteller im deutschsprachigen Raum. Moser wird zu einem der Lieblingsschauspieler Max Reinhardts, er gibt ihm die Rollen, für die nur er geschaffen war: in Berlin, in Wien, bei den Salzburger Festspielen. Auf der Leinwand allerdings kann er sich erst durchsetzen, als die Technik den Tonfilm zulässt. Ab Mitte der dreißiger Jahre zählt Moser dann aber zu den meist beschäftigten und bestbezahlten Filmstars. Er dreht 150 Filme, oft so trivialen Inhalts, dass sie ohne Mosers Mitwirkung unvorstellbar wären. Doch sein Auftreten adelt die banalste Handlung, lässt den Unsinn, der da verbreitet wird, vergessen.

Er selbst hat immer von seinem Talent gewusst, wie er viel später – 1926, bereits als berühmter Mann – in einem Interview feststellte: »Eines möchte ich schon sagen: Das, was ich heute kann, habe ich vor zwanzig Jahren schon gekonnt. Um kein Haar war ich damals anders als heute, ganz gewiss nicht.«

Moser ist bereits 53, als er 1933 in dem Willi-Forst-Film *Leise flehen meine Lieder* einen kleinen Pfandleiher so überwältigend menschlich darstellt, dass er in einer Zeitung zum ersten Mal als »Volksschauspieler« bezeichnet wird.

Ein großer Menschendarsteller hat seine Chance zu nützen gewusst. Eine kleine Szene als Hausmeister, die auf der Herrentoilette des Café Dobner entstanden ist, hat ihn dorthin gebracht.

»Bettgeher der Trampusch«

Johann Strauß Vater *verlässt seine Familie,*
18. Mai 1835

*Johann Strauß Vater * 14. 3. 1804 Wien, † 25. 9. 1849 Wien. Komponiert 152 Walzer, 13 Polkas, 18 Märsche.*

Eduard, der jüngste der »Strauß-Buben«, ist noch nicht geboren, da verlässt der Herr Papa schon die gemeinsame Wohnung und ward nicht mehr gesehen. Der durch den *Radetzkymarsch* unsterblich gewordene Johann Strauß Vater hat sich seiner Familie gegenüber alles andere als nobel verhalten.

Strauß Vater hatte vierzehn Kinder, sechs mit seiner Ehefrau Anna, geborene Streim, und acht mit seiner Geliebten, der Modistin Emilie Trampusch. Neben den drei berühmt gewordenen Musikern Johann, Josef und Eduard und den ebenfalls ehelich geborenen Töchtern Anna und Therese gab's aus der Ehe auch einen Sohn, Ferdinand, der noch im Jahr seiner Geburt starb. Nur zwei Monate nachdem seine Frau im März 1835 ihren jüngsten Sohn Eduard gebar, bringt die Geliebte, Emilie Trampusch, bereits ihr erstes Kind zur Welt.

*Emilie Trampusch, * 29. 7. 1815 Saar/ Mähren, † nach 1865. Modistin, Lebensgefährtin von Johann Strauß Vater, mit dem sie acht Kinder hat.*

Johann Strauß Vater, dessen Verhältnis zu seiner Frau vollkommen erkaltet ist und der seit Langem schon außereheliche Vergnügungen gesucht und gefunden hat, lernt die schöne Hutmacherin Emilie Trampusch auf einem Ball, dessen musikalischer Leiter er ist, kennen. Bald wird sie als allabendliche Besucherin seiner Gartenkonzerte beobachtet, wobei den Musikerkollegen auffällt, dass sie exzentrisch applaudiert, in den Pausen den Orchesterraum betritt und sehr vertraut mit dem Dirigenten ist. Man erzählt sich, dass sie einander schon längere Zeit kennen und dass Strauß der Hutmacherin mehr Zeit widmet als früheren Liebschaften. Er isst mit ihr zu Mittag und verbringt die späten Abende nach seinen Konzerten bei ihr.

Und dann verlässt er von einem Tag zum anderen die eheliche Wohnung in der Taborstraße 17, um mit der koketten, zwanzigjährigen Emilie zunächst in ein anderes Haus in der Leopoldstadt und später in die Kumpfgasse hinter dem Stephansdom zu ziehen. Wann genau er von zu Hause auszieht, ist nicht bekannt, wir müssen daher als Schicksalstag für die Familie den Geburtstermin seiner ersten unehelichen Tochter nehmen: Emilie Therese Trampusch kommt am 18. Mai 1835 in der damaligen Wohnung ihrer Mutter auf der Tuchlauben 16 zur Welt.

Seine Ehefrau Anna ist starr vor Schreck. Gerade weil sie das Sündenregister ihres Mannes kennt, kämpft sie in den ersten Wochen kaum um ihn, weil sie denkt, die Affäre würde ebenso schnell vorübergehen wie alle anderen davor. Was Anna Strauß entsetzt, ist die Tatsache, dass es den vergötterten Mann diesmal »nach unten« zieht, zu einer Handwerkerin, der er jetzt – wie man seiner Frau hinterbracht hat – teure Roben und Brillantenschmuck schenkt. Wirklich erschüttert ist Anna Strauß, als sie erfährt, dass der Meister zwei seiner unehelichen Kinder auf die Namen Johann und Therese hat taufen lassen – genau wie ihren ältesten Sohn und eine ihrer beiden Töchter. Josephine Streim, die Schwester der sitzen gelassenen Anna, bezeichnet ihren Schwager verächtlich nur noch als den »Bettgeher der Trampusch«.

Johann Strauß Vater verließ seine Frau und seine Kinder von einem Tag zum anderen.

Noch gibt Anna nicht auf. Kaum hat sie erkannt, wie ernst es ihm diesmal ist, stellt sie ihrem Mann ein Ultimatum. Vergeblich, denn der denkt nicht daran zurückzukehren und bleibt bei seiner Modistin. Da er sich von seiner Frau nach geltendem Recht nicht scheiden lassen kann, kommen in den Jahren 1835 bis 1844 alle acht Kinder der Emilie Trampusch unehelich zur Welt.

Strauß Vater ist mit seiner Kapelle gut im Geschäft, doch zwei Frauen und deren zahlreiche Nachkommenschaft zu erhalten, fällt auch ihm nicht leicht. Anna erklärt, dass die Geliebte das schwer verdiente Geld ihres Mannes beim Fenster hinauswerfe, Emilie wiederum wirft der Ehefrau vor, kein Verständnis für die künstlerischen Freiheiten eines Musikers zu haben.

*Anna Strauß geb. Streim * 30. 8. 1801 Wien, † 23. 2. 1870 Wien. Ehefrau von Johann Strauß Vater. Mutter u. a. von Johann Strauß Sohn, Josef und Eduard Strauß.*

Strauß überweist seiner Ehefrau jeden Monatsersten fünfzig Gulden*. Nicht nur, dass sie damit ihre fünf Kinder kaum ernähren kann, ist die Auszahlung der Alimente immer mit Bedingungen verbunden. Vor allem lässt Strauß Vater seiner Frau durch Advokaten mitteilen, dass das Musikstudium seiner Buben gänzlich zu unterbleiben habe, die sollten gefälligst einen anderen Beruf ergreifen. Doch darauf geht Anna nicht ein, ganz im Gegenteil, für sie ist klar, dass zumindest Sohn Johann Musiker werden muss. Der besucht vorerst eine Handelsschule, weil sein Vater darauf besteht, dass sein Ältester einmal Sparkassenangestellter wird. Doch Johann fliegt von der Schule, weil er einmal während des Unterrichts gesungen hat. Dem späteren Walzerkönig ist das nur recht, weil er somit seine privaten Violin- und Kompositionsstunden ausweiten kann.

Persönlich ist die eheliche Krise für die drei musikbesessenen Strauß-Buben ein Drama – künstlerisch jedoch ein Glücksfall. Denn während der Vater gegen Johanns Wunsch, Berufsmusiker zu werden, ankämpft und ihm sogar die Geige wegnimmt, die dieser sich durch Klaviernachhilfestunden selbst verdient hat, unterstützt Mutter Anna in einem regelrechten »Rosenkrieg« die Ambitionen ihres ältesten Sohnes. Da aber der Einfluss von Strauß Vater nach seinem Auszug mehr und mehr schwindet, geht Johann bald ungestört seiner Berufung nach. Entsprechend ist das Verhältnis Johanns zu seinen Eltern: Während er die Mutter liebt, bewundert er den Vater als Künstler, aber er fürchtet ihn auch.

Im Alter von 45 Jahren erkrankt Strauß Vater an Scharlach – infiziert angeblich durch eines seiner unehelichen Kinder. Er stirbt in der Nacht vom 24. auf den 25. September 1849 – nur etwa ein Jahr nachdem er die Komposition seines Lebens, den *Radetzkymarsch*, geschaffen hat. Emilie Trampusch verlässt noch in der Nacht seines Todes mit ihren Kindern die gemeinsame Wohnung. Allerdings ohne – wie später fälschlich behauptet wurde – sein Geld und alle Wertgegenstände mitgenommen zu haben.

---

*   Entspricht laut »Statistik Austria« im Jahre 2014 einem Betrag von rund 800 Euro.

Als die einst schmählich verlassene Anna Strauß die Nachricht vom Tod ihres Mannes erhält, schickt sie ihren mittleren Sohn Josef in die Kumpfgasse, wo er den Leichnam seines Vaters vorfindet und sich um dessen Abholung und die weiteren Formalitäten kümmert. Auf der Parte unterschreibt Anna Strauß als »Witwe«, als hätte es weder Trennung noch Geliebte mit acht Kindern gegeben, und nennt den Verstorbenen »meinen innigst geliebten Gatten«.

Dabei hat dieser die »Erstfamilie« auch in seinem Testament vom 10. Oktober 1847 mehr als schofel behandelt: »Letzter Wille, kraft dessen ich, endesgefertigter Johann Strauß, zu Erben meines Nachlasses die Emilie Trampusch, k. u. k. Kameralarztenstochter, zum einen und deren Kinder Johann, Emilie, Clementine, Maria und Therese Trampusch zum anderen Theile einsetze. Meine Kinder aus meiner Ehe mit Anna Strauß geb. Streim sollen auf den Pflichtteil gesetzt werden.«

Das Gesamtvermögen des verstorbenen Komponisten wird auf 7235 Gulden* geschätzt, in der Familie Strauß wird allerdings kolportiert, der Komponist habe seiner Geliebten noch zu Lebzeiten 30 000 Gulden geschenkt. Das ist wohl auch einer der Gründe, warum es zu einem sich über Jahre hinziehenden Erbschaftsstreit vor Gericht kommt, von dem aber nur die Anwälte und der Verleger Carl Haslinger profitieren.

Einmal kommt es sogar zu einer Begegnung zwischen den beiden Strauß-Linien. Johann Trampusch, der 1836 unehelich geborene Sohn von Johann Strauß Vater, wird immer wieder darauf hingewiesen, dass er seinem Halbbruder Josef Strauß zum Verwechseln ähnlich sehe. Er besucht deshalb eines Abends die Gastwirtschaft *Zum Sperl* in der Leopoldstadt, wo Johann und Josef aufspielen. Bei Champagner freundet er sich mit seinen beiden Halbbrüdern an, und diese laden ihn auch noch zu sich nach Hause ein.

---

* Entspricht laut »Statistik Austria« im Jahre 2014 einem Betrag von rund 115 000 Euro.

Sie setzte gegen den Willen ihres Mannes durch, dass Sohn Johann Musiker wurde: Anna Strauß geborene Streim

Als ihre Mutter Anna Strauß jedoch von diesen Plänen erfährt, verbietet sie ihren Söhnen energisch jeden Umgang mit Trampusch und hindert ihn, als er den vereinbarten Besuch abstatten will, am Betreten der Wohnung.

Drei seiner Kinder mit Emilie Trampusch waren, als Johann Strauß Vater starb, bereits tot, auch die anderen sollten nicht alt werden. Emilie Trampusch stirbt um 1865 im Alter von knapp über fünfzig Jahren. Die ehelichen Söhne Josef und Eduard steigen erst nach dem Tod des Vaters in das Musikunternehmen Strauß ein.

Was die polygame Vermehrung betrifft, nimmt es Strauß Vater mit seinem kongenialen Gegenspieler Joseph Lanner auf. Strauß hat vierzehn Kinder mit zwei Frauen, Lanner hinterlässt neun Kinder mit vier Frauen.

»Bitte treten Sie zur Seite!«

Egon Friedells Sprung aus dem Fenster, 16. März 1938

Es gab nichts, worüber sich Egon Friedell nicht lustig gemacht hätte. Auch der Selbstmord – und zwar sein eigener – war Teil einer Satire, die er zehn Jahre vor dem tödlichen Sprung aus dem Fenster seiner Wohnung verfasst hatte. »Egon Friedell«, schrieb er im April 1928, »hat gestern in seiner Wohnung einen Selbstmordversuch unternommen. Wir erfahren hierüber folgende Details: In seiner letzten Rolle, der Titelfigur in Geraldys *Ihr Mann*, in der er, wie wir ausdrücklich hervorheben, keineswegs unzulänglicher war, als in allen bisherigen, wurde er von der Presse wieder gefeiert. Schon nach den ersten Kritiken zeigte er ein an ihm ganz ungewohntes einsilbiges Wesen, und als das *6 Uhr-Blatt* schrieb, er sei eine unvergessliche Gestalt auf der deutschen Bühne, verfiel er in tiefe Schwermut. In untröstlichem Tone erklärte er seinen Freunden gegenüber, dass er an die Aufrichtigkeit der Presse nicht mehr glauben könne und den künstlerischen Boden unter seinen Füßen wanken fühle«. Da Freunde das Äußerste befürchteten, sei Friedells Freundin, Frau Lina Loos, in die Wohnung gekommen: »Der Eintretenden bot sich ein schrecklicher Anblick. Friedell lag neben einer vollständig geöffneten, halb geleerten Flasche Abzugsbier in bewusstlosem Zustand unter Symptomen schwerer Alkoholvergiftung. Er wurde ins Spital gebracht, wo es gelang, ihm das Gift auszupumpen. Wie wir hören, soll er schon im Sommer aus ähnlichen Gründen im Erholungsheim Grundlsee einen Alkoholvergiftungsversuch mit Punschtorte gemacht haben.«*

Das also war der Nachruf, den er quasi als Vorruf geschrieben hat. Im März 1938 ist der Gedanke an Selbstmord kein Spaß mehr.

Egon Friedell *21.1.1878 Wien, †16.3. 1938 Wien (Selbstmord). Veröffentlicht u.a. Die Kulturgeschichte der Neuzeit, drei Bände (1927–1931).

---

* Der »Nachruf« auf sich selbst wurde als Manuskript in Friedells Nachlass gefunden. Der Text blieb zu seinen Lebzeiten unveröffentlicht.

Der Junggeselle und bisher stets gut gelaunte Schauspieler, Kabarettist, Schriftsteller und Philosoph spricht in den Tagen, ehe er den Gedanken wahr macht, immer wieder über die Möglichkeit, seinem Leben angesichts der Bedrohung durch den Einmarsch der Nationalsozialisten selbst ein Ende zu setzen. Er versichert, dass die Möglichkeit der Emigration für ihn nicht infrage komme, da die geringste Veränderung der Umwelt – eine Reise etwa – für ihn ein schier unlösbares Problem darstelle. Die Schriftstellerin Dorothea Zeemann, die in den letzten Lebenstagen des jüdischen Universalgelehrten mehrmals in seiner Wohnung in der Währinger Gentzgasse Nr. 7 erscheint, versucht, wie sie in ihrer Autobiografie erklärt, Friedell von dem Gedanken abzubringen, indem sie den Historiker in ihm aufrüttelt: »Es sollte dich interessieren, neugierig solltest du sein, wie es weitergeht.«

Darauf Friedell, niedergeschlagen: »Ich weiß es aber schon, ich weiß es genau.«

Den Vorabend seines Todes verbringt Friedell mit Herma Kotab in seinem Arbeitszimmer. Ihre Mutter Hermine Schimann, Friedells langjährige Haushälterin, die ihm längst zur Freundin und Vertrauten geworden ist, hat sich, müde von den letzten, endlos durchdiskutierten Nächten, zu Bett begeben. Herma versucht den »lachenden Philosophen«, wie er ob seines scheinbar unerschütterlichen Humors genannt wurde, von seinem Gedanken an Selbstmord abzubringen. Friedell geht in seiner Wohnung auf und ab und erwidert, dass er auf dieser Welt nichts mehr zu sagen und daher auch nichts mehr zu suchen habe. Erst gegen 5.30 Uhr kann Herma ihn überreden, schlafen zu gehen.

Friedell hat seit dem »Anschluss« vor vier Tagen viel geraucht und getrunken, aber fast nichts gegessen. Endlich nimmt er an diesem 16. März 1938 zu Mittag etwas Suppe zu sich. Sein engster Freund Alfred Polgar, der seine Emigration in die Schweiz vorbereitet, kommt und versucht Friedell von der Möglichkeit der Flucht zu überzeugen. Am Abend sind wieder Doro-

Die letzten Tage und Nächte des Philosophen, Historikers, Schauspielers und Kabarettisten Egon Friedell

thea Zeemann, weiters der Dichter Franz Theodor Csokor und der Theaterkritiker Walther Schneider bei ihm. Schneider wird sich nach dem Krieg im Vorwort eines Friedell-Buches erinnern, dass dieser nicht unvorbereitet in den Tod ging: »Mit dem Gedanken eines Selbstmordes machte er sich in den letzten Tagen seines Lebens vertraut und er verhehlte seine Absicht nicht. Er sprach ohne Sentimentalität und Bedrückung von ihr.« Die Freunde gehen an diesem, Friedells letztem Abend früher als gewöhnlich.

Kurz nach 22 Uhr, Friedell ist bereits in seinen Hausmantel gehüllt und will sich zum Schlafengehen fertigmachen, läutet es an der Tür. Herma Kotab öffnet. Zwei Burschen in SA-Uniform fragen: »Wohnt da der Jud Friedell?«

Herma: »Wenn Sie Herrn Dr. Friedell meinen, der wohnt hier.«

Einer der Männer zieht ein Papier aus der Tasche. »Wir holen ihn«, sagt er, »es liegt eine Anzeige vor.«

»Eine Anzeige?«

»Er hat vom Balkon aus auf eine Hakenkreuzfahne geschossen.« Die Anschuldigung ist natürlich eine Lüge – Friedell besitzt gar keine Schusswaffe. Durch das Gespräch an seiner Wohnungstür aufgeschreckt, erscheint Friedell, von der Bibliothek kommend, im Vorzimmer. Als er die SA-Männer sieht, verlangt er eine Erklärung. In diesem Moment eilt Franz Kotab – Hermas Ehemann, von einer Kinovorstellung kommend – die Treppe herauf. Die beiden Männer drehen sich einen Augenblick lang um.

Egon Friedell wusste, im Gegensatz zu vielen anderen, was jetzt, nach dem »Anschluss« an Hitler-Deutschland, auf jemanden wie ihn zukommen würde. Er hatte Wolfgang Langhoffs Buch *Die Moorsoldaten* gelesen, in dem der deutsche Schauspieler und Regisseur die Haftbedingungen unter den Nazi-Schergen beschreibt. Langhoff wurde nach dem Brand des Berliner Reichstags Ende Februar 1933 festgenommen und verbrachte mehr als ein Jahr in Haft im KZ Börgermoor. Sein Bericht, der mit großer Eindringlichkeit das mörderische System des Konzentrationslagers und die menschliche Erniedrigung der Häftlinge beschreibt, ist bereits 1935 in der Schweiz erschienen.

Das alles ist Friedell also bekannt. Er nützt daher den Augenblick, in dem die beiden SA-Männer sich im Stiegenhaus von ihm abwenden. Friedell läuft durch die Bibliothek in sein Schlafzimmer und öffnet das Fenster mit Blick in die Semperstraße. In diesem Moment betritt eine Frau aus dem benachbarten Haus Gentzgasse Nr. 2 die Straße. Sie sieht, wie sie später erklären wird, Friedells mächtige Figur auf dem Fensterbrett stehen. Und eine Hausbewohnerin namens Zeller, die die Semperstraße gerade überqueren will, hört, wie Friedell vorbeikommenden Passanten durch das geöffnete Fenster zuruft: »Bitte treten Sie zur Seite!« Und in derselben Sekunde springt er. Herma, die ihm in das Schlafzimmer nachgefolgt ist, schaut aus dem Fenster in die Tiefe. Im fahlen Licht erblickt sie Friedells Körper auf dem Trottoir liegend.

Franz Kotab und die SA-Männer laufen die drei Stockwerke hinunter und tragen Friedells überraschenderweise kaum entstellten Leichnam ins Haus. »Sein totes Antlitz«, schreibt Walther Schneider, der Friedell am nächsten Tag in der Leichenhalle sieht, »zeigte den etwas spöttischen Ausdruck eines Schauspielers, der seine Maske abgelegt hatte. Einem Kopf aus der Antike ähnlich, welcher seine letzte Arbeit* gewidmet war und die dem Antlitz ihren letzten Widerschein gab. Es war, als seine Zeit fast abgelaufen war und die rohe Gewalt der Außenwelt im Begriffe stand, von seiner Person Besitz zu ergreifen.«

Der Notarzt wird gerufen, bald danach trifft auch Friedells Hausarzt und Freund Dr. Rudolf Pollak ein. Beide untersuchen den Leichnam und Pollak versucht die einem Nervenzusammenbruch nahe Herma Kotab damit zu beruhigen, dass der Tod mit großer Wahrscheinlichkeit schon im Sturz durch Herzversagen eingetreten sei. Dann wird der Verstorbene in die Leichenhalle des jüdischen Friedhofs am nahen Währinger Park gebracht. Tags darauf wird nach einer Verfügung Friedells ein Herzstich vorgenommen. Er litt immer unter der Angst, man würde ihn scheintot begraben.

---

* Der erste Teil von Friedells »Kulturgeschichte des Altertums« war 1936 erschienen, der zweite Teil stand vor der Fertigstellung.

Eine Traueranzeige geht in Druck: »Vom tiefsten Schmerz gebeugt, geben die Unterzeichnenden allen teilnehmenden Freunden die traurige Nachricht von dem Hinscheiden ihres innigstgeliebten, unvergesslichen Onkels und Schwagers, Dr. phil. Egon Friedell, welcher Mittwoch, den 16. März 1938, im 61. Jahre, aus dem Leben geschieden ist.« Als Hinterbliebene sind seine Schwägerin, sein Neffe, Hermine Schimann sowie Herma und Franz Kotab genannt.

Am 21. März wird Friedell im evangelischen Teil des Wiener Zentralfriedhofs bestattet. Die Trauergemeinde des vor ein paar Tagen noch von so vielen verehrten und geliebten Künstlers besteht aus einer Handvoll Menschen, die meisten Freunde sind bereits verhaftet oder auf der Flucht, andere wagen es nicht, das Begräbnis eines Juden zu besuchen.

Friedells Tod wird in Paris, in London und in New York gemeldet, in den Wiener Zeitungen nicht. Zwei Tage nach dem Begräbnis wird der Totenschein ausgestellt: Friedel mit einem »l«, steht da lapidar, »Selbstmord durch Fenstersturz«.

»Der liebenswürdigste aller Männer«

Maria Theresia wird Witwe,
18. August 1765

*Maria Theresia
* 13. 5. 1717
Wien, †29. 11.
1780 Wien. Wird
1740 aufgrund
der »Pragmati-
schen Sanktion«
Regentin.
Verheiratet mit
Franz Stephan
von Lothringen.*

Maria Theresia war trotz großer politischer Sorgen und auch privater Turbulenzen eine durch und durch glückliche Frau. Den schmerzlichen Wendepunkt erleidet sie am 18. August 1765. An diesem Abend findet in der Hofburg zu Innsbruck eine Theatervorstellung statt, die aus Anlass der Hochzeit ihres Sohnes Leopold gegeben wird. Kaiser Franz Stephan applaudiert der italienischen Schauspieltruppe, zieht sich aber noch vor Schluss der Aufführung zurück.

Sein ältester Sohn Josef folgt ihm. Er stützt den Vater, als er auf der Treppe von einem Schwindel befallen wird. »Es ist nichts weiter«, sagt der 56-Jährige zu seinem Sohn, er schafft noch ein paar Schritte, hält sich an einem Türrahmen fest und sackt in sich zusammen. Man legt Franz Stephan auf das Bett eines Dieners, holt einen Arzt – doch der kann nur noch den Tod des Kaisers feststellen.

Maria Theresia ist ahnungslos, sie sitzt nach wie vor im Theatersaal und genießt die Vorstellung. Man verständigt sie, die Kaiserin steht wie versteinert da, sagt kein Wort, bricht in Tränen aus. Ihr Leibarzt Gerard van Swieten schreibt dem Staatsminister Johann Graf Cobenzl: »Josef musste nicht nur den Vater in seinen Armen sterben sehen, sondern auch die Kaiserin abwehren, die den leblosen Kaiser sehen wollte. Man hinderte sie daran, und ihr Sohn bewies bei dieser Gelegenheit eine Entschiedenheit, stark wie der Schmerz, der ihn ergriffen haben muss. Die Kaiserin erlitt in dieser Nacht zwei Ohnmachtsanfälle.« Die Leiche des Kaisers wird nach Wien überführt, öffentlich aufgebahrt und am 31. August in der Kapuzinergruft beigesetzt.

Wie viel Maria Theresia die Zeit bedeutete, die sie mit ihrem über alles geliebten Mann verbringen durfte, zeigt eine Berech-

*Nach seinem Tod konnte sie nie wieder richtig froh werden:
Maria Theresia und ihr geliebter Mann
Franz Stephan von Lothringen*

nung, die sich nach ihrem Tod auf einem handgeschriebenen Blatt Papier in ihrem Gebetbuch fand: »Die 29½ gemeinsam verbrachten Jahre waren 354 monat, 1416 wochen, 9912 täge, 237888 stunden.«

Die Kaiserin hat mit ihm nicht nur den geliebten Mann verloren, sondern auch die – neben den Kanzlern Kaunitz und Haugwitz – wohl wichtigste Stütze in Regierungsfragen. Franz Stephan war intelligent und ein guter Geschäftsmann, der sein Privatvermögen geschickt verwaltete. Sohn Josef – der in politischen Fragen oft ganz anders denkt und mit seiner Mutter große Meinungsverschiedenheiten hat – tritt nun die Nachfolge des Vaters als Mitregent an.

Die tiefreligiöse Maria Theresia zieht sich nach dem Tod ihres Mannes immer wieder tagelang zur Andacht zurück. Sie wird ihr schwarzes Witwenkleid und ihren Witwenschleier nie wieder able-

*Kaiser Franz Stephan von Lothringen * 8.12.1708 Nancy, †18.8. 1765 Innsbruck. Die Ehe mit Maria Theresia ist glücklich (obwohl er außereheliche Affären hat).*

gen, lässt ihr langes Haar abschneiden, die Privatgemächer schwarz tapezieren. Die fünfzehn Jahre, die sie noch zu leben hat, sind von Trauer geprägt, der Tod Franz Stephans hat ihr jegliche Freude genommen, sie wird nie wieder richtig froh. »Ich habe den liebenswürdigsten aller Männer verloren«, schreibt sie ihrer Jugendfreundin Rosalie Gräfin Edling, »er war der ganze Trost meines harten Daseins; jetzt ist für mich nichts mehr da. Möge mich Gott erleuchten und stärken, wenn ich denn noch eine Zeitlang auf dieser Erde herumirren soll.«

Im Mai 1772 fühlt sie sich in ihrer anhaltenden Trauer so geschwächt, dass sie die Regierungsgeschäfte niederzulegen gedenkt, wovon sie von ihrem Obersthofmeister Khevenhüller und dem gesamten Hofstaat zurückgehalten wird.

Der Tod ist in ihrem Leben allgegenwärtig. Nachdem Maria Theresia schon fünf ihrer sechzehn Töchter und Söhne im Kindesalter verloren hat, stellen vor allem die Pocken ein schier unlösbares Problem dar, die auch vor den Toren der Hofburg nicht haltmachen. Maria Theresia trauert infolge der Infektionskrankheit um ihren Sohn Karl und um zwei ihrer Schwiegertöchter: Kaiser Josefs erste Frau Isabella von Bourbon-Parma starb 1763, zwei Jahre später seine zweite Frau Maria Josepha von Bayern. Eine weitere Tochter, Maria Elisabeth, überlebte zwar, zog sich jedoch, da ihr hübsches Gesicht von Pockennarben entstellt war, für den Rest ihres Lebens in ein Kloster, das »Adelige Damenstift« in Innsbruck, zurück, in dem sie schließlich Äbtissin wurde. Maria Theresia bezeichnete die Pocken als »Erzfeind des Hauses Habsburg«.

In ihren letzten Lebensjahren lässt sich Maria Theresia so oft wie möglich in die Kapuzinergruft führen, um ihrem verstorbenen Gemahl und ihren toten Kindern nahe zu sein. Elf Tage vor ihrem Tod ist sie noch einmal dort. Man hat für sie einen mechanischen Aufzug errichtet, der die schon schwerfällig gewordene Herrscherin in das Untergeschoss der habsburgischen Grabstätte befördert. Als man sie bei diesem letzten Besuch nach zweistündigem Gebet wieder hinaufziehen will, reißt das Seil des Aufzugs. Die Kaiserin stürzt, erhebt sich und flüstert einem der erschrockenen Kapuziner zu: »Es ist mein Gemahl, der mich zurückhalten möchte.«

Zu Kaiser Josef II. sagt sie bei einer der letzten Begegnungen: »Geliebter Sohn, ihm kann ich nichts geben, denn alles gehört sowieso ihm. Gern, recht gern, trete ich Ihnen Krone und Zepter ab, doch verlasse ich auch Kinder. Seien Sie ihnen Vater, wie ich ihnen Mutter war und lieben Sie Ihre Geschwister mit gleicher Zärtlichkeit, wie ich sie in meinem Leben geliebt habe. Dann wird mir das Scheiden leichter.«

Mehrere ihrer Kinder sind anwesend, als Maria Theresia im Alter von 63 Jahren für immer die Augen schließt. Ein Schicksalsschlag ist der Kaiserin erspart geblieben: Ihre Tochter Marie Antoinette, die Frau König Ludwigs XVI., wird 1793 im Zuge der Französischen Revolution am Schafott hingerichtet – knapp dreizehn Jahre nach Maria Theresias Tod.

*Kaiser Josef II. * 13. 3. 1741 Wien, †20. 2. 1790 Wien. Seine Reformen haben tiefgreifende gesellschaftliche Veränderungen zur Folge, werden aber zum Teil zurückgenommen.*

ARCHITEKT AUF ABWEGEN

Adolf Loos und die kleinen Mädchen,
4. September 1928

*Adolf Loos
* 10. 12. 1870
Brünn, †23. 8.
1933 Wien.
Architekt,
Wegbereiter der
modernen
Architektur.*

Er zählt zu den bedeutendsten Architekten des 20. Jahrhunderts. Adolf Loos ließ Jugendstil und Sezession hinter sich und ging völlig neue Wege, als er Häuser ohne Ornamente baute. Zwei Mal stand er im Mittelpunkt großer Skandale, die unter reger Teilnahme der Öffentlichkeit ausgetragen wurden: 1910 wurde sein »Loos-Haus« in der Wiener Innenstadt wegen der schmucklosen Fassade heftig kritisiert. Gegenüber der Hofburg gelegen, soll Kaiser Franz Joseph sich geweigert haben, von seinen Fenstern aus je wieder einen Blick auf den Michaelerplatz zu werfen. Heute gilt Loos als Wegbereiter der Moderne in der Architektur.

Der zweite Skandal war wesentlich schwerwiegender. Adolf Loos wurde am 4. September 1928 in seiner Wohnung in Wien I., Bösendorferstraße 3 verhaftet. Dem 58-jährigen Architekten – der zu diesem Zeitpunkt bereits fast vollständig taub war – wurde vorgeworfen, sich an unmündigen Kindern unsittlich vergangen zu haben. »Wohl keine Verhaftung hat in letzter Zeit derartiges Aufsehen erregt wie die des viel umstrittenen Architekten Adolf Loos, der unter der schweren Beschuldigung, das Verbrechen der Schändung begangen zu haben, gestern dem Landesgerichte eingeliefert worden ist«, berichtete die *Wiener Allgemeine Zeitung.*

Seine zweite Frau, die Tänzerin Elsie Altmann-Loos, schrieb in ihren Memoiren, wie sie von den schweren Vorwürfen erfahren hatte: »Eines Tages kam Mitzi (die Wirtschafterin von Adolf Loos, Anm.) um 7 Uhr früh zu mir. Sie war totenbleich. Man hatte Loos verhaftet.«

Begonnen hatte laut *Wiener Allgemeiner Zeitung* alles damit, dass Loos einen pensionierten Briefträger fragte, der sich eine Zubuße durch Modellstehen in der Akademie der Bildenden Künste verdiente, ob er nicht kleine Mädchen wüsste, die ihm für

Zeichnungen Akt stehen wollten. Der »Postunterbeamte i. R.« sah in der Frage nichts Bedenkliches und brachte seine zehnjährige Tochter zu Loos. Bei den ersten Sitzungen war der Vater anwesend, wobei ihm nie etwas »Verdächtiges« auffiel.

Als das Mädchen dann allein zu Loos kam, fragte dieser das Kind, ob es unter seinen Freundinnen nicht weitere Mädchen wüsste, die zu ihm kommen wollten.

Die Tochter des Briefträgers brachte zu den nächsten Sitzungen ihre siebenjährige Schwester und zwei etwa gleichaltrige Freundinnen mit, Töchter einer in der Nachbarschaft wohnenden Arbeiterfamilie. Loos zahlte zwei Schilling pro Stunde des Aktsitzens – für die ärmlichen Familien, aus denen

Adolf Loos konnte sich nur mithilfe komplizierter Hörgeräte verständigen.

die Mädchen kamen, ein kleines Vermögen. Laut ihren späteren Angaben zogen sich die Kinder nackt aus, nahmen ein Bad und Loos zeichnete sie. An den beiden Töchtern des Postbeamten soll er sich vergangen haben, die beiden anderen Mädchen hat Loos laut deren Aussagen nur gezeichnet.

Als erste Verdachtsmomente auftauchten, verfügte die Staatsanwaltschaft die Verhaftung des Architekten. Loos gab vor dem Untersuchungsrichter zu, dass sich die Kinder in seiner Anwesenheit entkleidet und gebadet hätten und ihm zu Aktzeichnungen, die er für bauliche Arbeiten verwenden wollte, Modell standen. Die Beschuldigungen der Kinder bezeichnete er als lügenhafte Entstellungen. Allerdings wurde in diesen Tagen bekannt, dass Loos schon im August 1928 vom Vater eines neunjährigen Mädchens angezeigt worden war, dem er im Prater Geld geschenkt hätte.

In der Wohnung von Adolf Loos wurde eine Hausdurchsuchung vorgenommen, bei der 2271 pornografische Kinderfotos entdeckt wurden. »Die Bilder, die man bei mir gefunden hat und mit meiner gegenwärtigen Affäre in Zusammenhang bringen will«, erklärte Loos, »habe ich vor fünfzehn Jahren von einem Literaten, der damals gestorben ist und nicht gewünscht hat, dass man sie in seinem Nachlass findet, in einem versiegelten Päckchen geschenkt bekommen. Ich möchte gleich betonen, dass Peter Altenberg*, mit dessen Nachlass ich überhaupt nichts zu tun hatte, dieser Literat nicht gewesen ist … Ich wusste gar nicht, wo das Paket liegt. Vielleicht war es ein Fehler von mir, diese Bilder nicht verbrannt zu haben.«

Elsie Loos geb. Altmann ＊27. 12. 1899 Wien, †19. 5. 1984 Buenos Aires. Tänzerin, Schauspielerin, Operettensängerin. 1919 bis 1926 mit Adolf Loos verheiratet.

»Oft sagte ich mir«, machte sich seine geschiedene Frau Elsie Altmann-Loos später Vorwürfe, »hättest du ihn nicht allein gelassen, hätte er sich nicht so einsam gefühlt, hätten ihm die Erpresser nichts anhaben können. Ich wusste, er suchte mich in allen kleinen Mädchen. Er suchte das Kind, das ich war, als ich ihn kennenlernte, das ihn liebte und ihm vertraute. Er muss schrecklich einsam gewesen sein.«

Die Wirtschafterin Mitzi hatte seiner Exfrau erzählt: »Die ›Hauptschuldige‹ an dem ganzen Skandal wäre ein kleines Mädchen. Ihre Eltern waren Freunde des Hausbesorgers. Sie ging oft zu Loos in die Wohnung. Und Loos schickte Mitzi immer weg, wenn sie kam. Sie blieb ein paar Stunden, Loos ließ sie baden und schenkte ihr Süßigkeiten und Geld. Mitzi wusste alles das. Sie wollte mir nie davon erzählen. Die Eltern des kleinen Mädchens begannen mit Geldforderungen und Loos gab ihnen Geld. Das kleine Mädchen brachte plötzlich Freundinnen mit, und die Kinder und der einsame Mann spielten miteinander. Wenn es kalt war, legte er sich mit ihnen auf die Couch und wärmte sein armes altes Herz an der Jugend. Aber die Eltern der Kinder forderten mehr und mehr Geld. Der Hausbesorger auch.

---

* Peter Altenberg, der tatsächlich minderjährige Mädchen verehrte und in seinen Essays beschrieb, war mit Loos befreundet. Er starb neun Jahre vor dessen Verhaftung.

Es war eine richtige Erpresserbande. Der einsame alte Mann, der in Paris viel Geld verdiente, war ein leicht zu fangendes Opfer.«

Elsie Altmann-Loos wurde vom Gericht als Zeugin einvernommen. »Unsere Trennung war im Prozess von Vorteil«, schreibt sie. »Denn wäre ich noch Frau Loos gewesen, hätte meine Zeugenschaft keinen Wert gehabt. So aber konnte ich bezeugen, dass Loos kein lasterhafter Mensch gewesen war, dass er als Ehemann treu und gut war und mir nie Grund zur Eifersucht gegeben hatte. Das konnte ich alles mit gutem Gewissen beschwören und tat es auch.«

Adolf Loos wurde nach nur viertägiger Haft am 8. September 1928 freigelassen. Unmittelbar danach erklärte er in einem Interview mit der *Neuen Freien Presse*, dass die Untersuchungshaft für ihn anfangs sehr schwer zu ertragen gewesen sei, »aber mit der Zeit ist auch das leichter geworden. Sowohl bei der Polizei, als auch im Landesgericht wurde ich gut behandelt.«

Die zweitägige Gerichtsverhandlung fand am 30. November und 1. Dezember 1928 im Wiener Landesgericht unter Ausschluss der Öffentlichkeit statt. Loos wurde vom Vorwurf des Missbrauchs freigesprochen, jedoch wegen Verführung zur Unzucht – da er die Modelle in obszönen Stellungen gezeichnet hatte – zu einer bedingten Strafe verurteilt.

Ein knappes Jahr nach dem Prozess ging Adolf Loos mit der Fotografin Claire Beck eine dritte Ehe ein, die nur kurz hielt. Er verbrachte seine letzten Lebensjahre ob der gesellschaftlichen Ächtung einsam und verzweifelt.

Seine ursprünglich als Ehrengrab angelegte letzte Ruhestätte auf dem Wiener Zentralfriedhof wurde im Jahr 2012 von der Stadt Wien infolge seiner rechtskräftigen Verurteilung in die neu geschaffene Kategorie »Historisches Grab« umgewidmet.

»GOTT SCHÜTZE ÖSTERREICH«

Kurt Schuschnigg und das Ende der Republik,
11. März 1938

*Kurt Schuschnigg
* 14. 12. 1897
Riva am Garda-
see, †18. 11. 1977
Mutters bei
Innsbruck. Ab
1932 Justizminis-
ter des austro-
faschistischen
Ständestaates,
1934 bis 1938
Bundeskanzler.*

Der Tag, der Österreichs Schicksal besiegeln sollte, beginnt für Kurt Schuschnigg bereits um 5.30 Uhr. Zu dieser frühen Morgenstunde wird der Bundeskanzler vom Wiener Polizeipräsidenten Michael Skubl in seiner Wohnung im Oberen Belvedere geweckt. Die eintreffenden Nachrichten sind mehr als besorgniserregend: Das Deutsche Reich habe die Grenze gesperrt und den Zugverkehr nach Österreich unterbunden. Was macht Schuschnigg – nicht ganz untypisch für ihn – in dieser Situation? Er kleidet sich an und fährt zum Gebet in den Stephansdom. Erst danach lässt er sich zur Krisensitzung ins Bundeskanzleramt am Ballhausplatz chauffieren.

Mit dem Aufgehen der Sonne treffen nach und nach die anderen, ebenfalls von der bedrohlichen Situation verständigten Regierungsmitglieder ein. Nur zwei fehlen: die auf Druck Hitlers eingesetzten Minister Arthur Seyß-Inquart und Edmund Glaise-Horstenau.

Die beiden kommen mit großer Verspätung, um 9.30 Uhr, ins Kanzleramt und reden nicht lange um den heißen Brei herum: Innenminister Seyß-Inquart übermittelt ein von Hermann Göring gestelltes Ultimatum, innerhalb einer Stunde die für 13. März vorgesehene Volksabstimmung über die Unabhängigkeit Österreichs abzusagen. Widrigenfalls würde man sich in Berlin »danach richten«. Was immer das bedeuten mochte.

Als Schuschnigg den ihm eben noch loyal ergebenen Polizeipräsidenten Skubl fragt, ob sich die Bundesregierung auf die Exekutive verlassen könne, antwortet der: »So wie die Lage steht, nein!« Auch ein einflussreicher General des Bundesheeres gibt dem Kanzler zu verstehen, dass ein Widerstand gegen die deutsche Armee nicht infrage käme. Schuschnigg sieht sich darin in seiner eigenen Meinung bestärkt und lässt Seyß-Inquart und Glaise-Horstenau um 11.30 Uhr noch einmal zu sich kommen. Er bittet die beiden Nationalsozialisten, Göring mitzuteilen, dass er auf die Forderung Berlins eingehen würde.

Begeistert stürzt Seyß-Inquart zum Telefon und kehrt nach einem Gespräch mit dem Oberbefehlshaber der deutschen Luftwaffe zurück. Doch Göring erachtet die vereinbarte Vorgangsweise plötzlich als nicht weitgehend genug und fordert zusätzlich Schuschniggs sofortigen Rücktritt und die Einsetzung Seyß-Inquarts als neuen Kanzler.

Ratlos geht Schuschnigg zu Bundespräsident Wilhelm Miklas, um seine Demission zu beantragen. Das Staatsoberhaupt zeigt als einziger führender österreichischer Politiker zumindest in dieser Schicksalsstunde Rückgrat. Miklas weigert sich, Schuschniggs Rücktrittsangebot anzunehmen. Die Anwesenden diskutieren, was jetzt geschehen solle. Auch die Möglichkeit eines militärischen Widerstands wird – selbst wenn dieser aussichtslos erscheinen müsse – erwogen. Freilich scheitern alle Theorien daran, dass Schuschnigg auf seiner Demission beharrt.

Miklas erkennt die Tragweite von Schuschniggs Schritt und sagt vorwurfsvoll zum Kanzler: »Ich sehe also, dass man mich jetzt alleine lässt.« Noch gibt der Bundespräsident nicht auf, er ruft vier österreichische Politiker bzw. Generäle an, um ihnen das Amt des Bundeskanzlers* anzubieten. Doch alle sagen ab, keiner wagt es wohl, sich mit Hitler anzulegen. Miklas weiß zu dieser Stunde nicht, dass Seyß-Inquart mittlerweile das Kanzlerzimmer besetzt und die Amtsgeschäfte de facto an sich gerissen hat.

Auch wenn sein Verhalten nicht gerade heldenhaft ist, behält Schuschnigg das Schlusswort in dem österreichischen Trauerspiel – was ihm den ewigen Hass Hitlers eintragen wird. Der Regierungschef bleibt nach seinem Rücktritt am Ballhausplatz und richtet um 19.50 Uhr aus dem Roten Salon des Bundeskanz-

---

* Ex-Bundeskanzler Otto Ender, Wiens Bürgermeister Richard Schmitz, Verteidigungsminister Wilhelm Zehner, Heeresinspekteur Sigismund Schilhawsky.

leramts seine von der RAVAG* live übertragenen Abschiedsworte an das österreichische Volk:

> »Der heutige Tag hat uns vor eine schwere und entscheidende Situation gestellt. Ich bin beauftragt, dem österreichischen Volk über die Ereignisse des Tages zu berichten. Die deutsche Regierung hat dem Herrn Bundespräsidenten ein befristetes Ultimatum gestellt, nach welchem der Herr Bundespräsident einen ihm vorgeschlagenen Kandidaten zum Bundeskanzler ernennen und die Regierung nach Vorschlägen der deutschen Reichsregierung zu bestellen habe, widrigenfalls der Einmarsch deutscher Truppen für diese Stunde in Aussicht genommen würde ... Der Herr Bundespräsident beauftragt mich, dem österreichischen Volk mitzuteilen, dass wir der Gewalt weichen. Wir haben, weil wir um keinen Preis deutsches Blut zu vergießen gesonnen sind, unserer Wehrmacht den Auftrag gegeben, für den Fall, dass der Einmarsch durchgeführt wird, ohne wesentlichen Widerstand – ohne Widerstand – sich zurückzuziehen und die Entscheidung der nächsten Stunden abzuwarten. So verabschiede ich mich in dieser Stunde von dem österreichischen Volk mit einem deutschen Wort und einem Herzenswunsch: Gott schütze Österreich!«

Nachdem die Worte verklungen sind, kann sich Schuschnigg gerade noch so lange beherrschen, bis das übliche Ticken des Pausenzeichens anzeigt, dass die RAVAG das Mikrofon abgeschaltet hat. Danach brechen der Ex-Kanzler und andere Anwesende in Tränen aus.

Arthur Seyß-Inquart, der Schuschniggs Worte im Roten Salon mit angehört hat, läuft jetzt zum nächsten Telefon, um Göring mitzuteilen, dass »sich die Bundesregierung selbst außer Amt gesetzt« habe. Doch Göring ist auch das nicht genug. Mit der Begründung, dass Bundespräsident Miklas Seyß-Inquart noch immer nicht als Kanzler ernannt habe, ordnet der spätere Reichsmarschall den

---

* RAVAG = Radio Verkehrs AG

»Gott schütze Österreich«: Von Kurt Schuschniggs historischer Rede im Bundeskanzleramt gibt es kein Foto – dieses wurde 1935, bei einer anderen Radioansprache am selben Ort aufgenommen.

Einmarsch deutscher Truppen in Österreich an: »Jeder, der Widerstand leistet oder Widerstand organisiert, verfällt augenblicklich damit unseren Standgerichten.«

Nicht genug damit, verlangt Göring, um den »Anschluss« zu »legalisieren«, von Seyß-Inquart die Zusendung eines Telegramms, demzufolge das Deutsche Reich um Hilfe gegen »Arbeiterunruhen« gebeten würde. Es ist nicht klar, ob Seyß-Inquart dieses Telegramm abgeschickt hat, fest steht aber, dass er gleich nach Schuschniggs Abschiedsrede mit der Bildung eines Kabinetts beginnt – das dann nicht einmal 48 Stunden im Amt bleiben sollte. Nun wird auch Bundespräsident Miklas schwach: Um 0.30 Uhr in der Nacht vom 11. zum 12. März 1938 genehmigt er Seyß-Inquarts Kabinettsliste. Im Bundeskanzleramt hat sich bereits ein johlender Nazimob breitgemacht.

Um zwei Uhr früh lässt Seyß-Inquart Ex-Kanzler Schuschnigg mit dem Dienstwagen in dessen Wohnung im Belvedere führen. Wenige Stunden danach wird dieser unter Hausarrest gestellt und in der Folge von SA- und SS-Leuten bewacht. Der Hausarrest endet am 28. Mai, an dem man Schuschnigg in die Gestapo-Zentrale im ehemaligen Hotel Metropol am Wiener Morzinplatz überstellt, wo er in Isolationshaft genommen wird.

Nachdem er sein Amt als Bundeskanzler niedergelegt hatte, begann er damit, seine privaten Angelegenheiten in Ordnung zu bringen: Kurt Schuschniggs Frau Herma war drei Jahre zuvor bei einem Autounfall tragisch ums Leben gekommen: Der Kanzlerchauffeur hätte das Ehepaar in die Ferien nach St. Gilgen bringen sollen, schlief jedoch auf der Fahrt ein und prallte gegen einen Baum. Schuschnigg wurde aus dem Wagen geschleudert, kam aber wie sein kleiner Sohn, der Fahrer und ein Kriminalbeamter mit Verletzungen davon. Seine Frau starb.

Im Jahr darauf verliebte sich der 39-jährige Witwer in die um sieben Jahre jüngere Vera Fugger-Czernin. Da sie geschieden war, dachte der streng katholische Regierungschef an einen Rückzug aus der Politik, blieb dann aber doch im Amt und beschloss, »aus moralisch-politischen Gründen« auf eine Heirat zu verzichten, solange er der Regierung angehörte. 1937 wurde die Ehe der geborenen Gräfin Vera Czernin mit dem Grafen Fugger kirchlich annulliert, da sie angeblich »nicht vollzogen« worden war.

Nun, nach Schuschniggs Rücktritt, sprach nichts mehr gegen eine Heirat mit Vera Fugger. Außer, dass er sich in Gestapo-Haft befand und ein Ausgang zwecks Eheschließung nicht genehmigt wurde. Die Trauung konnte dennoch am 1. Juni 1938 *per procurationem** in der Dominikanerkirche stattfinden. Anwesend waren Vera Fugger sowie Artur Schuschnigg, der seinen inhaftierten Bruder Kurt vertrat und für ihn »Ja« sagte.

Solange Schuschnigg in Wien in Haft war, durfte ihn seine Frau jeden Freitag für jeweils zehn Minuten – und unter Aufsicht eines Wachebeamten – besuchen. Nach seiner Überstellung in ein Münchner Gefängnis im Oktober 1939 konnte sich Vera Schuschnigg täglich mehrere Stunden ohne Kontrolle bei ihrem um 26 Kilo abgemagerten Mann aufhalten.

---

* Heirat durch Stellvertreter

Diese Vergünstigung blieb nicht ohne Folgen: Am 23. März 1941 brachte Frau Schuschnigg ihre Tochter Maria Dolores zur Welt. Dem ehemaligen Bundeskanzler wurde nun im Konzentrationslager Sachsenhausen bei Berlin eine Holzhütte zugewiesen, in der er mit Frau und Tochter leben durfte. Im Mai 1945 wurde die Familie von US-Truppen aus dem KZ Dachau befreit.

Nach dem Krieg wurde viel darüber diskutiert, ob Schuschniggs Entschluss, Hitler am 12. März 1938 keinen Widerstand geleistet zu haben, richtig oder falsch war. Schuschnigg selbst verteidigte seine Entscheidung damit, dass Österreich in einer militärischen Konfrontation chancenlos gewesen wäre. Kritiker – auch aus seinen eigenen Reihen – meinten jedoch, dass die Verteidigung des Territoriums zur verpflichtenden Existenzberechtigung jedes Landes gehöre, was nichts mit der Stärke der Bataillone zu tun habe. Natürlich hätte der Widerstand viele Opfer gefordert, aber die blieben Österreich sowieso nicht erspart. Und 1945 hätte das Land sofort und ohne zehnjährige Besatzung als souveräner Staat wiedererstehen können.

General Emil Spannocchi, langjähriger Armeekommandant in der Zweiten Republik, der zur Zeit des »Anschlusses« an Hitler-Deutschland gerade die Militärakademie in Wiener Neustadt absolvierte, vertrat sogar die Ansicht, dass die Kampfkraft des österreichischen Heeres in der Ersten Republik unterschätzt worden sei und dass die deutsche Wehrmacht 1938 noch gar nicht für eine größere militärische Konfrontation bereit gewesen wäre.

Ein Leben im Schatten von Mayerling

Kronprinzessin Stephanies Liebschaften,
22. März 1900

Kronprinzessin Stephanie *21.5. 1864 Laeken bei Brüssel, †23.8. 1945 Pannonhalma/Ungarn. Die Tochter des belgischen Königs Leopold II. heiratet 1881 Kronprinz Rudolf.

Es ist knapp zwei Jahre vor Mayerling, im Frühsommer 1887, als Stephanie an der Seite ihres Mannes, des Kronprinzen Rudolf, die galizischen Gebiete der Donaumonarchie besucht. Abseits des offiziellen Programms lernt sie den um vierzehn Jahre älteren Landtagsabgeordneten Artur Graf Potocki kennen und verliebt sich Hals über Kopf in ihn. Der gut aussehende, verwitwete Vater zweier Töchter stammt aus einer der angesehensten und reichsten Familien Polens.

Stephanie war zwar mit großer jugendlicher Naivität in ihre Ehe geschlittert, und doch fand sie bald heraus, dass sie von ihrem Mann ständig betrogen wurde. Kein Wunder, ganz Wien sprach davon, dass Rudolf Dutzende Affären hatte. Also beschloss seine Frau eines Tages, fortan auch nicht mehr wie eine Heilige zu leben. Und da kam der Graf Potocki gerade zur rechten Zeit.

Dass Stephanie während ihrer Ehe eine Affäre hatte, wurde erst rund hundert Jahre später durch das Auftauchen des Briefwechsels der Kronprinzessin mit ihrer Schwester Louise von Coburg bekannt, die als Einzige in das Geheimnis eingeweiht war. Die Schwiegertochter des Kaisers war verständlicherweise sehr darauf bedacht, ihre Beziehung geheim zu halten, denn dass Männer außereheliche Liebschaften hatten, war ganz normal – im Falle einer Frau hätte es das sichere Ende der Ehe und den gesellschaftlichen Ruin bedeutet.

In den Briefen an ihre Schwester nennt Stephanie den Grafen »Hamlet« und sich selbst »Ophelia«. Um das Bekanntwerden der Liaison zu verhindern, wird Louise als *Postillon d'Amour* eingesetzt. Das erste Mal taucht Potocki im November 1887 in einem Brief von Stephanie auf: »Hamlet spielt nach wie vor eine wichtige Rolle, ich kann ihn nicht vergessen.« Als die Kronprinzessin etwas später aus Abbazia – wo sie »Hamlet« heimlich getroffen hat – nach Wien zurückkehrt, gibt sie gleich wieder ihrer Sehnsucht nach dem Geliebten Ausdruck. Ein anderes Mal erkundigt sie sich ganz direkt bei ihrer Schwester, ob Potocki schon in Wien eingetroffen sei, wo er wohne, und bittet sie, ihn zu grüßen. Wiederholt wird Louise aufgefordert, Tête-à-Têtes zu arrangieren.

Stephanie ist von nun an kaum noch daran interessiert, ihre kaputte Ehe mit dem Kronprinzen wiederherzustellen. Sie ist voll und ganz auf ihren Artur fixiert und hat kein Bedürfnis, ihrem Mann ein erotisches Verlangen vorzuspielen – Stephanies und Rudolfs einzige Tochter Elisabeth ist zu diesem Zeitpunkt bereits vier Jahre alt.

Rudolf hat keine Ahnung von »Hamlets« Existenz, er spürt jedoch, dass sich die Gefühle seiner Frau ihm gegenüber abkühlen. Sie fährt immer wieder allein nach Abbazia oder unternimmt Kreuzfahrten, angeblich, um sich vom Leben bei Hof zu erholen. In Wahrheit trifft sie »Hamlet«, wann immer es möglich ist.

Kronprinz Rudolfs Frau revanchierte sich für die vielen außerehelichen Affären ihres Mannes: Stephanies Liebhaber Artur Graf Potocki

Dennoch entgeht Stephanie nicht die beängstigende Veränderung im Wesen ihres Mannes. »Seine innere Zerrissenheit führte zu schrecklichen Heftigkeitsausbrüchen«, schreibt sie in ihren Memoiren, »zu unerträglichen und unwürdigen Szenen. Es war, als ob ihm mit dem inneren Halt auch die gute Form abhanden gekommen sei. Bei einem dieser Auftritte scheute er sich nicht, mir gegenüber mit aller Offenheit über seine peinlichen Liebesabenteuer zu sprechen. Es kam schließlich so weit, dass er einmal sogar damit drohte, er werde allem ein Ende machen, indem er sich und mich erschieße. Grauen erfasste mich.«

Damit war der Punkt erreicht, an dem Stephanie eine offensichtliche psychische Erkrankung ihres Mannes nicht länger für sich behalten konnte. Und so ließ sie sich im Sommer 1888, »obwohl es nicht gestattet war, unangemeldet beim Kaiser zu erscheinen, durch den Kammerdiener ansagen. Der Kaiser empfing mich gütig. Ich begann damit, dass ich sagte, Rudolf sei sehr krank und sein Aussehen und sein Benehmen bereite mir ernste Sorgen; ich bat ihn inständig, er möge seinen Sohn doch bald durch eine längere Weltreise seinem aufreibenden jetzigen Leben entziehen. Da fiel mir der Kaiser in das Wort. ›Das ist eine Einbildung von dir! Rudolf fehlt nichts. Er sieht nur blass aus, ist zu viel unterwegs, er mutet sich zu viel zu. Er soll mehr bei dir bleiben; sei nicht ängstlich!‹ Der Kaiser umarmte mich; ich küsste ihm die Hand. Ich war entlassen, und alles, was ich dem Kaiser mitteilen wollte, war ja noch unausgesprochen … War das alles, was mir von dieser letzten Hoffnung blieb? Das Schicksal des Kronprinzen schien mir besiegelt. Ich fürchtete das Ärgste: ein Dahinsiechen, schauerlicher als der Tod.«

Als Rudolf ein halbes Jahr später in Mayerling Selbstmord begeht, überlegt man bei Hof, wer seiner Frau die furchtbare Nachricht überbringen solle. Franz Joseph beschließt, diese schwere Aufgabe gemeinsam mit seiner Frau Elisabeth persönlich zu übernehmen. Nicht, weil man die Witwe besonders schonungsvoll behandeln, sondern weil man sie einem hochnotpeinlichen Verhör unterziehen will, um zu erkunden, wieweit sie in die Geschehnisse involviert war. Erst als Stephanie glaubhaft versichert, keine Ahnung von Rudolfs Absichten in Mayerling gehabt zu haben, rücken Franz Joseph und Elisabeth mit der vollen Wahrheit heraus: dass der Kronprinz nicht allein, sondern im Beisein einer Geliebten gestorben sei.

Stephanie erleidet daraufhin einen Nervenzusammenbruch und muss vom Kaiserpaar auf ein Sofa gebettet werden. Die 24-jährige Witwe weint hemmungslos und fleht ihre Schwiegereltern an, ihr zu verzeihen, wenn sie Fehler begangen und sich Rudolf gegenüber gefühlskalt gezeigt habe. »Sie bat uns alle immer wieder, ihr zu vergeben«, schreibt des Kaisers Tochter, Erzherzogin Marie Valerie, in ihr Tagebuch, »sicher hat sie gefühlt, dass ihr Mangel an Zuneigung dazu beigetragen hat, dass Rudolf zu dieser entsetzlichen Tat getrieben worden ist.«

Kaiser Franz Joseph muss in den 27 Jahren, die ihm noch verbleiben, damit fertig werden, dass er trotz der Warnung durch seine Schwiegertochter nichts gegen die seelischen Nöte seines Sohnes unternommen hat. Wäre sein Leben noch zu retten gewesen?

Was Stephanie an Mayerling mehr als alles andere traf, waren die Schuldzuweisungen, die jetzt von allen Seiten auf sie niederprasselten, obwohl sie es war, die die Katastrophe kommen gesehen und zu verhindern versucht hatte. »Es war das Ärgste geschehen, was eine Frau in ihrer Ehe treffen kann«, schreibt sie. Rudolf hatte seine Frau im Ehebruch verlassen, hatte den Freitod der ehelichen Gemeinschaft vorgezogen. Das machte sie zumindest mitverantwortlich für die schreckliche Tat, sie wurde als unleidliche und aggressive Frau dargestellt, deren Engherzigkeit und Verständnislosigkeit ihn in den Tod getrieben hatte. Auf die Idee, dem Kaiser auch nur das geringste Fehlverhalten zuzuweisen, kam niemand.

Trauer und Schuldgefühle, die Stephanie nach Mayerling entwickelt haben mag, sind von kurzer Dauer. Denn schon am 3. Februar, vier Tage nach Mayerling, schreibt Marie Valerie nach einem Diner zu Ehren des belgischen Königspaares, das zu Rudolfs Beerdigung nach Wien gekommen ist, über ihre Schwägerin: »Stephanie benahm sich, als ob praktisch nichts geschehen wäre. Ihre Demut und Zerknirschung hat nicht lange gedauert.« Und am 6. Februar: »Stephanie ist kalt und herzlos. Sie sprach von allem und jedem, Mama sagt, sie schäme sich ihrer vor allen Leuten.«

»Die unrühmliche Art von Rudolfs Tod scheint Stephanie mehr berührt zu haben als der eigentliche Verlust des Gatten«, analysiert der Psychiater John T. Salvendy in dem Buch *Rudolf, Psychogramm eines Kronprinzen*. Am 7. März 1889 berichtet Stephanie in einem Brief an ihre Schwester Louise von schweren Depressionen – »der Grund dafür waren aber nicht der Verlust Rudolfs oder die Trauer um ihn. Die Kronprinzessin war fassungslos, weil sie acht Jahre ihres Lebens vergeudet hatte, um sich bei der Bevölkerung der Monarchie beliebt zu machen – jetzt war all dies vergeblich gewesen«, meint der Seelenarzt.

Nur fünf Wochen nach Rudolfs Tod schreibt die Frau, deren Bestimmung es gewesen war, Österreichs nächste Kaiserin zu sein, an ihre Schwester, dass sie eine furchtbare Sehnsucht nach »Hamlet« habe, dem sie sich jetzt endlich voll und ganz hingeben könne. Sie bittet Louise, ihm mitzuteilen, dass sie ihn nun leichter treffen könne als bisher.

Es war Stephanie nicht vergönnt, ihre große Liebe lange ausleben zu können, denn Potocki erkrankte schwer. »Ich hätte ein anderes Schicksal verdient, denn ich könnte so glücklich sein mit jemandem, den ich liebe und von dem ich geliebt werde ... Meine Sehnsucht nach ihm ist unsagbar. Ich liebe ihn so sehr«, schreibt sie am 6. September 1889. Ein halbes Jahr später, am 26. März 1890, stirbt »Hamlet« im Alter von 39 Jahren an Zungenkrebs. »Gott hat mich mit seinem Tod geprüft«, schreibt Stephanie. »Ich war darauf vorbereitet, konnte mich aber mit dem Gedanken an diesen Verlust nicht abfinden und hoffte immer noch auf eine Heilung. Vergebens. Ich habe meinen besten Freund verloren, den Mann, den ich so hoch schätzte und so sehr liebte. Niemand weiß das wie Du, weil Du in diese Freundschaft eingeweiht warst und meine Gefühle kanntest ...«

Die ebenfalls in Wien lebende Prinzessin Louise von Coburg dürfte großes Verständnis für die Seitensprünge ihrer Schwester gehabt haben, war sie doch bald selbst in einen ganz Europa empörenden Skandal verwickelt: Nachdem sie während ihrer Ehe mit dem Prinzen Philipp von Sachsen-Coburg und Gotha Verhältnisse mit zwei seiner Adjutanten hatte, begegnete sie im Frühjahr 1895 im Wiener Stadtpark dem Ulanenleutnant Geza von Mattachich und verliebte sich in ihn. Sie verließ ihren Mann, ging mit dem jungen Offizier auf Reisen und machte mit ihm gemeinsam Schulden in Millionenhöhe. Nachdem sich sowohl Kaiser Franz Joseph als auch ihr Vater, König Leopold II. von Belgien, weigerten, ihre enormen Zahlungsverpflichtungen zu übernehmen, wurde Louise für verrückt erklärt, entmündigt, vom Wiener Hof verbannt und in eine Irrenanstalt gesperrt, ihr Galan von Mattachich verlor seinen Adelstitel und landete im Gefängnis.

Stephanie lebte mehr als zehn Jahre als »Kronprinzessin-Witwe«, das war ihr offizieller Titel, und Mitglied des Hauses Habsburg in Schloss Laxenburg und im Schweizertrakt der Wiener Hofburg. Bis sie im Herbst 1899 bei Kaiser Franz Joseph um Audienz ansucht und ihm erklärt, dass sie neuerlich zu heiraten gedenke. Bei dem Auserwählten handle es sich um den ungarischen Grafen Elemér Lónyay, den sie, wie Stephanie beteuert, aus Liebe ehelichen wolle. Der Kaiser ist über seine Spione im Obersthofmeister-Amt längst informiert und daher auf die Situation vorbereitet. Er erklärt Stephanie, dass er ihr nicht im Wege stehen wolle, dass sie mit dieser Ehe aber aus dem Haus Habsburg ausscheiden, jeglicher Titel und Privilegien verlustig gehen und von ihrer Tochter Elisabeth getrennt würde. Denn der Familientradition entsprechend, durfte eine Erzherzogin (und das war Stephanies und Rudolfs Tochter) nicht in einem gräflichen Haushalt leben, »erschwerend« kam hinzu, dass Lónyay Protestant war (sich später jedoch katholisch taufen ließ). Der Kaiser selbst übernahm nun die Vormundschaft über seine sechzehnjährige Enkelin.

Fürst Elemér Lónyay mit der Kronprinzessin-Witwe Stephanie, die in zweiter Ehe doch noch ihr Glück fand

Franz Joseph lehnte es üblicherweise strikt ab, Angehörige des Herrscherhauses in »nicht ebenbürtige« Familien einheiraten zu lassen, diesmal ist er aber fast glücklich, seine Schwiegertochter auf so elegante Weise loszuwerden. Stephanie wurde bei Hof nie als vollwertiges Mitglied akzeptiert und nach Rudolfs Tod blieb an ihr immer der Vorwurf haften, zumindest teilweise schuld an der Katastrophe gewesen zu sein, was man sie auch immer wieder spüren ließ.

Dankbar nimmt die mittlerweile 35-jährige Stephanie das Einverständnis des Kaisers entgegen, auch wenn sie die Trennung von ihrer Tochter auf eine harte Probe stellt. Die Hochzeit der ehemaligen Kronprinzessin mit dem Grafen Lónyay findet am 22. März 1900 auf Schloss Miramar bei Triest statt, das Franz Joseph dem Paar für die Feierlichkeiten zur Verfügung stellt. Noch mehr als der Kaiser ist Stephanies Vater, König Leopold von Belgien, über die morganatische Verbindung seiner Tochter erzürnt. Der blinde Hass geht so weit, dass er sie des Hauses verstößt und es Stephanie, als deren Mutter im Jahr 1902 stirbt, nicht einmal gestattet wird, an ihrem Sarg Abschied zu nehmen.

Stephanie sind nach dieser Hochzeit noch 45 glückliche Jahre an der Seite ihres zweiten Ehemannes vergönnt. Konnte Kaiser Franz Joseph diese Heirat aus dynastischen Gründen nicht akzeptieren, so zeigt sein Nachfolger Kaiser Karl mehr Verständnis und erhebt den Grafen und die Gräfin Lónyay 1917 in den Fürstenstand. Stephanie stirbt im August 1945 im Alter von 81 Jahren, ihr Mann überlebt sie um ein Jahr.

DER GENIALE ZUCKERBÄCKER

Ferdinand Raimund »spielt alles«, 26. Juli 1808

Kein anderer dichtender Schauspieler – oder besser: schauspielernder Dichter – der österreichischen Geschichte ist auf so kuriose Weise zum Theater gekommen wie er, und nur wenige fanden ein so tragisches Ende. Ferdinand Raimunds Vorfahren stammten väterlicherseits aus Prag und waren Torwächter, Gastwirte und Handwerker, die mütterliche Linie kam vom Starnberger See, und deren Angehörige waren meist Fischer.

*Ferdinand Raimund, eigentlich Raimann * 1. 6. 1790 Wien, †5. 9. 1836 Pottenstein (Selbstmord). Zuckerbäcker, ab 1808 Schauspieler. Ab 1823 Bühnenautor.*

Ferdinand Raimann erblickte als dreizehntes und letztes Kind des Drechslermeisters Jakob Raimann und seiner Frau Katharina geb. Merz im Hirschenhaus* in der Wiener Vorstadt Mariahilf das Licht der Welt. Seine Kindheit und Jugend waren von Katastrophen geprägt: Elf Geschwister starben im Kindesalter, nur er und eine Schwester überlebten. Als er zwölf war, wurde die Mutter von der Schwindsucht dahingerafft, zwei Jahre später musste er den Vater begraben. Als Ferdinand kurz nach diesem neuerlichen Schicksalsschlag die Bürgerschule absolvierte, heiratete seine Schwester, die sich bis dahin um ihn gekümmert hatte. Damit war der Zeitpunkt gekommen, da er damit beginnen musste, sich ein eigenständiges Leben aufzubauen. Und so entschloss sich der Fünfzehnjährige, eine Lehre beim Konditormeister Jung auf der Freyung in Wien anzutreten. Das war eine schicksalhafte Fügung, da Herr Jung die Konzession hatte, im alten Hofburgtheater am Michaelerplatz Erfrischungen, Süßwaren und Gebäck feilzubieten.

Auf der vierten Galerie, »am Juchhe«, wie die Wiener sagen, verkaufte »Ferdl« – so rief man den Lehrbuben – Getränke, Brezeln und Süßwaren. Und er liebte diese Arbeit vom ersten Tag

---

* Heute Mariahilfer Straße Nr. 45.

an – nicht weil ihm das Feilbieten der Ware so viel Spaß machte, sondern weil er dem Theater verfallen war. Sobald das Licht aus und der Vorhang in die Höhe gingen, durfte er sich in einem verborgenen Winkel niederlassen und andächtig allem lauschen, was auf der Bühne geschah, wobei es ihm Schiller besonders angetan hatte. Einmal selbst da unten stehen zu dürfen, wie sein Vorbild, der vergötterte Charakterschauspieler Ferdinand Ochsenheimer, als Wurm oder als Franz Moor, das war sein sehnlichster Wunsch.

Ferdinands Raimanns Aufgabe war es, während der Pause mit seinem Bauchladen und den darauf befindlichen Produkten auf das Publikum zuzugehen. Schon die vom Lehrherrn vorgeschriebene Verkleidung war theatergerecht: Ferdinand trug, wie alle Pausenverkäufer, eine Livree und einen Tschako auf dem Kopf. So balancierten sie mit ihren Getränken, den Salz- und den Süßwaren durch den Zuschauerraum. Jeder Verkäufer hatte eine Nummer auf dem Rücken des livrierten Fracks, unter der man ihn rufen konnte. Daher nannte man die Lehrlinge »Numero«.

Im Gegensatz zu allen anderen »Numeros« verlässt Ferdinand das Theater nicht am Ende der Pause, sondern er bleibt aus Begeisterung bis zum Ende jeder Vorstellung. Bis es im Jahre 1808 zu einer entscheidenden Wende kommt: Meister Jung legt die Vertretung des Delikatessen- und Zuckerverkaufs im Burgtheater zurück. Was soll angesichts dieser radikalen Veränderung der gerade achtzehn Jahre alt gewordene Ferdinand Raimann noch in diesem Beruf? Am nächsten Tag soll er einen Korb voll mit Nüssen vergolden. Er erfüllt den Auftrag, legt seinem Lehrherrn aber auch einen Zettel mit den Worten ins Comptoir: »Diese dreißig Nuß sind meine letzte Buß«. Dann macht er sich auf den Weg, um sein Glück anderswo zu suchen – am Theater natürlich. In seiner *Selbstbiographie* schreibt Ferdinand Raimund:

»Die Neigung zur Schauspielkunst, durch den Besuch des k. k. Hofburgtheaters geweckt, erwachte sehr früh und mit solcher Heftigkeit in mir, dass ich schon als Knabe beschloss, nie einen

andern Stand zu wählen; doch war mein Sinn vorzugsweise dem Trauerspiele zugewandt, das Lustspiel begeisterte mich weniger, die Posse war mir gleichgiltig. Als ich kaum fünfzehn Jahre alt war, entriss mir der Tod meine Eltern, und meine unbemittelte Schwester, welche mich zu sich nahm, konnte nicht fortsetzen, was jene für meine Bildung begonnen hatten. Man wollte mich zwingen, einen andern Stand zu wählen, als den eines Künstlers, aber ich konnte von meinen romantischen Träumen nicht lassen, und wollte lieber hungern, als meinem Entschlusse entsagen; ein Schicksal, welches mir im Anfange meiner Laufhahn reichlich zu Theil geworden ist. Ich machte nun durch einige Jahre vergebliche Versuche, an eine der Wiener Bühnen zu gelangen, bis mich endlich, da alle anderen Hoffnungen scheiterten, ein herumziehender Director mit nach Ungarn nahm.«

Wir schreiben den 26. Juli 1808, da wagt der als Lehrbub abgedankte Waisenknabe den ersten Schritt von der vierten Galerie auf die Bühne. An diesem Tag spricht Ferdinand Raimann bei jenem »herumziehenden Director« im Theresienbad in Meidling vor, das ein kleines Theater beherbergt. Der Prinzipal ist entsetzt über das gar nicht rollende »R« des Dilettanten, nimmt ihn aber dennoch auf Tournee seiner Hain'schen Wanderbühne nach Ungarn mit. Das nächste Engagement führt ihn in das Ensemble des Theaterdirektors Kunz, »bei dem ich durch vier Jahre das Fach der Intriguants und komischen Alten begleitete«. 1813 steht der Name des jungen Schauspielers zum ersten Mal auf einem Theaterzettel, und die *Wiener Theaterzeitung* schreibt über den 23-Jährigen: »Hr. Raimund spielt alles!«

Professionell wird es ein Jahr später, genau genommen am 13. April 1814, als Ferdinand Raimund – wie er es sich schon als Zuckerbäckerlehrling erträumte – in der Rolle des Franz Moor ein Gastspiel am Theater in der Josefstadt antritt. Er selbst bevorzugt die Tyrannen und bösen Geister, wird aber viel eher in den komischen Rollen besetzt. Als er nach drei Jahren Josefstadt ans Leopoldstädter Theater wechselt und auch hier nicht die Stücke

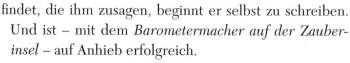

findet, die ihm zusagen, beginnt er selbst zu schreiben. Und ist – mit dem *Barometermacher auf der Zauberinsel* – auf Anhieb erfolgreich.

Bald zählt Raimund zu den umjubelten und bestbezahlten Schauspielern, Regisseuren, Theaterdirektoren und Bühnenautoren seiner Zeit. Auch wenn mit dem um elf Jahre jüngeren Johann Nestroy ein mächtiger Rivale heranwächst, erlebt Raimund die volle Anerkennung seines Werks. Einzig sein Traum, die Aufführung eines seiner Zaubermärchen am Hofburgtheater zu erleben, an dem er einst Brezeln verkaufte, bleibt ihm versagt.

Ferdinand Raimund verfügt über wahrhaft prächtige Gaben, nur über die eine nicht, mit ihnen glücklich werden zu können. Schwermut, Melancholie und unglückliche Liebschaften führen zu seinem tragischen Ende.

Am 29. August 1836 ereignet sich ein zunächst unbedeutend erscheinender Vorfall: Der Schauspieler und Dichter ist, von einer erfolgreichen Gastspielreise aus Hamburg kommend, auf seinen Besitz im niederösterreichischen Gutenstein zurückgekehrt. Sein Hund, der ihn liebevoll empfängt, hat unglücklicherweise kurz vorher mit einem anderen Hund im Dorf gerauft und sich dabei eine schmerzhafte Verletzung zugezogen.

Sein Traum, die Aufführung seiner Werke am Burgtheater zu erleben, an dem er einst Süßwaren verkaufte, blieb ihm versagt: Ferdinand Raimund

Bei der Begrüßung streichelt Raimund seinen geliebten Hund unabsichtlich an der Wunde, sodass das Tier instinktiv nach seinem Herrl schnappt und dessen Hand verletzt.

Was noch lange kein Drama wäre, weitet sich infolge der angeschlagenen Psyche des Dichters zur Katastrophe aus. Da ihm eine Wahrsagerin in jungen Jahren prophezeite, er würde an den Folgen eines Hundebisses sterben, ist Ferdinand Raimund überzeugt, er sei durch die Verletzung an Tollwut erkrankt und müsse jetzt elendiglich zugrunde gehen. Zwar lässt er noch seine Kutsche anspannen, um in Wien einen Arzt zu konsultieren, doch als er unterwegs von einem schweren Gewitter überrascht wird und im Gasthof *Zum goldenen Hirschen* in Pottenstein nächtigt, verliert er die Nerven. Um vier Uhr früh schießt er sich mit seinem Revolver, den er immer bei sich hat, eine Kugel in den Kopf. Er stirbt nach einer Woche qualvollen Leidens.

Fünfzig Jahre nach seinem Tod geht sein Traum in Erfüllung und man führt am Burgtheater, der Stätte seiner Jugend, sein Meisterwerk, den *Verschwender*, auf, dessen berühmtes Hobellied mit den bewegenden Abschiedsworten des Tischlers Valentin endet: »Da leg ich meinen Hobel hin und sag der Welt ade.«

EIN SCHECK FÜR DEN WIDERSTAND

Paul Hörbigers Verhaftung,
20. Jänner 1945

*Paul Hörbiger
*29. 4. 1894
Budapest, †5. 3.
1981 Wien.
Volksschauspie-
ler. 1926 im
Ensemble von
Max Reinhardt in
Berlin, ab 1940
am Burgtheater.
300 Filme u. a.*
Wir bitten zum
Tanz *(1941),*
Hallo Dienst-
mann *(1952).*

Früh am Morgen läuten die Gestapo-Beamten an der Tür des Volksschauspielers in der Stuttgarter Straße* 10 in Wien-Hietzing. Als Paul Hörbiger an diesem 20. Jänner 1945 öffnet, legen die Männer einen Haftbefehl vor und fordern ihn auf, mitzukommen. Der »Besuch« kam nicht ganz unerwartet. Die Geheimpolizisten waren bereits Ende November 1944 da gewesen und hatten ihn in die Wiener Gestapo-Leitstelle gebracht. Dort fragte man ihn im Verhör, ob er Mitglied einer Widerstandsbewegung sei und diese finanziell unterstützt habe. Obwohl Paul Hörbiger ein umfassendes Geständnis ablegte, wurde er zu seiner eigenen Verblüffung nach diesem ersten Verhör freigelassen. Der Grund: Der prominente Künstler stand, wie er später erfahren sollte, auf einer »Liste von Persönlichkeiten des öffentlichen Lebens, die nur auf Veranlassung von Herrn Dr. Goebbels verhaftet werden dürfen«. Deshalb die Freilassung nach der ersten Einvernahme. Doch mittlerweile hat der Propagandaminister Hörbigers Verhaftung gebilligt. Daher kommen die Gestapo-Leute ein zweites Mal, nun aber, um ihn in Haft zu nehmen.

Wie war es zu dieser Situation gekommen? Hörbiger, der seit den 1920er-Jahren in Berlin gelebt und dort viele Filme gedreht hatte, war den Nazis oft »unangenehm« aufgefallen, weshalb er unter ständiger Beobachtung der Gestapo stand. »Als nächsten Film will Hörbiger *Das Fiakerlied* des Juden Gustav Pick herausbringen«, melden Gestapo-Spitzel schon am 29. Juli 1935 in ihre Zentrale. Etwas später findet sich im »Gauakt Paul Hörbiger« die Eintragung, dass er den Film *Dreimäderlhaus* drehen wolle,

---

* Heute Münichreiterstraße.

94

»angeblich mit der Musik von Franz Schubert, die aber ein Machwerk des Juden Berté ist«.

Überraschenderweise warb Paul Hörbiger 1938 – wie viele
Künstler – in Zeitungen für den »Anschluss« Österreichs an das
Deutsche Reich, obwohl er das Naziregime ablehnte. Er protes-
tierte auch immer wieder lautstark, wenn jüdische Freunde und
Kollegen verschwanden oder verhaftet wurden. 1940 von Propagandaminister Goebbels aus Berlin verbannt, erhielt der Volksschauspieler ein Engagement am Wiener Burgtheater. Doch sein
Vertrag wurde nach dreijähriger Zugehörigkeit nicht mehr verlän-
gert, weil die Gauleitung »keinen gesteigerten Wert auf Ihre weitere Mitarbeit legt«. Das Burgtheater käme, wie es hieß, »durch
Paul Hörbigers Auftritte zu sehr ins österreichische Fahrwasser«.
Bei Dreharbeiten in Prag sang Hörbiger im gleichen Jahr noch in
einem öffentlichen Lokal ein Lied des mit ihm befreundeten
jüdischen Komponisten Karel Hašler, was laut »Gauakt« zu einer
weiteren Ermahnung führte. Doch auf eine Festnahme des Schauspielers wurde auch diesmal, um jedes Aufsehen zu vermeiden,
verzichtet.

Dann kam der 20. Jänner 1945. Paul Hörbiger war Stamm-
gast im Café Kaisergarten vis-à-vis der Wiener Staatsoper, das
seinem Freund Richard Patsch gehörte. Im November des Vor-
jahres hatte ihn Patsch nach der Sperrstunde in seine im vierten
Stock desselben Hauses, Opernring Nr. 4, gelegene Wohnung
gebeten, in der sich zwei weitere Herren einfanden. Patsch sagte
zu Hörbiger, dass sie Mitglieder einer Widerstandsgruppe
wären und ihn anwerben wollten. »Wir brauchen dich für die
Propaganda, ein Prominenter wie du würde andere ermutigen,
bei uns mitzumachen. Und a Geld nehm ma natürlich auch
immer.«

Paul Hörbiger übergab einen Scheck über 2000 Reichsmark
und war somit Mitglied einer Widerstandsbewegung.

Die Herren erklärten ihm nun, dass ihre Gruppe nach dem
»Troika-System« – das Revolutionäre im zaristischen Russland
erdacht hatten – organisiert wäre: Jedes Mitglied durfte nur zwei
Vertrauensmänner anwerben, wodurch gesichert sein sollte, dass

bei einem etwaigen Verrat nicht die ganze Bewegung, sondern nur ein kleiner Teil auffliegen würde.

»Heute weiß ich natürlich, dass ich ein kompletter Trottel war«, erzählte mir der Schauspieler 1979, als ich als »Ghostwriter« seine Memoiren schrieb. »Ich hätte natürlich keinen Scheck geben dürfen, sondern Bargeld. Aber ich hatte ja damals keinerlei Übung als Mitglied einer Untergrundbewegung.« Und genau das sollte ihm zum Verhängnis werden.

Hörbiger flog auf, weil kurz nach seiner Anwerbung zwei Komplizen verhaftet wurden. Und bei einem von ihnen fand man den Scheck mit Hörbigers Unterschrift.

Am 20. Jänner 1945 kommen also Gestapo-Männer, um ihn zu verhaften. Hörbiger fragt einen der Beamten, ob er sich noch rasieren dürfe. Er geht ins Badezimmer und schneidet sich die Pulsader seiner linken Hand auf. Ein Arzt wird gerufen, leistet Erste Hilfe, rettet ihn.

Danach bringt man den Schauspieler ins Wiener Landesgericht. »Wir haben mit unserem Ende gerechnet, keiner konnte ernsthaft glauben, dass er da wieder lebend herauskommt«, berichtete Hörbiger mehr als drei Jahrzehnte danach. »Die meisten Aufseher des Gefangenenhauses im Wiener Landesgericht haben sich uns politischen Gefangenen gegenüber anständig verhalten. So konnte ich während meiner gesamten Haftzeit via ›Kassiber‹ in ständigem Kontakt mit meinen Töchtern bleiben.« Einige dieser geheimen Briefsendungen sind erhalten geblieben. In einer schreibt der Häftling Paul Hörbiger an seine Tochter Christl: »Ich weiß, dass es für Dich schwer ist, meine Bitte zu erfüllen, aber wir hungern. Die Rationen sind gekürzt, Brot ist nur sehr wenig da. Es ist ganz egal, was Du schickst, nur essbar soll es sein. Meine Seife im Bad ist gestohlen worden.«

Im Februar 1945 erhält der prominente Gefangene in seiner Zelle Nr. 289 im vierten Stock des E-Trakts den Besuch von zwei Kriminalbeamten, die sich ihm gegenüber als Gleichgesinnte zu erkennen geben und ihn auffordern, das Kommando über die dreitausend politischen Gefangenen zu übernehmen. Das laute

Im Alter von 85 Jahren besuchte Paul Hörbiger noch einmal die Zelle Nr. 289 im vierten Stock des E-Trakts im Wiener Landesgericht, in der er 1945 wegen Widerstands knapp drei Monate sitzen musste.

»Hunger«-Geschrei müsse aufhören, »nicht nur ihr da drin hungert's, ganz Wien hungert. Wenn euch die Gestapo schreien hört, kommen die mit Maschinengewehren und mähen euch nieder. Wir holen euch da raus, ganz bestimmt.«

Der Schauspieler übernimmt tatsächlich das »Kommando« über die »Politischen« und versucht bei den Spaziergängen im Hof mit möglichst vielen Häftlingen ins Gespräch zu kommen. »Sorgt's dafür, dass alle möglichst ruhig sind«, verbreitete er, »dann gibt's eine Chance, dass wir alle freikommen.« Und obwohl der Hunger immer unerträglicher wurde, ließ der Lärm in diesen Tagen nach.

Man teilt Paul Hörbiger mit, dass er demnächst einem Untersuchungsrichter vorgeführt würde. Doch dazu sollte es nicht mehr kommen, die Rote Armee steht vor den Toren Wiens, und im Gefängnis wird gemunkelt, dass der geplante Ausbruch aller im Widerstand tätigen Personen Ende März erfolgen solle.

Noch ist Wien freilich in Händen der Nationalsozialisten. In diesen Tagen wird im deutschsprachigen Sender der BBC eine Aufnahme des *Fiakerlieds* gespielt, interpretiert von Paul Hörbiger. Kaum ist die Melodie beendet, meldet der Sprecher: »Meine Damen und Herren, diese Stimme ist für immer verklungen, der Wiener Schauspieler Paul Hörbiger wurde heute Nacht im Wiener Landesgericht hingerichtet.«

Der vermeintliche Tod des Publikumslieblings sollte dazu beitragen, die »Feindsender« hörenden Menschen zu demoralisieren. Letztlich führte die gezielte Falschmeldung auch dazu, dass Hörbiger, als er wieder in Freiheit war, andauernd auf Personen stieß, die sich wunderten, dass er noch lebte. Die Nachricht vom vermeintlichen Tod des Volksschauspielers hatte sich im Deutschen Reich blitzartig herumgesprochen.

Ausgerechnet am »Tag X«, an dem der geplante und von den Wachebeamten gebilligte Ausbruch der »Politischen« erfolgen sollte, bricht im Landesgericht Typhus aus. Die schweren Eisentore bleiben verriegelt, selbst die Aufseher dürfen das Gebäude nicht verlassen. Alle Häftlinge werden kahl geschoren, viele gehen an der Epidemie elend zugrunde. Nur der Kassiber-Dienst funktioniert nach wie vor. Christl schreibt am 23. März 1945 an ihren

Vater: »Nächste Woche komme ich ins Landesgericht. Es ist jetzt sehr schwer, weil in Wien praktisch überhaupt keine Straßenbahn mehr fährt. In Wien waren arge Angriffe, aber bei uns ist Gott sei Dank noch nichts passiert. Gas und Telefon haben wir schon lange nicht mehr.«

Die Situation ist schlimmer denn je. Nachdem alle schon mit der Befreiung gerechnet haben, fallen die Häftlinge jetzt in eine tiefe Depression, weil sie glauben, dass sie, seit sie kahl geschoren sind, zu den Todeskandidaten zählen. Es herrscht Panikstimmung.

»Wieder war es Paul Hörbiger, der als unser Sprecher zur Besinnung rief und auch tatsächlich Ruhe durchsetzte«, wird sich Hörbigers Zellengenosse Lois Weinberger, der spätere Wiener Vizebürgermeister, an die letzten Tage im Landesgericht erinnern. Doch dann ging alles sehr schnell: »Schon zeitig am nächsten Morgen öffneten sich unsere Türen, wir holten unsere paar Sachen aus dem Depot und gingen durch das große Tor des Grauen Hauses in die Freiheit. Wir alle waren schwach und entkräftet und taumelten mehr, als wir gingen. Ich werde nie den Augenblick vergessen, als Paul Hörbiger, der knapp vor mir frei ging, den Hof überquerte, seinen Hut schwenkte und nach allen Seiten und in alle Zellen hinauf grüßte. Er war uns allen zum guten Kameraden geworden.«

Und Paul Hörbiger erzählte: »Ich marschierte am 6. April 1945 unter dem Jubel der dreitausend Mithäftlinge als Erster aller ›Politischen‹ aus dem Gefangenenhaus. Aus den Gitterfenstern sahen die ausgetrockneten Gesichter von Männern, die noch in die Geschichte Österreichs eingehen sollten. Leopold Figl mit seinen roten Bartstoppeln. Oder der spätere Unterrichtsminister Felix Hurdes.«

Dass man ihn immer wieder als Widerstandskämpfer bezeichnete, empfand Paul Hörbiger »als sehr ehrenvoll, aber der Ausdruck ist in meinem Fall bei Weitem übertrieben. Ein Widerstandskämpfer ist einer, der gegen dieses Regime angekämpft hat, ich habe nichts weiter getan als meine Meinung gesagt. Was eine Diktatur wirklich ist, habe ich, wie die meisten anderen, viel zu spät erkannt.«

»GOTT ERHALTE FRANZ, DEN KAISER«

Joseph Haydn *komponiert die Volkshymne,*
12. Februar 1797

*Joseph Haydn
*31.3.1732
Rohrau, †31.5.
1809 Wien,
Hofkapellmeister
der Familie
Esterházy.
Schöpfer u. a. der
Sinfonie mit dem
Paukenschlag
(1791), Kaiser-
hymne (1797),
Die Schöpfung
(1798), Die
Jahreszeiten
(1801).*

Heute würde man einen solchen Politiker auf PR-Tour durchs Land schicken, seine Memoiren publizieren oder einen Fernsehspot über ihn drehen, der seine Leistungen und seine menschlichen Vorzüge hervorhebt. Anno 1797 ließ man eine Hymne komponieren: die Kaiserhymne. Der regierende Monarch hieß Franz II. und hatte eine solche Maßnahme dringend nötig, da er bei der Bevölkerung durch seine blässliche Erscheinung, sein etwas verkrampftes Auftreten und seine starr konservative Politik alles andere als beliebt war. Auch deshalb, weil viele noch seine Vorgänger in lebhafter Erinnerung hatten: seinen liberalen Vater Leopold II., seinen fortschrittlichen Onkel Josef II. und seine populäre Großmutter Maria Theresia.

Es war der vormalige Wiener Stadthauptmann Graf Saurau, ein enger Vertrauter des Monarchen, der die Initiative ergriff, den seit fünf Jahren glücklos regierenden Kaiser Franz durch ein feierliches Musikstück ins rechte Licht setzen zu lassen. Wichtig war neben einer zündenden Melodie auch ein zu Herzen gehender Text, der sich dann mit *Gott erhalte Franz, den Kaiser* als überaus geschickt gewählt herausstellen sollte.

Österreich war nicht das erste Land, in dem der Herrscher durch eine Hymne gehuldigt wurde. In England sang man seit fast hundert Jahren schon *God Save the King*, nach der Französischen Revolution wurden auch in anderen europäischen Staaten gefühlsbetonte Texte und leicht ins Ohr gehende Melodien gesucht, um das nationale Selbstverständnis und das Zusammengehörigkeitsgefühl zu stärken. Frankreich hatte bereits die *Marseillaise* und die Preußen sangen seit Kurzem *Heil Dir im Siegerkranz*.

Nun brauchte auch Kaiser Franz eine moralische Aufrüstung, steckte er doch in einer tiefen politischen Krise. Sein Erzfeind

Napoleon zog von Sieg zu Sieg durch Europa und demütigte den in Schönbrunn sitzenden, farblosen römisch-deutschen Kaiser. Es war nur noch eine Frage der Zeit, wann der Korse mit seiner späteren *Grande Armée* Wien und andere österreichische Städte überfallen und einnehmen würde.

Franz Joseph Graf Saurau, inzwischen zum niederösterreichischen Regierungspräsidenten befördert, hatte ein gutes Gespür, um das richtige Team für eine Kaiserhymne zu finden. Er wandte sich an den 47-jährigen Gymnasiallehrer Lorenz Leopold Haschka, einen ehemaligen Jesuitenpater, der seine »revolutionäre Phase« bereits hinter sich hatte, in der er gegen den Papst polemisiert hatte. Später diente er sich einflussreichen Persönlichkeiten mit pathetischen Gesängen an und reimte patriotische Oden. Kein Geringerer als Goethe machte sich über den Schreiberling aus Wien lustig: »Aber jetzt rat ich euch, geht! Sonst kommt noch gar … ein Band Oden von Haschka hervor!«

Lorenz Leopold Haschka * 1. 9. 1749 Wien, †3. 8. 1827 Wien. Jesuit, Gymnasi-allehrer und Lyriker. Schöpfer des Textes der österreichischen Kaiserhymne.

Lorenz Leopold Haschka war somit kein poetisches Genie, sondern vielmehr ein Gelegenheitsdichter für den Tagesbedarf, der mit dem Text der Kaiserhymne eher ein Plagiat der britischen Hymne als ein eigenständiges Werk schuf, wie ein Vergleich der ersten Zeilen beider Hymnen (in der Version des Jahres 1797) beweist:

God save the King	*Gott! Erhalte Franz den Kaiser*
God save Great George our King	*Unsern guten Kaiser Franz!*
Long live our noble King	*Lange lebe Franz der Kaiser*
God save the King	*In des Glückes hellstem Glanz!*
Send him victorious	*Ihm erblühen Lorbeer-Reiser*
Happy and glorious	*Wo er geht zum Ehren-Kranz!*
Long to reign over us	*Gott! Erhalte Franz den Kaiser*
God save the King!	*Unsern guten Kaiser Franz!*

Für die Musik konnte Graf Saurau allerdings einen Mann gewinnen, der in einer ganz anderen Liga spielte: Joseph Haydn war nach Mozarts Tod und neben Beethoven das größte Musikgenie dieser Zeit. Der 65-jährige Komponist hatte lange als Hofkapellmeister der Fürsten Esterházy gedient, ehe man ihn nach London holte, wo das Publikum zwei Jahre lang seine Konzerte stürmte. Schon in England hatte er sich, nicht wissend, was in der Heimat auf ihn zukommen würde, intensiv mit der Hymne *God Save the King* beschäftigt, die Noten kopiert und mit nach Hause genommen. Es ist nicht ausgeschlossen, dass Haydn selbst am Wiener Hof den Vorschlag deponierte, Kaiser Franz eine Hymne zu widmen und ihm damit ein Quäntchen an Popularität zu verschaffen. Haydn hatte oft mit Erstaunen und Bewunderung beobachtet, welchen Eindruck die englische Hymne auf die Zuhörer hinterließ.

Joseph Haydn gelang es, mit der Kaiserhymne ein Meisterwerk und gleichzeitig eine volkstümliche Melodie zu schaffen.

Übrigens wurde später nicht nur Haschka, sondern auch Haydn vorgeworfen, für die Kaiserhymne »Anleihen« genommen zu haben: bei einem kroatischen Volkslied sowie bei Stücken von Georg Philipp Telemann und Johann Sebastian Bach. Musikforscher bezweifeln jedoch, dass der Komponist aus Rohrau diese Melodien überhaupt gekannt hat, es dürfte sich demnach um eher zufällige Ähnlichkeiten handeln. Fest steht jedenfalls, dass Haydn mit der Kaiserhymne ein großer Wurf gelungen ist, der das seltene Phänomen in sich vereint, in ein und derselben Komposition sowohl ein Meisterwerk als auch eine volkstümliche Melodie geschaffen zu haben.

Die drei zentralen Figuren der Kaiserhymne gehörten den (in Österreich damals verbotenen) Freimaurern an, Haschka war zwar spätestens 1785 nach Veröffentlichung eines antiklerikalen Textes aus der Loge *Zum heiligen Joseph* ausgeschlossen worden, doch Haydn und Saurau zählten zu aktiven Mitgliedern der Loge *Zur wahren Eintracht* (die auch Mozart als Gast bis zu seinem Tod immer wieder besucht hatte).

Lorenz Leopold Haschka lieferte »seinen« aus vier Strophen bestehenden, in schlichten Worten gehaltenen Text der Kaiserhymne am 11. Oktober 1796 ab. Dieser wurde durch den Grafen

Saurau sogleich an Haydn gesandt, der in seiner Wohnung am Wiener Mehlmarkt* zwischen Mitte Oktober 1796 und Jänner 1797 die passende Melodie schuf. Saurau zeigte sich mit Text und Musik zufrieden und gab das Lied am 28. Jänner 1797 frei. Noten und Worte gingen sofort in Druck, zumal die Eile groß war, da die Hymne am 12. Februar 1797, dem 29. Geburtstag des Kaisers, in allen Kronländern erstmals erklingen sollte. Das bedeutete auch, dass der Text augenblicklich in alle in der Monarchie gängigen Sprachen übersetzt werden musste.

Wie groß das Honorar war, das Haschka und Haydn für die *Kaiserhymne* erhielten, ist nicht bekannt, wir wissen nur, dass dem Komponisten als besondere Ehrenbezeichnung auch eine goldene Dose mit dem Bild des Kaisers überreicht wurde, für die er sich bei Saurau brieflich bedankte: »Excellence! Eine solche Überraschung, und So viel Gnade besonders über das Bild meines guten Monarchen hab ich in betracht meines kleinen Talents noch nicht überlebt. Ich danke Euer Excellence von Herzen und bin anbietig in allen Fällen Euer Excellence zu dienen … In tiefster Ehrfurcht Euer Exzellence unterthänigster gehorsamster diener Jos. Haydn.«

Tatsächlich konnte das Werk am Geburtstag des Kaisers an vielen Orten der Donaumonarchie uraufgeführt werden, in Wien im alten Burgtheater am Michaelerplatz, wo es in der Pause zwischen der Oper *Doktor und Apotheker* und dem Ballett *Alonzo und Cora* gesungen wurde. Um einen möglichst großen »Chor« zu gewährleisten, hatten alle Besucher vor Beginn der Vorstellung den Text zum Mitsingen erhalten.

Der an diesem Abend im Burgtheater anwesende Staatsminister für Inneres, Karl Graf Zinzendorf, hinterließ in seinem Tagebuch: »12. Februar. Abends im Theater. Ich kam an beim Gesang der Verse von Haschka. Gott! erhalte Franz den Kaiser, unsern guten Kaiser Franz. Ohne Schelm und Bubenstreich wären die Verse gut, weil sie einfach sind. Die Musik ist sehr einfach. Der bei seiner Ankunft beklatschte Kaiser machte Verbeugungen ohne Zahl. Ich war von diesem Überschwang lebhaft berührt, der noch interessan-

---

* Heute Neuer Markt.

Kaiser Franz II. (I.) * 12. 2. 1768 Florenz, 2. 3. 1835 Wien. Von 1792 bis 1806 als Franz II. letzter Kaiser des Heiligen Römischen Reiches, von 1804 bis 1835 als Franz I. Kaiser von Österreich.

ter wurde durch die Helligkeit, der der angezündete Lüster über das ganze Theater verbreitete. Seine Majestät, der Gegenstand dieser Harmonie, muss noch bedeutend mehr gerührt worden sein.«

Die Hymne hat ihren Zweck vom ersten Tag an erfüllt, weil sie suggerierte, dass Franz II. von seinen Untertanen verehrt und geliebt würde. Das Lied, schrieb Haydns erster Biograf Albert Christoph Dies, habe den Monarchen »im Volke populärer gemacht als seine Regierungs-Maßnahmen«. Über Nacht ein »Schlager«, wurden die Noten innerhalb kürzester Zeit von mehreren Verlagen in hoher Auflage gedruckt, in Musikalienhandlungen um sechs Kronen angeboten und »jetzt auch in allen Gesellschaften und öffentlichen Oertern gsungen und von allen Fräulein aufn Klavier gspielt«, wie die Zeitschrift *Briefe eines Eipeldauers* berichtete. Man gab die Hymne bei allen offiziellen Anlässen, ab 1826 mit »Allerhöchster Entschließung« auch in der Armee, deren Militärmusikanten sie in großer Besetzung neu arrangierten.

Joseph Haydn selbst war mit seinem bei Weitem populärsten Werk zufrieden, bekannte er doch noch in seinen letzten Lebensjahren: »Es ist mein Gebet … Ich kann auch nicht anders, ich muss es alle Tage spielen. – Mir ist herzlich wohl, wenn ich es spiele und auch noch eine Weile nachher.«

Als der im Alter (wie in der Hymne) tatsächlich »guter Kaiser Franz« genannte und als solcher doch noch beliebter gewordene Monarch 1835 gestorben war, musste die Hymne für seinen Sohn »Ferdinand den Gütigen« adaptiert werden. Es gab mehrere Versuche, ehe sich die Textversion des Freiherrn Joseph Christian von Zedlitz zu derselben Melodie durchsetzte:

Segen Östreichs hohem Sohne,
Unserm Kaiser Ferdinand!
Gott, von Deinem Wolkenthrone
Blick erhörend auf dies Land!
Lass Ihn, auf des Lebens Höhen
Hingestellt von Deiner Hand,
Glücklich und beglückend stehen,
Schütze unsern Ferdinand!

Die beiden Vornamen des nächsten Kaisers, Franz Joseph, ließen sich nur schwer in die von Haydn gesetzten Takte eingliedern. Es gab sogar einen Vorschlag Grillparzers (*Gott erhalte unsern Kaiser und in ihm das Vaterland*), der jedoch ebenso wenig Anklang fand wie eine Reihe anderer Entwürfe weit weniger bekannter Dichter. Franz Joseph selbst wünschte, dass die Worte bei den Übergängen der Herrschaft auf alle seine Nachfolger nicht jedes Mal geändert werden müssten. Schließlich akzeptierte er die Version des Beamten im Münz- und Antiken-Cabinet, Johann Gabriel Seidl, die aus Anlass der Verlobung Kaiser Franz Josephs mit Elisabeth am 24. April 1854 zum ersten Mal aufgeführt wurde.

Gott erhalte, Gott beschütze
Unsern Kaiser, unser Land!
Mächtig durch des Glaubens Stütze
Führ er uns mit weiser Hand!
Lasst uns seiner Väter Krone
Schirmen wider jeden Feind:
Innig bleibt mit Habsburgs Throne
Österreichs Geschick vereint.

Man munkelte, dass Franz Joseph vollkommen unmusikalisch gewesen sei und einmal gemeint hätte: »Die Kaiserhymne erkenne ich nur daran, dass sich rund um mich alles von den Sitzen erhebt.«
Franz Josephs Wunsch entsprechend, beließ Kaiser Karl I. nach seinem Thronantritt im Jahr 1916 den Text der bisherigen Hymnenversion. Karl Kraus veröffentlichte 1920, nach dem Zusammenbruch der Monarchie, in der *Fackel* den Text seiner gegen das Haus Habsburg gerichteten *Volkshymne*.

Gott erhalte, Gott beschütze
Vor dem Kaiser unser Land!
Mächtig ohne seine Stütze
Sicher ohne seine Hand!
Ungeschirmt von seiner Krone
Stehn wir gegen diesen Feind:

Nimmer sei mit Habsburgs Throne
Österreichs Geschick vereint.

Monarchisten dichteten in der Ersten Republik die alte Kaiserhymne auf den Thronprätendenten um:

In Verbannung, fern den Landen
Weilst Du, Hoffnung Österreichs.
Otto, treu in festen Banden
Steh'n zu Dir wir felsengleich.
Dir, mein Kaiser, sei beschieden
Alter Ruhm und neues Glück!
Bring den Völkern endlich Frieden,
Kehr zur Heimat bald zurück!

Mit Hitlers Machtergreifung in Berlin wurde die Melodie 1933 –
ohne, dass Haydn sich dagegen wehren konnte – von den Nationalsozialisten requiriert, und heute ist Österreichs alte österreichische
Kaiserhymne als *Deutschlandlied* mit dem 1841 entstandenen Text
des Dichters Heinrich Hoffmann von Fallersleben die deutsche
Nationalhymne *Einigkeit und Recht und Freiheit für das deutsche
Vaterland*.

Österreich bekam nach dem Zweiten Weltkrieg eine neue
Hymne, verfasst von Paula von Preradović zur Musik der *Frei-
maurerkantate* von Wolfgang Amadeus Mozart, der als deren wahrer Schöpfer freilich angezweifelt wird. Vielmehr nimmt man an,
dass sie von Mozarts Logenbruder Johann Baptist Holzer stammt.

An jedem 18. August jedoch, an dem in Österreich nach wie vor
»Kaisers Geburtstag« – gemeint ist der von Franz Joseph – gefeiert
wird, erklingt zwischen Wien und Bad Ischl immer noch die alte
Haydn-Hymne, die längst zum Volkslied geworden ist.

»AUS FREIEM WILLEN UND MIT KLAREN SINNEN«

Stefan Zweig begeht Selbstmord, 23. Februar 1942

Nein, Stefan Zweig gehörte nicht zu den Emigranten, die um ihre Existenz bangen mussten, die es in der Fremde schwer hatten, für ihre Grundbedürfnisse zu sorgen. Stefan Zweig war wohlhabend, ein international bekannter und gefragter Schriftsteller, er wurde zu Vortragsreisen nach England, in die USA und nach Südamerika eingeladen, war im Besitz einer außergewöhnlichen Gemälde- und Autografensammlung, deren Wert allein sein Überleben und das seiner Frau hätte sichern können. Vor allem aber schien der Dichter »lebensfroh, genießerisch, vom Glück verwöhnt, ausgeglichen und vernünftig« zu sein, wie Klaus Mann ihn beschrieb. Daher kam die Nachricht von Stefan Zweigs Selbstmord in Brasilien für alle, die ihn kannten, völlig unerwartet. Und doch: Das auf Außenstehende wie auf enge Freunde zufrieden wirkende und in scheinbarer Harmonie lebende Ehepaar Lotte und Stefan Zweig entschied sich für den gemeinsamen Freitod im brasilianischen Exil.

Man könnte den Dichter als »ersten Emigranten« bezeichnen, denn er verließ Österreich bereits vier Jahre bevor die Nationalsozialisten in seine Heimat einmarschierten. Sein elegantes »Paschinger Schlössl« am Salzburger Kapuzinerberg wurde im Frühjahr 1934 von der Polizei des faschistischen »Ständestaats« gestürmt und aus nicht nachvollziehbaren Gründen nach Waffen durchsucht, was Stefan Zweig als »Vorspiel zu viel weiterreichenden Eingriffen« empfand. Er packte seine Koffer und verkaufte sein Hab und Gut, zumal er – prophetisch wie kein anderer – die Machtübernahme der Nazis auf Österreich zukommen sah. Das lag vor allem daran, dass sein Haus so nahe dem bereits von Hitler beherrschten Deutschen Reich lag, »dass ich nachts, von der deutschen Grenze her, immer das Rollen von Panzern hörte«.

Stefan Zweig
*28. 11. 1881 Wien, †23. 2. 1942 Petrópolis/ Brasilien (Selbstmord). Schriftsteller: Sternstunden der Menschheit *(1927),* Schachnovelle *(1942),* Die Welt von Gestern *(1942).*

Zweig verließ Österreich und wurde überall mit offenen Armen empfangen. Er und seine zweite Frau Lotte geb. Altmann gelangten über London und New York nach Rio de Janeiro, wo dem weltberühmten Schriftsteller die brasilianische Staatsbürgerschaft verliehen wurde. Er konnte also – im Gegensatz zu den meisten anderen Emigranten – gefahrlos reisen, komfortabel leben, schreiben, Vorträge halten, sich in Sicherheit wiegen.

Wie angesehen er war, erkennt man allein an dem Umstand seiner Überfahrt von New York nach Rio de Janeiro. Zweig hatte für sich und seine Frau wegen der heillosen Überbuchung des Schiffs nur noch Tickets der Dritten Klasse reservieren können, doch als der Kapitän erfuhr, welch berühmten Mann er an Bord hatte, stellte er dem Ehepaar seine Erste-Klasse-Kabine zur Verfügung und begnügte sich selbst mit der Dritten.

Stefan Zweig unternahm Vortragsreisen, die ihn durch die USA, Brasilien, Chile, Paraguay, Uruguay und Argentinien führten. Der Polyhistor konnte seine durchwegs gut besuchten Referate je nach Bedarf auf Englisch, Spanisch, Französisch und Portugiesisch halten. 1941 veröffentlichte er ein Buch über Brasilien, er schrieb *Die Schachnovelle* und sein großes Erinnerungsbuch *Die Welt von Gestern*, in dem er dem alten Österreich seine Reverenz erwies. Es folgten ein Roman über den Dichter Balzac sowie eine Abhandlung über den Seefahrer Amerigo Vespucci, die nicht mehr fertiggestellt werden konnten. Während weitere lukrative Angebote internationaler Verlage einlangten und Hollywood zur Realisierung eines Filmprojekts einlud, wurden ihm in der Heimat die deutsche Staatsbürgerschaft und der Titel »Dr. phil.« der Universität Wien aberkannt[*]. Stefan Zweigs deutschsprachige Werke wurden fortan in Schweden gedruckt, und er zählte weiterhin zu den international meistgelesenen Autoren seiner Zeit.

Als Stefan Zweig im Frühjahr 1941 ein paar Tage in New York verbrachte, traf er in einem französischen Restaurant in Manhattan Carl Zuckmayer, der sich später daran erinnern sollte,

---

[*] Die 1940 erfolgte Aberkennung des Doktorats wurde von der Universität Wien erst im Jahr 2003 für nichtig erklärt.

Da war die Welt noch in Ordnung: Stefan Zweig auf der Terrasse seines Hauses am Salzburger Kapuzinerberg, um 1933

dass der sonst zur Fröhlichkeit neigende Freund zu diesem Zeitpunkt düstere Gedanken hatte. Dass sein »runder« Geburtstag
bevorstand, verleitete Stefan Zweig zu der Bemerkung, »sechzig
Jahre sind genug, ich erwarte nicht mehr, dass ich noch gute
Zeiten erleben werde«. Und dann: »Wie auch immer der Krieg
ausgeht – es kommt eine Welt, in die wir nicht mehr hinein-
gehören.«

An Selbstmord – noch dazu gemeinsam mit seiner um 27 Jahre
jüngeren zweiten Frau – dürfte Zweig zu diesem Zeitpunkt nicht
gedacht haben, hinterlegte er doch am 6. Mai 1941 bei einem New
Yorker Rechtsanwalt sein Testament, in dem er Lotte als Alleinerbin einsetzte. Allerdings wurde sein Letzter Wille später doch
noch rechtswirksam: Sollte seine Frau nämlich vor ihm sterben
»oder beide durch einen Unglücksfall zur gleichen Zeit«, dann
würde sein Erbe an den Bruder seiner Frau und dessen Familie
gehen.

Den Sommer 1941 – es sollte der letzte ihres Lebens sein – verbrachten die Zweigs in Ossining am Hudson River, einer Klein-
stadt unweit von New York, die nicht so sehr als idyllischer
Urlaubsort, sondern wegen der dort beheimateten Strafvollzugs-
anstalt Sing-Sing bekannt ist. Wie's der Zufall wollte, verbrachten
auch Stefan Zweigs erste Frau Friderike – mit der er nach der
Scheidung im Jahr 1938 freundschaftlich verbunden blieb – und
ihre beiden Töchter und Schwiegersöhne hier ihre Sommerferien.
In Ossining wurde wohl auch deshalb Geschichte geschrieben,
weil Stefan Zweig an diesem Ort am 30. Juli 1941 sein bedeuten-
des Buch *Die Welt von Gestern* abgeschlossen hat.

In dem Urlaubsdomizil erkannte Lotte Zweig, dass ihr Mann
von einer Depression erfasst worden war. »Ich bin im Moment
etwas besorgt um ihn«, schrieb sie ihrer Schwägerin Hannah nach
London, »nicht bloß, weil es wirklich kein Vergnügen ist, solch ein
unbeständiges Leben zu führen, immer abzuwarten, was am
nächsten Tag geschehen wird, bevor man die nächste kurzfristige
Entscheidung trifft, sondern auch aufgrund des Krieges, der jetzt
zu einem wahren Massenmord wird und ihm scheinbar wie ein
unendlich großes Gewicht auf die Seele drückt ... Glücklicher-

weise hält ihn das nicht vom Arbeiten ab, sondern treibt ihn, im Gegenteil, zu mehr und mehr Arbeit.«

Nach dem Urlaub zu einem Kurzaufenthalt in New York ließ sich auch Stefan Zweig über seinen Seelenzustand aus. In einem Brief an den aus Frankfurt stammenden, nunmehr in London lebenden Antiquar Heinrich Eisemann, über den Zweig viele seiner Autographen bezogen hatte, ist nachzulesen: »Ich fühle mich außerordentlich müde und deprimiert ... Nie weiß ich, wo ich die kommenden zwei Monate verbringen werde, alle möglichen Schwierigkeiten werden nur immer größer ... Manchmal bemitleide ich die arme Lotte, dass sie all meine Trübsal miterleben muss.«

Am 27. August 1941 fuhr der Dampfer *Uruguay* mit Stefan und Lotte Zweig an Bord, von New York kommend, in den Hafen von Rio de Janeiro ein. Zweigs psychischer Zustand schien sich nicht gebessert zu haben, schrieb er doch einmal mehr an Heinrich Eisemann: »Ich hatte eine Art Zusammenbruch und die Vereinigten Staaten waren zu groß für mich ... An Bücher und Autographen denke ich gar nicht mehr, all das gehört in ein früheres Leben, das nie mehr zurückkehren wird, ein Leben, in dem Schönheit ihren Wert hatte und man Zeit und Muße hatte, sie zu genießen.«

In seiner Rastlosigkeit zog es Zweig mit seiner Frau nach nur drei Wochen in der pulsierenden Millionenmetropole zu seiner nächsten Station – die die letzte sein sollte: in die Berge außerhalb von Rio, nach Petrópolis, einer Stadt, die Stefan Zweig einmal mit dem Kurort Semmering bei Wien verglich und ein andermal als »eine Art Miniatur-Ischl« bezeichnete.

Das Ehepaar mietete für zunächst sechs Monate einen kleinen Bungalow in der Rua Goncalves Dias 34 und stellte ein Dienstmädchen an. Während Stefan und Lotte Zweig in New York und Rio Kontakt mit anderen Emigranten hatten, litten sie hier an Einsamkeit. Man weiß nur von einem Besuch seines brasilianischen Verlegers Abrahão Koogan, der dem Ehepaar einen Drahthaar-Foxterrier als Geschenk nach Petrópolis mitbrachte. Je monotoner sich das Leben erwies, desto mehr konzentrierte sich

Stefan Zweig auf seine Arbeit, und er schien auch wieder Freude daran zu finden.

An den bevorstehenden Tod dachte Stefan Zweig auch wenige Tage davor nicht. Eine Woche vor dem Selbstmord teilte er seinem Bruder Alfred, der in New York lebte, mit, dass er sich sehr freue, das Haus in Petrópolis für weitere sechs Monate mieten zu können. So schreibt keiner, der sein Ende herbeisehnt. Und doch: An dem Tag, an dem Alfred Zweig diese Zeilen empfing – es war der 21. Februar 1942 – ging der einst so lebensfrohe Stefan auf das Postamt in Petrópolis, um mehrere Abschiedsbriefe zu verschicken. An einige Verleger und an seine geschiedene Frau Friderike. Und auch Lotte versandte Abschiedsbriefe.

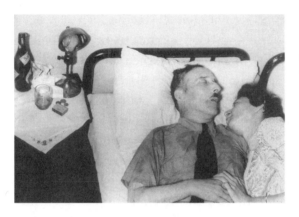

»Ich schreibe Dir diese Zeilen in meinen letzten Stunden«: Die Leichen Stefan Zweigs und seiner Frau Lotte, aufgenommen nach dem Doppelselbstmord in ihrem Haus in Petrópolis

Am Montag, dem 23. Februar 1942 wunderte sich die Hausangestellte, dass die Zweigs zur Mittagsstunde noch nicht aufgestanden waren. Am Nachmittag holte sie ihren Mann und öffnete mit ihm um 16 Uhr die Tür des Schlafzimmers. Das Ehepaar lag reglos und vollkommen bekleidet in seinem Bett. Er auf dem Rücken, den Mund leicht geöffnet, sie seitlich an ihren Mann geschmiegt. Beide sind, wie die gerichtsmedizinische Untersuchung ergab, um 12.30 Uhr durch Einnahme einer Überdosis des Schlafmittels Veronal gestorben.

»Liebe Friderike«, schrieb er zwei Tage vor seinem Tod im Abschiedsbrief an seine erste Frau. »Wenn Dich dieser Brief erreicht, geht es mir bedeutend besser als früher. Du hast mich noch in Ossining gesehen und nach einer guten und ruhigen Phase verschlimmerte sich meine Depression – ich litt so sehr, dass ich mich nicht mehr auf meine Arbeit konzentrieren konnte. Zudem war die Gewissheit – die einzige, die wir hatten – allzu bedrückend, dass dieser Krieg noch Jahre dauern und unendliche Zeit vergehen wird, ehe wir – in unserer besonderen Lage – wieder ins eigene Haus zurückkehren können … Allein die Vorstellung, dass mein Hauptwerk, der Balzac, nie beendet werden könnte, weil ich ja keine Aussicht auf zwei störungsfreie Arbeitsjahre hatte und die dafür nötigen Bücher ungemein schwer beschaffen konnte … Um all dies zu ertragen, war ich einfach zu schwach, und die arme Lotte hatte es nicht leicht mit mir, vor allem, weil es mit ihrer Gesundheit nicht zum Besten stand …

Ich schreibe Dir diese Zeilen in meinen letzten Stunden, und Du kannst Dir nicht vorstellen, wie erleichtert ich mich seit diesem Entschluss fühle. Grüsse Deine Kinder recht lieb von mir und klage nicht um mich – denk immer an den guten Joseph Roth und an Rieger*, wie ich sie bewundert hatte, dass ihnen diese Qualen erspart blieben. In Liebe und Freundschaft, und bleib guten Mutes, nun weißt Du mich doch ruhig und glücklich.

Stefan«

Die Nachricht des Selbstmords kam auch für Klaus Mann »so völlig unerwartet, dass ich sie zunächst kaum glauben konnte«. Andere Freunde und Weggefährten waren fassungslos, gerade weil Stefan Zweig, im Gegensatz zu den meisten anderen emigrierten Schriftstellerkollegen, erfolgreich und materiell abgesichert war. Dass er seit Längerem schon von depressiven Zuständen geplagt war, hatte kaum jemand geahnt, da er äußerlich positiv und lebensbejahend wirkte. Doch für Stefan Zweig war es unerträglich, »die Zerstörung der geistigen Heimat Europa« mitzuerleben. Der Dichter wurde mit seinem Schritt ein Symbol für die

---

* Erwin Rieger (1889–1940), österreichischer Schriftsteller und Übersetzer, mit Stefan Zweig befreundet.

Intellektuellen dieser Zeit auf der Flucht vor der Gewaltherrschaft.

Das Wohnhaus in Petrópolis, in dem er »aus freiem Willen und mit klaren Sinnen« (aus einem weiteren Abschiedsbrief, Anm.) von dieser Welt ging, wurde als Museum *Casa Stefan Zweig* eingerichtet und soll die Erinnerung an ihn, sein Werk und den geistig-humanitären Verfall jener Tage bewahren.

DER BETROGENE WALZERKÖNIG

Johann Strauß Sohn *und die untreue Lily,*
28. Mai 1878

D ie Frauen vergötterten ihn. Als Schöpfer unsterblicher Melo-
dien, als Dirigent mit Charme, Charisma und Sexappeal, als
Bild von einem Mann. Und dann fällt der heißbegehrte Strauß-
»Schani« auf ein junges Ding herein, das ihn vor aller Welt zum
Gespött macht.

Die Vorgeschichte ist dramatisch. Henriette »Jetty« Treffz, die
um sieben Jahre ältere erste Frau des Walzerkönigs, stirbt am
8. April 1878 an den Folgen eines Schlaganfalls. Die »mütterliche
Gefährtin«, die ihm sechzehn Jahre lang alle Sorgen abgenommen,
die es ihm ermöglicht hat, sich voll und ganz auf seine Musik zu
konzentrieren, ist von einem Tag zum anderen nicht mehr da.
Strauß, der panische Angst vor Krankheit und Tod hat, geht nicht
einmal zu ihrem Begräbnis.

Der Abschied von Jetty ist ihm unerträglich. Nicht nur, weil er
sie wirklich liebt, sondern auch weil er ohne seine sechzigjährige
Frau und »Managerin« hilflos ist – wer soll jetzt mit den Verlegern
und Theaterdirektoren verhandeln, wer Textdichter, Arrangeure
und Kopisten an Land ziehen, wer den Haushalt führen? All diese
Vorgänge sind für das Genie nicht zu bewältigen. Dazu kommt die
Einsamkeit, die schreckliche Einsamkeit. Ein Mann, der von aller
Welt bewundert, verehrt, geliebt wird, sitzt mutterseelenallein zu
Hause – ohne Muse, mit der er sich austauschen, künstlerische
Fragen, aber auch die Mühen des Alltags besprechen kann. Allein
weiterzumachen, ist unvorstellbar.

Johann Strauß verlässt seine Villa in der Maxingstraße und mie-
tet sich im nahen Hotel Victoria in Hietzing ein. In offiziellen
Strauß-Biografien ist nachzulesen, dass der Walzerkönig nach Jettys Tod eine junge Sängerin namens Angelika Dittrich kennenlernt. Und zwar folgendermaßen: Der Hofkapellmeister Heinrich

*Johann Strauß
Sohn *25. 10.
1825 Wien, †3. 6.
1899 Wien. Erste
Ehe mit Henriette
Treffz, zweite Ehe
mit Angelika
»Lily« Dittrich.
Dritte Ehe mit
Adele Strauß
geb. Deutsch.*

Proch – er hat 1869 die Eröffnungsvorstellung von Mozarts *Don Giovanni* im neuen Operngebäude am Ring dirigiert – spricht bei Strauß vor und bringt »Lily«, wie Angelika Dittrich von Freunden genannt wird, zum Vorsingen mit. »Schani« engagiert sie nicht, er heiratet sie.

Sehr schnell, tuscheln die Wiener, aber dem Walzerkönig wird alles verziehen. Geht man der Romanze des 53-jährigen Johann Strauß mit der 28-jährigen Lily jedoch etwas näher nach, stellt sich heraus, dass die Episode mit dem Vorsingen zwar stimmt. Doch hat sie sich schon vor Jettys Tod zugetragen.

Die Beziehung des Walzerkönigs mit der aus Köln gebürtigen blonden Gesangsschülerin – die sich nur dunkelhaarig, mit knöchellangen Zöpfen fotografieren ließ – begann in der Endphase seiner ersten Ehe. »Die Geschichte scheint älteren Datums und schon bei Jettys Lebzeiten vorbereitet gewesen«, schreibt der mit der Musikerdynastie nicht verwandte, aber mit ihr als Ratgeber und Financier in Verbindung stehende Bankier Albert Strauß – der zu diesem Zeitpunkt nicht ahnen kann, dass seine Schwiegertochter Adele bald die dritte Frau des Walzerkönigs sein wird.

Aber noch erscheint Lily, die nicht einmal besonders hübsch ist, bei Männern jedoch sehr gut ankommt, als Ideal. Es wird erzählt, dass sie Strauß schon beim Vorsingen schöne Augen gemacht habe, wobei ihr der gutgläubige, einem Flirt nie abgeneigte »Schani« auf den Leim geht. Lily, die von einer großen Gesangskarriere träumt – die sie nie machen wird –, lässt sich bereits am 23. April 1878, nur zwei Wochen nach Jettys Tod, von der deutschen Botschaft bescheinigen, dass sie »keiner obrigkeitlichen Ehe-Erlaubnis bedarf«. Aus diesen Tagen stammt auch ein Brief Johanns an das »herzige, heiß geliebte Lilyweiberl«: »Diese Nacht war wieder sehr stürmisch … Bis drei Uhr warst Du an meiner Brust. Du warst himmlisch! Schon drängt es mich zu dem Original zu eilen. Nun, Lilyweiberl, lasse Dich recht abbusseln und abmudeln und sei überzeugt – dass Niemand in der Welt Dich eben so zu lieben vermag, wie Dein Hans.«

Bei so viel zärtlicher Hingabe, ist Johann Strauß überzeugt, kann man auch gleich heiraten. Die Zeremonie findet am 28. Mai

1878, nur fünfzig Tage nach Jettys Tod, in der Wiener Karlskirche statt. Die kirchliche Heirat ist ein Schritt, der dem Walzerkönig noch große Sorgen bereiten wird.

Im Jahr der Eheschließung wird die neueste Johann-Strauß-Operette uraufgeführt. Sie heißt *Blindekuh* und wird zum Desaster, an dem Lily allerdings unschuldig ist. Selbst Alexander Girardi in der Hauptrolle kann die Musik mit einer elenden Textvorlage nicht retten, in Wien raunt man sich zu, dass Strauß die frühere »Treffz«-Sicherheit abhanden gekommen sei. Aber das stimmt so nicht, da das Libretto noch von Jetty abgesegnet wurde. Nur eine Melodie aus *Blindekuh* sollte mehr als ein halbes Jahrhundert später – lange nach dem Tod des Walzerkönigs – in einer völligen Neufassung von Peter Kreuder und in der Interpretation von Willi Forst zum Weltschlager werden: »Sag beim Abschied leise Servus«.

Johann Strauß engagiert sie nicht, er heiratet sie: Angelika »Lily« Dittrich

Strauß zieht mit Lily in das neue Palais in der Igelgasse 4* auf der Wieden, das noch von seiner Jetty mit viel Liebe, viel Geschmack – und mit den Tantiemen der *Fledermaus* – geplant wurde. Es war ihr aber nicht vergönnt, die Fertigstellung der Stadtvilla zu erleben.

Wer an der nun folgenden Ehehölle schuld ist, lässt sich nicht sagen. Mit Johann Strauß verheiratet zu sein, ist gewiss nicht einfach. Der kennt nichts als seine Musik, komponiert Tag und Nacht, kümmert sich nicht um seine junge Frau. Die fühlt sich vernachlässigt, streift durch die Stadt, trifft als »Frau Johann Strauß« prominente Musiker, Librettisten, Agenten, auch Freunde ihres Gemahls, allen voran Franz Steiner, den Direktor des Theaters an der Wien.

---

* Heute Johann-Strauß-Gasse.

Geriet durch die Untreue seiner zweiten Frau in eine schwere seelische Krise: Johann Strauß Sohn

Bald weiß ganz Wien von der Affäre, nur der betrogene Ehemann ist ahnungslos, wird schließlich von seiner Schwester Anna informiert, dass Lily nicht zur Kur in Franzensbad weilt, sondern zum Vergnügen. Johann Strauß gerät, als er davon erfährt, in eine schwere seelische Krise. Er ist sowohl von seiner jungen Frau als auch von Steiner tief enttäuscht, der ihm einige der größten Erfolge seiner Direktionszeit zu verdanken hat. Noch versucht der Walzerkönig die Ehe zu retten, schreibt seiner Frau im Juli 1882 nach Franzensbad: »Lauf mir nicht davon, bleibe doch!«, aber es hilft nichts.

Johann Strauß rächt sich an Direktor Steiner, indem er seine nächste Premiere nicht im Theater an der Wien ansetzt, sondern zum ersten und einzigen Mal in seinem Leben in Berlin, wo im neuen Friedrich-Wilhelmstädtischen Theater *Eine Nacht in Venedig* uraufgeführt wird – letztlich geht dann aber das Geschäft vor, und so kommt die Operette mit Verspätung doch auch noch ans Theater an der Wien.

Lily verlässt das Strauß-Palais auf der Wieden, ohne irgendwelche Ansprüche zu stellen, sie bleibt Steiners Geliebte und wird als dessen persönliche Assistentin an das Theater an der Wien geholt. Die einvernehmliche Scheidung des Ehepaares Strauß »von Tisch und Bett« wird im Dezember 1882 vom k. k. Landesgericht für Zivilrechtssachen ausgesprochen, nicht jedoch von der römisch-katholischen Kirche. Ohne diese Scheidung kann Johann Strauß aber die neue Frau an seiner Seite, die sich wieder sehr schnell eingefunden hat, nicht heiraten: die Witwe Adele Strauß geborene Deutsch, Schwiegertochter des erwähnten Bankiers. Um Adele, die gleich dreißig Jahre jünger ist, vor den Traualtar führen zu können, muss Johann Strauß die österreichische Staatsbürgerschaft zurücklegen und die des Herzogtums Sachsen-Coburg-Gotha annehmen. Wodurch der Wienerischste aller Komponisten Deutscher wird. Dann konvertiert er noch zum evangelisch-lutherischen Glaubensbekenntnis, um Adele in Coburg zu ehelichen. Mit ihr findet er schließlich sein Glück. Sie wird als seine bedeutendste Muse bis ans Ende seiner Tage treu an seiner Seite stehen und nach seinem Tod zur legendären Verwalterin seines Nachlasses.

Angelika »Lily« Strauß geb. Dittrich ist nach ihrer Scheidung zwei Jahre lang mit Franz Steiner liiert, danach verlieren sich ihre Spuren. Sie stirbt 1919 im Alter von 69 Jahren in Armut und Einsamkeit in Bad Tatzmannsdorf an Krebs und hat den »Irrtum«, den ebenso wohlhabenden wie gefeierten Johann Strauß verlassen zu haben, nie verwunden.

»BAMBIS« MILLIONENSCHADEN

Felix Saltens verhinderte Hollywoodkarriere, 2. März 1923

Felix Salten, eigentlich Siegmund Salzmann *6. 9. 1869 Budapest, †8. 10. 1945 Zürich. Schriftsteller. Anonym veröffentlicht: Josefine Mutzenbacher *(1906), bekannt geworden durch die Tiergeschichte* Bambi *(1923).*

Felix Salten war ein mit vielen Talenten ausgestatteter Schriftsteller, dem es nur an einem Talent mangelte: seine Dichtkunst in klingende Münze umzusetzen. Zwei seiner Werke waren Jahrhundertbestseller – und an beiden hat er kaum etwas verdient: Da wäre sein pornografischer Klassiker *Josefine Mutzenbacher*, der 1906 anonym erschien, weil ihn die Nennung seines Namens in einem solchen Skandalbuch zur damaligen Zeit gesellschaftlich ruiniert hätte. Wo kein Autor, da kein Geld: Saltens Enkelin Lea Wyler klagte 1990 die *Mutzenbacher*-Verleger Rogner und Bernhard auf Zahlung unterlassener Tantiemen in Millionenhöhe. Der Verlag zweifelte auch gar nicht daran, dass Salten das Buch geschrieben hat, er verweigerte jedoch jede Beteiligung, da der Autor seinerzeit seinen Namen verleugnet »und damit jeden Anspruch auf Honorierung des Werkes für alle Zeiten verwirkt« hätte. Diesem Argument schloss sich das Bundesgericht Karlsruhe an und entschied gegen Saltens Nachkommen.

Der Millionenschaden in der Causa Mutzenbacher hält sich jedoch in Grenzen, vergleicht man ihn mit dem Welterfolg um das Rehkitz-Drama *Bambi*, dessen Filmrechte Salten für einen Pappenstiel Hollywood überließ. Die Novelle *Bambi. Eine Lebensgeschichte aus dem Walde* erschien am 2. März 1923 als deutschsprachiges Buch und fünf Jahre später unter dem Titel *Bambi. A Live in the Woods* in den USA. So weit, so gut für Felix Salten. Doch 1936 ritt ihn der Teufel, und er verkaufte die Filmrechte gegen eine Einmalzahlung von 5000 Dollar an den Hollywoodproduzenten Metro Goldwyn Mayer, der aus der rührseligen Rehgeschichte einen realen Tierfilm produzieren wollte. Salten war wie so oft in Geldnöten und unterschrieb. *MGM*-Regisseur Sidney Franklin begann zu drehen, musste aber bald einsehen, dass Live-Aufnahmen in diesem Fall nicht durchführbar waren. Deshalb verkaufte man die Rechte an Walt Disney, der mit seinen Zeichentrickanimationen die besseren Möglichkeiten hatte.

Walt Disney schmiedete aus der Tierstory einen der erfolgreichsten Filme aller Zeiten. Und verdiente damit zwei Milliarden Dollar. Das wären auf jeden Fall mehrere Millionen an Tantiemen für Salten gewesen.

Zwei Milliarden für den Filmtycoon gegenüber 5000 für Felix Salten, den Schöpfer der Geschichte!

Der Film kam erst im Kriegsjahr 1942 in die amerikanischen Kinos – weil es mit den damaligen technischen Möglichkeiten extrem schwierig war, sprechende Tiere zeichnerisch umzusetzen. *Bambi* wurde für drei Oscars nominiert.

Während die Darstellung der Tiere in Saltens Buch korrekt ist, wurden im Zeichentrickfilm zum Teil sinnstörende Veränderungen vorgenommen. Was wohl daran liegt, dass *Bambi* 1923 als

Der Schriftsteller Felix Salten schuf so unterschiedliche Werke wie Josefine Mutzenbacher *und* Bambi.

österreichischer Rehbock zur Welt kam und 1942 zu einem nordamerikanischen Hirschkalb mutierte. Disneys Bearbeitung erscheint nicht so düster wie die Buchvorlage, auch sorgen die Zeichentrickkünstler durch einen von Jägern ausgelösten Waldbrand, den es bei Salten nicht gibt, für zusätzliche Spannung. Im Buch ist viel von der Gefahr, die vom Menschen ausgeht, die Rede, im Film werden derartige Themen weggelassen. Ohne diese Veränderungen durch Walt Disney Productions wäre *Bambi* vielleicht nicht zum Mythos geworden.

Die Hollywoodproduzenten erreichten mit ihrem dramaturgischen Eingriff genau das, was sie sich erhofft hatten: In dem Moment, in dem Bambis Mutter durch den tödlichen Schuss eines

Jägers stirbt, begannen Millionen von Kindern, aber auch ihre Eltern, im Kino zu heulen. Bei einer Treibjagd wird Bambi angeschossen, sein Vater hilft ihm, wieder auf die Beine zu kommen, um kurz danach selbst einem Jäger zum Opfer zu fallen. Walt Disneys nicht ganz kitschfreies Erfolgsgeheimnis lautet, dass Tiere die besseren Menschen sind.

Sowohl das Buch als auch die Verfilmung werden von Tierschützern gerne als gegen die Jagd gerichtete Meisterwerke bewertet, was nicht der Realität entspricht, da Felix Salten selbst passionierter Jäger war, der regelmäßig auf die Pirsch ging und in seinen guten Zeiten sogar ein eigenes Revier hatte. Die Idee zu *Bambi* hatte er während einer Jagdtour.

Der gebürtige Budapester Felix Salten war in Wien aufgewachsen, arbeitete hier zunächst als Versicherungsagent, ehe er zu schreiben begann. Er zählte mit Arthur Schnitzler und Hugo von Hofmannsthal zum Literaturkreis *Jung Wien*, der sich regelmäßig im Café Griensteidl traf. 1935 war Salten Vorsitzender des österreichischen PEN-Clubs, drei Jahre später flüchtete er vor den Nationalsozialisten nach Zürich, wo er an der Schweizer Uraufführung von *Bambi* teilnahm. Er starb ein halbes Jahr nach Ende des Zweiten Weltkriegs verbittert, vergessen und vereinsamt.

Reich ist er weder durch den Bestseller *Josefine Mutzenbacher* noch durch das Jahrhundertbuch *Bambi* geworden.

»Wir fahren zur Tante Sophie nach Ischl«

Elisabeth trifft Franz Joseph, 16. August 1853

Die Betroffenen hat man in jenen Tagen nicht gefragt, ob ihnen diese Prinzessin oder jener Prinz gefallen oder nicht. Geheiratet wurde, wer der Familie Einfluss und Reichtum brachte, das Wort Liebe existierte in diesen Kreisen nicht. Jedenfalls war Kaiser Franz Joseph, Europas begehrtester Junggeselle, mit seinen 23 Jahren »überfällig«, eine gute Partie zu machen, also hatten seine Mutter Sophie und deren Schwester Ludovika eine Hochzeit ganz en famille im Sinn: zwischen den ohnehin schon vielfach verwandten Habsburgern und den Wittelsbachern.

Ganz so wie in den *Sissi*-Filmen dargestellt, war's allerdings nicht: Laut deren Drehbüchern stand fest, dass Franz Joseph die Herzogin Helene in Bayern heiraten würde und nicht ihre um drei Jahre jüngere Schwester Elisabeth. Auch wenn man bei Hof eher mit dieser Variante rechnete, denn Helene, Nené gerufen, war eine Frau von achtzehn Jahren, im idealen Alter also, um in eine Ehe gedrängt zu werden. Längst wurde sie »auf Kaiserin trainiert«, hatte Sprachen, tanzen, reiten, sich im Cercle zu bewegen und in höfischer Gesellschaft zu parlieren gelernt. An die kleine Herzogin Elisabeth, die eben erst gefirmt worden war, dachte kein Mensch. Sisi war fünfzehn, schrieb unbeholfene Gedichte und wirkte mit ihrer zarten, noch kaum entwickelten Figur, den mädchenhaften Zügen und ihrem unschuldigen Blick viel zu sehr wie ein Kind, um als Frau eines mächtigen Monarchen in Betracht gezogen zu werden.

Für den Sommer 1853 war Helenes Zusammentreffen mit Franz Joseph geplant, im Zuge dessen übergangslos zur Verlobung geschritten werden sollte. »Kinder, wir fahren zur Tante Sophie nach Ischl«, verkündete Herzogin Ludovika eines Tages auf dem

*Kaiserin Elisabeth *24.12. 1837 München, †10.9.1898 Genf (ermordet). 1854 Heirat mit Kaiser Franz Joseph I. Der Ehe entstammen vier Kinder: Sophie, Gisela, Rudolf, Marie Valerie.*

familieneigenen Schloss Possenhofen. Dass Nené die Hauptperson sein würde, stand mehr oder weniger fest. Sisi durfte mitkommen, einfach um am großen Freudentag ihrer Schwester dabei zu sein. Kleiner Nebeneffekt: Elisabeth könnte zu einem späteren Zeitpunkt mit Franz Josephs jüngerem Bruder Carl Ludwig vermählt werden, der praktischerweise ebenfalls in Ischl weilte (und seinem älteren Bruder nie verzieh, dass er ihm Sisi »weggeschnappt« hatte).

Doch vorerst weiß der Kaiser noch gar nicht, was ihn erwartet. Er weiß nicht, dass hier über sein künftiges Leben entschieden wird. Als sie noch halbe Kinder waren, hat er Nené und Sisi kurz gesehen, erinnern kann er sich nicht mehr an sie.

Am 16. August 1853 treffen die beiden Familien im beliebten Kurort Ischl* ein, dem Franz Joseph nicht mehr und nicht weniger als seine Existenz verdanken soll. Erst nachdem seine Eltern hierher zur Solekur gefahren sind, hat seine Mutter ihn als ihr erstes, lange ersehntes Kind zur Welt gebracht. Drei Geschwister sollten ihm, ebenfalls nach der bewährten Ischler Behandlung, folgen.

Es gibt im Sommer 1853 noch keine »Kaiservilla«, Sophie und Franz Joseph logieren zur Untermiete im Haus Esplanade 10, das dem Ischler Bürgermeister Wilhelm Seeauer** gehört. Herzogin Ludovika ist mit den Töchtern Nené und Sisi im benachbarten Hotel Tallachini*** untergebracht. Eine Kammerfrau frisiert Helene und kleidet sie vor dem ersten Treffen ein, damit sie sich dem Kaiser in bestem Licht präsentieren könne, Sisi hingegen ist auf sich selbst gestellt, niemand hilft ihr, sich schön zu machen – ihr Aussehen spielt an diesem Tag ja keine so wichtige Rolle.

Der Kaiser wartet derweilen im Salon seiner »Sommerresidenz«. Und da kommen sie auch schon: Tante Ludovika mit ihren

---

*   Seit 1906: Bad Ischl.
** Das »Seeauerhaus« wurde 1878 zum Hotel Austria und beherbergt seit 1989 das Museum der Stadt Bad Ischl.
*** Heute Residenz Elisabeth.

Töchtern Helene und Elisabeth. Die Begrüßung ist etwas förmlich, alle sind verlegen. Nené bemüht sich, dem Kaiser zu gefallen, sie ist groß und schlank, er findet sie auch nett und hübsch, meint jedoch, dass sie etwas zu harte Züge habe und steif in ihren Bewegungen sei. Neben ihr erscheint Sisi unbekümmert und unverkrampft, sie bewegt sich natürlich, hat ein süßes Lächeln auf den Lippen. Aber sie hat's ja auch leichter, für sie geht es um nichts.

Franz Joseph zeigt von der ersten Minute, wem seine Sympathie gehört. Er geht auf Sisi zu, unterhält sich mit ihr, und alle Anwesenden bemerken, dass er nur sie im Auge hat: ihre zarte Figur, das wunderschöne lange Haar, die natürliche Art, sich zu bewegen.

Man geht zu Tisch, das Essen wird aufgetragen. Sisi sitzt am anderen Ende der Tafel und sagt zu ihrer mitgereisten Kammerfrau: »Die Nené hat es gut, denn sie hat schon so viele Leute gesehen, aber ich nicht. Mir ist so bange, dass ich gar nicht essen kann.«[*]

Am nächsten Tag sitzen Sophie und Franz Joseph beim Frühstück. »Sisi ist entzückend«, beginnt der Kaiser das Gespräch.

»Sisi?«, fragt Sophie. »Aber sie ist doch noch ein Kind.«

»Ja, gut, aber sieh doch ihr Haar, ihre Augen, ihren Charme, ihre ganze Gestalt, sie ist allerliebst.«

Der Name Nené wird nicht erwähnt. Die Mutter tendiert immer noch zu ihrer älteren Nichte, überlässt die Wahl aber – im Gegensatz zu den meisten Überlieferungen – ihrem Sohn: »Du hast ja Zeit, brauchst dich nicht zu eilen. Kein Mensch verlangt, dass du dich gleich verlobst.«

»Es ist viel gescheiter, solche Dinge nicht in die Länge zu ziehen«, ist sich Franz Joseph jedoch seiner Sache sicher.

Später, beim gemeinsamen Diner, wendet sich der Kaiser nur Sisi zu, spricht kein Wort mit Nené, obwohl sie seine Sitz-

---

[*] Die Angaben über das erste Treffen Kaiser Franz Josephs mit Elisabeth in Ischl basieren u. a. auf einem Brief, den Erzherzogin Sophie an ihre Schwester, die Königin von Sachsen, gerichtet hat.

nachbarin ist. Die kleine Elisabeth trifft die Situation völlig unvorbereitet. Sie ist aufgeregt, genießt es aber, dem Kaiser zu gefallen.

Für diesen Abend ist ein Ball organisiert, bei dem Franz Joseph sein Herz sprechen lässt, indem er Sisi gleich drei Mal zum Tanz auffordert. Als er ihr dann noch einen prachtvollen Blumenstrauß überreicht, ist allen Ballgästen klar, wer die Auserwählte ist – nur Sisi will noch immer nicht wahrhaben, dass sie der Kaiser von Österreich heiraten möchte.

Der nächste Tag ist der 18. August 1853. Es ist Franz Josephs 23. Geburtstag. Beim Mittagessen sitzt Sisi zum ersten Mal neben ihm, er hat wohl auf die neue Sitzordnung Einfluss genommen. Nené befindet sich am anderen Ende der Tafel, dort, wo ihre kleine Schwester am Vortag gesessen ist. Das Geburtstagskind strahlt, ist überglücklich, zeigt seinen ganzen Charme und seine Herzlichkeit. Nach einer kleinen Spazierfahrt im geschlossenen Wagen – es herrscht an diesem 18. August ausnahmsweise kein »Kaiserwetter«, es ist regnerisch und kühl – bittet Franz Joseph seine Mutter bei ihrer Schwester Ludovika zu sondieren, ob Sisi bereit sei, ihn zu heiraten.

Erzherzogin Sophie geb. Prinzessin von Bayern *27. 1. 1805 München, †28. 5. 1872 Wien. Verheiratet mit Erzherzog Franz Karl, dem sie fünf Kinder schenkt, der älteste Sohn ist Kaiser Franz Joseph.

Erzherzogin Sophie hat längst erkannt, dass Franz Joseph sich für Elisabeth entschieden hat. Die andere Verbindung wäre ihr wohl lieber gewesen, weil eine Kaiserin in ihren Augen eine fertige, reife Frau zu sein hat, Sophie kritisiert auch, »dass Sisi gelbe Zähne hat«. Andererseits ist die Heirat kein dynastisches Problem, letztlich spielt es keine Rolle, welche der beiden Schwestern Kaiserin wird. Hauptsache, die Ehe wird mit einer Angehörigen des bayerischen Königshauses geschlossen.

Die Mutter des Kaisers pilgert also zu ihrer Schwester und spricht aus, wovon ohnehin schon halb Ischl redet: Franz Joseph will um Sisis Hand anhalten. Ludovika wiederum fragt ihre jüngste Tochter, ob sie den Kaiser lieben könne, worauf diese unter Tränen sagt: »Ja, wie sollte man *den* Mann nicht lieben können? Aber wie kann er nur an mich denken, ich bin ja so jung, so unbedeutend. Ich würde alles tun, um den Kaiser glücklich zu machen, aber ob es wohl gehen wird?«

Ludovika schickt ihrer Schwester ein paar Zeilen mit Sisis Zusage, der Kaiser ist außer sich vor Glück, stürmt am nächsten Tag in aller Frühe zu Sisi, umarmt und küsst sie.

Auch Elisabeth ist glücklich, ahnt aber den Kummer ihres Lebens schon voraus, als sie ihrer Gouvernante anvertraut: »Ich habe ihn so lieb. Wenn er nur kein Kaiser wäre!«

Ja, sie hätte mit diesem Mann vielleicht glücklich werden können, wenn das lästige Zeremoniell, die höfischen Pflichten, die Unterordnung des Privatlebens unter die bürokratischen Zwänge, die lähmend langen Empfänge und Diners, der Mangel an jeglicher persönlicher Freiheit – wenn all das nicht gewesen wäre. Sisi hat die auf sie zukommenden Probleme mit ihren fünfzehn Jahren intuitiv erkannt. War aber als halbes Kind nicht in der Lage, sich dagegen zur Wehr zu setzen, die Grenzen für ihr künftiges Leben zu ziehen.

Der Kaiser stellt in seinem Glück Sisi noch an diesem Sonntag, dem 19. August 1853, seinen Adjutanten und anderen Hofbeamten als seine künftige Frau vor, danach besucht das junge Paar die heilige Messe, zu der ganz Ischl eilt. Am Ende des Gottesdienstes sagt der Kaiser: »Ich bitte, Hochwürden, segnen Sie uns, das ist meine Braut.« Damit ist die Verlobung offiziell. Bevor dann in Wien geheiratet wird, stattet Kaiser Franz Joseph seiner Braut und deren Eltern noch drei Besuche in Possenhofen und München ab, von wo er am 17. Oktober 1853 an seine Mutter nach Wien schreibt: »Alle Tage liebe ich Sisi mehr, und immer überzeuge ich mich mehr, dass keine für mich besser passen kann als sie.« Und dann, um Sophie zu beruhigen: »Sie hat auch schon ganz weiße Zähne.«

Die Trauung findet am 24. April 1854 in Wien statt. Vorher müssen aber noch einige Hindernisse aus dem Weg geräumt werden. Braut und Bräutigam sind Cousins ersten Grades, nicht genug damit, ist die Ehe zwischen Kaiser Franz Joseph und Elisabeth die zweiundzwanzigste (!) zwischen den Häusern Habsburg und Wittelsbach. Was auch damals »Normalsterblichen« untersagt worden wäre, wird hier gestattet: Der Papst drückt beide Augen zu und erteilt die Dispens, und natürlich finden auch die k. k. Behörden Gründe für eine Ausnahmeregelung.

*Ein lautes »Ja« von Franz Joseph, ein kaum hörbares von Elisabeth:
Das junge Kaiserpaar in seinen frühen Jahren*

Während Kaiser Franz Joseph die Frage des Wiener Kardinals Rauscher, ob er Elisabeth ehelichen möchte, in der überfüllten Augustinerkirche mit einem lauten und deutlichen »Ja« beantwortet, klingt Sisis Zustimmung so zart und leise, dass sie von den meisten Gästen kaum verstanden wird.

Als hätte sie damals schon geahnt, wie viel Leid diese Verbindung zur Folge haben würde.

ER WAR DER MEINUNG

Bruno Kreisky wird Kanzler,
21. April 1970

Die »Ära Kreisky« beginnt am 21. April 1970 mit seiner Angelobung als Regierungschef durch Bundespräsident Franz Jonas. Von diesem Tag an bleibt Bruno Kreisky dreizehn Jahre lang – und damit länger als jeder andere Politiker der Zweiten Republik – Bundeskanzler. Josef Staribacher* gehörte seinem Kabinett vom ersten bis zum letzten Tag an und diktierte in dieser Zeit ein 20 000 Seiten umfassendes Tagebuch, das mir die *Stiftung Bruno Kreisky Archiv* für dieses Kapitel zur Verfügung stellte. Es zeigt die mitunter kuriosen Details bei der Bildung einer Regierung auf. Der Handelsminister notierte seine Erlebnisse ab 1970, »nicht weil jetzt der bedeutendste Abschnitt meines Lebens beginnt, sondern weil ich ab 4.30 Uhr früh nicht mehr schlafen kann. Die Ursache dieses Zustandes, der mir vollkommen neu ist: meine Berufung als Minister.«

Zwei Tage nach den Nationalratswahlen vom 1. März 1970 wurde Kreisky von Bundespräsident Jonas mit der Regierungsbildung beauftragt. »Die Verhandlungen«, schreibt Staribacher, »zogen sich einige Wochen hin. Der Bundespräsident plädierte für eine Große Koalition«, in der Staribacher zunächst als Finanzminister ins Spiel gebracht wurde. Der war verzweifelt: »Dieses Ministerium ist ein furchtbares; besonders bei der jetzigen Budgetsituation. Außerdem ist eine Unzahl von Detailkenntnissen für dieses Ressort notwendig, die in Wirklichkeit nur ein einziger Mann besitzt – den letzten Endes auch das Schicksal erreichte – nämlich Hannes Androsch.«

Bruno Kreisky *22. 1. 1911 Wien, †29. 7. 1990 Wien. *Emigriert 1938 nach Schweden, 1946 Rückkehr und politische Karriere: Staatssekretär (1953–1959), Außenminister (1959–1966), Bundeskanzler (1970–1983).*

---

* Josef Staribacher (1921–2014), Kammeramtsdirektor der Arbeiterkammer Wien, 1970–1983 Handelsminister in den Regierungen Kreisky I bis IV.

Tatsache ist, dass Kreisky – entgegen der landläufigen Meinung – vorerst keine »rote« Alleinregierung anstrebte, sondern eine Große Koalition mit der ÖVP. Das bestätigt sein enger Mitarbeiter Peter Jankowitsch*: »Kreisky hatte für einige Ressorts, die traditionell der Volkspartei zufielen, gar keine Minister vorgesehen, so für das Landwirtschafts-, das Verteidigungs- und das Außenministerium. Er hat in langen Verhandlungen mit Hermann Withalm von der ÖVP auf eine Große Koalition unter seiner Führung hingearbeitet. Ich selbst habe das Kapitel Außenpolitik verhandelt, wobei wir das Regierungsprogramm bereits auf Punkt und Beistrich fertig hatten. Gescheitert ist die Koalition dann an der Ressortverteilung, bei der es offenbar unüberwindliche Probleme gab, und erst da hat Kreisky gesagt, dann probieren wir eben eine Minderheitsregierung.«

Auch Staribacher wird von seiner Nominierung zum Handelsminister überrascht. Nachdem die Regierungsverhandlungen mit der ÖVP am 20. April 1970 gegen Mittag nach siebzehn Gesprächsrunden scheitern, legt Kreisky dem Bundespräsidenten noch am selben Abend die Ministerliste für eine Minderheitsregierung vor, mit Androsch als Finanz- und Staribacher als Handelsminister, der seinem Tagebuch anvertraut: »Ohne dass mich jemand befragt hatte oder auch meine Stellung dazu bekannt war. Hätte mich nicht um 22 Uhr Hrdlitschka** angerufen, dann hätte ich wahrscheinlich eine sehr dumme Antwort gegeben, als zwei Minuten später ein Journalist für den nächsten Tag ein Interview von mir verlangte.«

Spätabends meldet sich Kreisky telefonisch bei seinem künftigen Handelsminister, um ihn doch noch über seine mittlerweile ohnehin schon bekannt gewordene Berufung zu informieren. Staribacher bleibt nichts anderes übrig als zu akzeptieren, gleichzeitig erklärt er dem designierten Kanzler, »dass ich weder einen Frack, Smoking, Stresemann oder Cut besitze und dass ich auch nicht

---

* Peter Jankowitsch (° 1933), Kreiskys Büroleiter, ab 1970 Kabinettschef, 1986/87 Außenminister, 1990–1992 Europastaatssekretär.
** Wilhelm Hrdlitschka, Arbeiterkammerpräsident, 1964–1976.

gedenke, mir einen beizulegen. Kreisky musste also zur Kenntnis nehmen, dass ich gegen das Protokoll nur im dunklen Anzug (zur Vereidigung der Regierung, Anm.) kommen würde.«

Darauf Kreisky: »Kumm wiast willst, nur g'schneuzt und kampelt.«

Prompt wurde in einem Zeitungskommentar bemängelt, dass die neue Bundesregierung wegen dieses Formfehlers »protokollwidrig« zustande gekommen sei.

»Da Kreisky mit einer Großen Koalition gerechnet hat, in der Kurt Waldheim wohl wieder VP-Außenminister geworden wäre, hatte er auch keinen Kandidaten für das Außenamt«, erinnert sich Peter Jankowitsch. »Rudolf Kirchschläger, damals österreichischer Gesandter in der Tschechoslowakei, war ursprünglich als Präsidialchef im Bundeskanzleramt vorgesehen. Ich selbst hatte ihn im Auftrag Kreiskys gefragt, ob er bereit wäre, diese Position anzunehmen. Erst nach Scheitern der Koalitionsverhandlungen mit der ÖVP kam Kirchschläger als Außenminister ins Spiel. Kreisky hat diesen und andere Posten in einer genialen politischen Improvisation von einem Tag zum anderen besetzt.«

Noch vor der Angelobung am 21. April 1970 findet die erste Regierungsbesprechung statt, die laut Staribachers Aufzeichnungen »nur in einer Unterweisung von Kreisky über die Gepflogenheiten in finanziellen Fragen bestand. Da wir nur $^1/_3$ des Monats im Amt waren, den Ministergehalt aber für das ganze Monat bekommen, beschlossen wir, einen Teil sozialen Zwecken zu spenden. Mein Versuch, auf meine Dienstautos – jedem Minister stehen zwei zu – zu verzichten, findet nicht die Zustimmung. Androsch meint, der Vorschlag bringt nichts.«

Nach der Vereidigung durch den Bundespräsidenten schreitet die neue Regierung unter dem Beifall vieler Passanten von der Präsidentschaftskanzlei über den Ballhausplatz ins Kanzleramt. Im Sitzungszimmer werden – nach einer vorher schon bestimmten Sitzordnung – die Plätze eingenommen. Der erste Ministerrat der Bundesregierung beginnt.

Dabei geht's auch wieder recht österreichisch zu. Denn als erster Tagesordnungspunkt des Kabinetts Kreisky I ist laut Stari-

Wien, 21. April 1970: Bruno Kreisky nach der Angelobung durch den Bundespräsidenten auf dem Weg ins Kanzleramt

bachers Tagebuch angesetzt: »Sektionschef Jiresch teilt nun die Autonummern zu.« (Bundeskanzler W 1, Vizekanzler Rudolf Häuser W 2, die Minister folgen mit W 3, W 4, W 5 ...) Nach leisen Protesten bezüglich der Dringlichkeit der Nummernvergabe erklärt der Sektionschef, dass dies notwendig sei, da in früheren Regierungen »großer Streit« bezüglich dieses Themas geherrscht habe. »Mir völlig unverständlich«, kommentiert Staribacher, der aufgrund seiner Frohnatur später »Happy Pepi« genannt wurde.

Im Anschluss an den ersten Ministerrat begibt sich der neue Handelsminister in sein am Stubenring gelegenes Ministerium. »Der Portier will mich zum Aufzug begleiten«, schreibt Staribacher, »ich danke sehr höflich auf wienerische Art und sage, wir gehen lieber zu Fuß.« Den Schlüssel für den »Ministeraufzug« überlässt er dem Amtsgehilfen. Dann schickt Staribacher den für ihn abgestellten Kriminalbeamten zurück in seine Dienststelle, weil er »keinerlei Verwendung« für ihn hat. Im Ministerium herrscht Fassungslosigkeit ob der neuen Sitten.

Der später oft als »Sonnenkönig« und »Journalistenkanzler« apostrophierte Kreisky beherrscht die Zusammenarbeit mit den

Medien vom ersten Tag an. »Er wünscht«, so Staribacher, »dass womöglich von jedem Ministerrat eine neue Meldung hinausgeht, die den Wert hat, die Headlines in den Zeitungen zu bekommen, und dass nicht sogenannte Hofberichte über die Tagesordnung erscheinen.« Das gelingt dem Regierungschef schon mit seinem ersten »Antrittsbesuch«, der ihn ins Erzbischöfliche Palais, zu Kardinal Franz König, führt. Eine neue Form des Umgangs zwischen katholischer Kirche und Sozialdemokratie bahnt sich an.

»Groß gefeiert« wurde die Machtübernahme durch die SPÖ laut Peter Jankowitsch nicht. »Kreisky war nicht der Typ, der Triumph und Überschwang zeigte, alles ging sehr kontrolliert vor sich, auch wenn er innerlich sicher voll der Freude war, hat man weder irgendwelche Freudentänze aufgeführt noch Champagnerkorken knallen lassen – schon weil Kreisky selbst kaum Alkohol getrunken hat.«

Es gibt aber auch heftigen Gegenwind: Simon Wiesenthal kritisiert, dass vier Minister in Kreiskys Kabinett der NSDAP, der SS oder der SA angehörten: Innenminister Otto Rösch, Bautenminister Josef Moser, Verkehrsminister Erwin Frühbauer und Landwirtschaftsminister Hans Öllinger. Nur Öllinger wird (am 22. Mai 1970) seines Postens enthoben. Sein Nachfolger ist Oskar Weihs, der – wie sich bald herausstellt – ebenfalls Mitglied der NSDAP war.

Während Bundeskanzler Josef Klaus und sein Nachfolger Bruno Kreisky einander im Wahlkampf 1970 nichts schuldig geblieben waren, sah die Welt nach ihrer aktiven Zeit ganz anders aus. Kreisky schreibt in seinen Memoiren: »Was immer man über die Regierung Klaus sagt oder über die in ihr maßgebenden Persönlichkeiten, es handelte sich um untadelige Politiker.« Und Ex-Kanzler Klaus sagte nach Kreiskys Tod: »Er konnte mit seiner Begabung und seiner Persönlichkeit die Politik ganz auf sich konzentrieren … Ich habe ihn seit 1970 nur zweimal kurz gesehen. Es tut mir heute leid, dass ich eine Einladung von ihm nicht angenommen habe. Denn er war, bei allem, was uns politisch trennte, ein großer, ein außergewöhnlicher Mann.«

*Josef Klaus
* 15. 8. 1910
Mauthen/
Kärnten, † 25. 7.
2001 Wien.
Landeshauptmann von
Salzburg
(1949–1961),
Finanzminister
(1961–1963),
Bundeskanzler
(1964–1970).*

Der eitle Ritter

Prinz Eugens fehlendes Testament, 21. April 1736

*Prinz Eugen von Savoyen * 18. 10. 1663 Paris, †21. 4. 1736 Wien. Bedeutendster Feldherr seiner Zeit.*

Als Prinz Eugen von Savoyen in seinem Winterpalais sanft entschlafen war, begab man sich auf fieberhafte Suche nach einem Testament. Immerhin war einer der reichsten Männer der Monarchie und der größte Bauherr seiner Zeit von dieser Welt gegangen und es galt, sein gigantisches Vermögen ordnungsgemäß zu verteilen. Zu seinen Besitzungen gehörten neben dem Winterpalais auch das Wiener Belvedere und die Marchfelder Schlösser Schlosshof, Obersiebenbrunn, Niederweiden sowie Schloss Ráczkeve bei Budapest. Dazu kamen eine Kunstsammlung von einzigartigem Wert, diverse Bankguthaben und Bargeld in seiner Privatschatulle, alles in allem geschätzt auf drei Millionen Gulden*.

Die Suche nach dem Testament verlief ergebnislos, es gab keines. Prinz Eugen war am 21. April 1736 im Alter von 72 Jahren verstorben, ohne irgendjemanden bedacht zu haben. Man sah sich nach erbberechtigter Verwandtschaft um, jedoch: Eugen hatte weder Frau noch Kinder und alle seine vier Brüder, seine drei Schwestern, drei Neffen und selbst sein Großneffe waren ihm in den Tod vorausgegangen.

Es blieb somit als einzige Angehörige seine Nichte, der der gesamte Nachlass zukam. Sie hieß Anna Victoria von Savoyen und stellte die denkbar schlechteste aller Lösungen dar, denn die extravagante Tochter seines älteren Bruders Ludwig Thomas war pietätlos, habgierig und banausenhaft, wollte so schnell wie möglich alles zu Geld machen, was nicht niet- und nagelfest war, was Prinz Eugen über Jahrzehnte mit viel Liebe und Sachkenntnis zusam-

---

* Entspricht laut »Statistik Austria« im Jahre 2014 einem Betrag von rund 150 Millionen Euro.

mengetragen hatte. Skrupellos verschleuderte die Universalerbin Einzelteile seiner Sammlungen in alle Welt, womit der größte Teil seiner Kunstschätze für Wien verloren ging. Anna Victoria wollte ein Leben in Saus und Braus führen – nichts anderes hatte sie mit dem gewaltigen Erbe im Sinn.

Zunächst stellt sich die Frage: Wie war es überhaupt möglich, dass der aus verarmtem französischen Adel stammende Prinz, der 1683 mit knapp zwanzig Jahren als hoch verschuldeter Flüchtling nach Wien gekommen war, zu derartigem Reichtum gelangte?

Zweifellos verdankte Eugen den Löwenanteil seines Vermögens dem Aufstieg zum bedeutendsten Feldherrn seiner Zeit. Österreich war, ehe er die Heeresleitung übernahm, militärisch am Ende, der armseligen Armee fehlte es an Geld, Ausrüstung, Kleidung und Nahrung. Durch Eugens strategisches Genie konnte die Monarchie trotz der militärischen Unterlegenheit seine Stellung als europäische Großmacht verteidigen und sogar ausbauen. Er war es, der die Türkengefahr endgültig abwenden und entscheidende Erfolge im Spanischen Erbfolgekrieg erzielen konnte; triumphal waren auch sein Sieg von Zenta und die zweifache Eroberung Belgrads. Prinz Eugen diente den Kaisern Leopold I., Joseph I. und Karl VI.

Er war einer der reichsten Männer seiner Zeit, doch die Suche nach einem Testament verlief ergebnislos: Prinz Eugen von Savoyen

und die wussten sehr genau, was sie an ihm hatten. Sie zahlten ihrem Nationalhelden daher für jede gewonnene Schlacht ein Vermögen, schenkten ihm Güter und Ländereien und gewährten ihm für die Position als Präsident des Hofkriegsrates ein immens hohes Gehalt auf Lebenszeit.

Schon mit 36 Jahren war der kleine, unhübsche Prinz in der Lage, das Winterpalais, in dem heute das Finanzministerium der Republik Österreich untergebracht ist, errichten zu lassen. Der Auftrag an den Architekten Bernhard Fischer von Erlach klang eher bescheiden: Er möge ihm »eine standesgemäße Wohnung bauen«. Daraus wurde dann einer der imposantesten Paläste Wiens, den der »edle Ritter«, wie er genannt wurde, in der kalten

Jahreszeit bewohnen sollte. Das Winterpalais entstand auf vier Grundstücken, deren Häuser Eugen nach und nach kaufte und abtragen ließ. Die hofseitigen Zimmer im neu erbauten Palais waren Wohnräume, die Salons an der Front zur heutigen Himmelpfortgasse dienten der Repräsentation.

Der als exaltiert und eitel verschriene Prinz zerstritt sich während der Errichtung des Winterpalais mit dem Architekten und ließ den Palast durch den nicht minder großen Johann Lucas von Hildebrandt fertigstellen. Leicht hatte es auch der nicht, da Eugen mit seinen Baumeistern ähnlich autoritär umging wie mit seinen Soldaten. Die Bauzeit dauerte fast dreißig Jahre.

Das Winterpalais war noch lange nicht fertig, da erhielt Lucas von Hildebrandt schon den Auftrag, einen zweiten, noch gigantischeren Palast zu bauen, das Belvedere an der heutigen Prinz-Eugen-Straße. Wieder begannen Planung und Ankäufe wertvoller Kunstwerke, die vor allem für die Repräsentationsräume im Oberen Belvedere bestimmt waren. Erstaunlich, dass Eugen nicht nur in Friedensjahren die Zeit fand, sich um seine Prunkbauten zu kümmern, sondern seinen Architekten mittels reitender Boten auch von weit entfernten Kriegsschauplätzen Anweisungen erteilte. Vom Feldlager aus wurden Mittelsmänner instruiert, welche Möbel und Gemälde sie für die Palais anzuschaffen hätten. Die Marchfeld-Schlösser und sein ungarisches Anwesen entstanden ebenfalls fast gleichzeitig mit den Wiener Barockjuwelen.

*Anna Victoria von Savoyen * 13. 9. 1683 Paris, † 11. 10. 1763 Turin. Als Alleinerbin Prinz Eugens veräußert sie dessen Besitzungen.*

Als Prinz Eugen – an den Folgen eines langjährigen Lungenleidens – verstorben ist, erbt seine 52-jährige Nichte alles. Anna Victoria, die zu seinen Lebzeiten nur dann mit ihrem Onkel in Kontakt trat, wenn sie Geld brauchte, macht Bauten und Kunstwerke augenblicklich (und wegen des Tempos oft viel zu billig) zu Geld: Kolonnen von Möbelwagen stehen vor dem Belvedere und in der Himmelpfortgasse, um die zahlreichen Gemälde und Skulpturen abzutransportieren, die wertvolle Münzsammlung Eugens, die edelsten Einrichtungsgegenstände. Das Winterpalais wird fast leer geräumt und so umgebaut, dass in Teilen davon Mietwohnungen entstehen. Die aus 175 alten Meistern bestehende Gemäldegalerie – die zu den berühmtesten Europas gehörte – wird zum größten Teil von König Karl Emanuel III. von Sardinien gekauft und mit zwei riesigen Lastzügen über den Semmering nach Triest gebracht, geht von dort per Schiff nach Venedig und dann wieder auf dem Landweg nach Turin. Unter Napoleon nach Paris verschleppt, werden die Kunstwerke später nur teilweise rückerstattet und sind heute über alle Welt verstreut. Nicht viel anders ergeht es den Beständen an niederländischer Malerei des 16. und 17. Jahrhunderts und italienischen Meistern im Belvedere. Unter den Bildern befindet sich die heute im Louvre aufbewahrte *Wassersüchtige Frau* von Gerard Dou. Weitere Prunkstücke sind ein Porträt des Erasmus von Rotterdam von Hans Holbein dem Jüngeren, heute in Turin. Und ein Selbstporträt Rembrandts, das – wie viele andere Kunstgegenstände aus Eugens Sammlung – wohl für alle Zeiten verschollen bleiben wird.

Anna Victoria heiratet den um zwanzig Jahre jüngeren Prinzen Joseph Friedrich von Sachsen-Hildburghausen und führt ein Leben mit rauschenden Festen. Als die Ehe nach wenigen Jahren zerbricht, wird Schlosshof dem Gatten zugesprochen. Anna Victoria stirbt 1763 in Turin, ohne mit dem zerstückelten Erbe ihres Onkels glücklich geworden zu sein.

Erfreulicherweise hat Kaiser Karl VI. rechtzeitig die Hofbibliothek und die Kupferstichsammlung des Prinzen angekauft, die bis heute wesentliche Bestände der Nationalbibliothek und der Albertina bilden. Nach dem Tod von Eugens Nichte rettet Maria Theresia die wichtigsten Paläste, indem sie den Haupttrakt des Winterpalais und das gesamte Belvedere für die kaiserliche Familie erwirbt. Schlosshof und Niederweiden werden 1755 von Kaiser Franz Stephan gekauft.

Die barocken Baujuwele des Prinzen Eugen konnte seine Nichte glücklicherweise nicht in andere Länder transferieren.

»Ja« und »Heil Hitler!«

Kardinal Theodor Innitzer *und der* »Anschluss«, *10. April 1938*

*Theodor Innitzer
* 25.12.1875
Neugeschrei/
Böhmen, †9.10.
1955 Wien.
Christlichsozialer
Sozialminister
(1929/30). Ab
1932 Erzbischof
von Wien, 1933
Kardinal.*

So viel steht fest: Der Kardinal ging damals einen Pakt mit dem Teufel ein. Mit einer Zustimmung von angeblich 99,73 Prozent stimmten die Österreicher am 10. April 1938 dem ohnehin schon vollzogenen »Anschluss« an das Deutsche Reich zu, wobei die Empfehlung der katholischen Kirche, bei der Volksabstimmung mit »Ja« zu stimmen, eine nicht unwesentliche Rolle spielte.

Hitlers Truppen waren einen Monat davor, am 12. März 1938, unter heftigem Glockengeläute der österreichischen Kirchen, einmarschiert. Schon drei Tage später bestellte der »Führer« den Wiener Erzbischof Theodor Kardinal Innitzer zu sich ins Hotel Imperial. Bei diesem »Höflichkeitsbesuch« sagte Hitler zu, die katholische Kirche werde ihre Treue dem Staat gegenüber nicht zu bereuen haben, wenn sie sich loyal zu den neuen Machthabern stelle. In den Tagen danach wurde dieses »Geschäft« konkretisiert: Österreichs Bischöfe begrüßten den »Anschluss«, wofür die katholische Kirche bei möglichen Auseinandersetzungen mit Nationalsozialisten geschont würde.

Doch die Annahme der Kirchenführung, auf diese Weise ihre Autonomie retten zu können, erweist sich als naiv. Die von den Nazis beherrschten Zeitungen melden am Tag nach Innitzers Verbeugung vor Hitler: »Kardinal Innitzer stattete dem Führer am Dienstag im Hotel Imperial einen Besuch ab und gab seiner Freude über die Vereinigung Deutsch-Österreichs mit dem Reich sowie den Willen der Österreichischen Katholiken zum Ausdruck, tatkräftig am deutschen Aufbauwerk mitzuwirken.« Hitlers Zusagen an die katholische Kirche werden mit keinem Wort erwähnt.

Dennoch beschließt die am 18. März in Wien tagende Bischofskonferenz eine Feierliche Erklärung, mit der die Gläubigen aufgefordert werden, bei der Volksabstimmung mit »Ja« zu stimmen.

138

Unterschrieben von Kardinal Innitzer, der dem Hirtenbrief ein handschriftliches »Heil Hitler« anfügt. Am 27. März wird die Empfehlung für das Nazireich von allen Kanzeln verkündet und in der Folge, millionenfach gedruckt, als Werbeplakat für die Abstimmung eingesetzt.

Kardinal Innitzer war persönlich »weit entfernt von moralischer Zustimmung zum Nationalsozialismus«, schreibt Helmut Butterweck in dem Buch *Österreichs Kardinäle*, »aber Illusionen hatte er eben doch. Und es gab eine gewisse diffuse Affinität. Wie Schuschnigg glaubte er, mit Hitler reden und zu Abmachungen kommen zu können. Weil er Hitler nicht in seiner vollen Skrupellosigkeit und den Nationalsozialismus nicht in seiner vollen Unmenschlichkeit durchschaute, meinte er, man könne friedlich zusammenleben. In seinem Verhalten im Jahre 1938 mischte sich unentwirrbar das nüchterne Bestreben, möglichst gute Bedingungen für die Kirche herauszuholen.« Vor allem aber sei Innitzer für alles Politische völlig ungeeignet gewesen: »Er war geradezu prädestiniert, von Typen wie Hitler und Gauleiter Bürckel* übertölpelt zu werden, er war zu diesem Zeitpunkt der klassische falsche Mann zur falschen Zeit am falschen Platz.«

Im Vatikan wird Innitzers Kniefall vor Hitler mit Entsetzen aufgenommen. Papst Pius XI. beordert den Kardinal am 6. April 1938 nach Rom, wo er von Kardinalstaatssekretär Eugenio Pacelli – er sollte als Pius XII. der nächste Papst werden – mit den Worten empfangen wird, es gebe in der Geschichte der Kirche keine beschämendere Episode als die *Feierliche Erklärung* der österreichischen Bischöfe. Innitzer muss jetzt eine Klarstellung unterzeichnen, die im *Osservatore Romano* veröffentlicht wird. Demnach hätten die österreichischen Bischöfe mit ihrer Erklärung vom 18. März keine Billigung dessen ausgesprochen, was mit dem Gesetz Gottes und der Freiheit und den Rechten der Kirche

---

* Josef Bürckel, wegen seiner Alkoholsucht »Bierleiter Gauckel« genannt, war von 1938 bis 1940 »Reichskommissar für die Wiedervereinigung Österreichs mit dem Reich« und führte die Verhandlungen mit Kardinal Innitzer und der Österreichischen Bischofskonferenz.

unvereinbar sei. Die *Feierliche Erklärung* binde nicht das Gewissen der Gläubigen und dürfe nicht propagandistisch verwendet werden. Für die Zukunft würden sie auf dem Konkordat beharren, vor allem im Schul- und Erziehungswesen.

Österreichs Katholiken sollten den halben Schritt zurück bald zu spüren bekommen: Die Nationalsozialisten lösen Klosterschulen auf, streichen kirchliche Feiertage, enteignen Stifte und Klöster, stören Predigten, sperren in den sieben Jahren ihres Terrorregimes 840 österreichische Priester in Kerker oder Konzentrationslager, von denen sie 27 ermorden. Innitzer wird bald auch persönlich mit der Brutalität konfrontiert, die den Weg zwischen Kirche und den »neuen Herren« bestimmen sollte. Hundert Jugendliche singen am 8. Oktober 1938 vor dem Sitz des Wiener Erzbischofs Nazilieder und rufen »Innitzer nach Dachau«. Steine werden gegen die Fenster des Palais am Stephansplatz geschleudert, Angehörige der Hitlerjugend und der SA sprengen das mächtige Eingangstor, stürmen über die Hauptstiege und dringen in die Amtsräume des Kardinals ein.

Theodor Innitzer wird von seinen Sekretären in Sicherheit gebracht, geistliche Schwestern verstecken sich angsterfüllt am Dachboden des Palais, Domkurat Johannes Krawarik wird von dem Terrorkommando aus einem Fenster im zweiten Stock geworfen. Der Priester bleibt schwer verletzt liegen und muss für ein halbes Jahr ins Spital.

Wiens Polizeipräsident Otto Steinhäusl, selbst führender NSDAP-Mann, beobachtet die Szene vom gegenüberliegenden Café de l'Europe aus und lässt die Jugendbande unbehelligt randalieren. Erst nach einer Stunde gibt er seinen Leuten den Auftrag, einzuschreiten; die Terroraktion gegen die katholische Kirche ist von den Behörden des Deutschen Reichs gebilligt, ja sogar unterstützt worden. Keiner der Täter wird angezeigt.

Wenige Tage danach hält der betrunkene Gauleiter Josef Bürckel auf dem Wiener Heldenplatz vor 200 000 Anhängern eine Hetzrede gegen Kirche und Judentum. »Pfaffen an den Galgen« ist auf Spruchbändern zu lesen, oder: »Ohne Juda, ohne Rom wird gebaut Germaniens Dom«. Und Sprechchöre skandie-

Der Kardinal vor einem durch SA und Hitlerjugend zerstörten Innitzer-Porträt im Erzbischöflichen Palais, Wien

ren: »Innitzer und Jud, eine Brut« und »Zwei, drei vier, Innitzer krepier!«

Kardinal Innitzer macht nach diesen Erfahrungen eine leise Wandlung durch. Er bedauert, dass Kinder weitgehend ohne Kommunion und Beichte aufwachsen und in der Schule keinen Religionsunterricht besuchen können, was als Kritik an der nationalsozialistischen Regierung verstanden wird. Sein mutigster Schritt ist aber die 1940 im Erzbischöflichen Palais erfolgte Gründung einer »Hilfsstelle für nichtarische Christen«, die bis Kriegsende Katholiken jüdischer Herkunft die Ausreise ermöglicht.

Hinzuzufügen ist, dass auch der frühere Staatskanzler Karl Renner im April 1938 die Auslöschung Österreichs begrüßte: »Als Sozialdemokrat und somit als Verfechter des Selbstbestimmungsrechtes der Nationen, als erster Kanzler der Republik Deutsch-Österreich und als gewesener Präsident der Friedensdelegation von Saint-Germain werde ich mit ›Ja‹ stimmen.«

TOD DURCH ABERGLAUBEN

Arnold Schönbergs letzte Stunde, 13. Juli 1951

War es wirklich nur Zufall, dass der Komponist Arnold Schönberg an einem Dreizehnten starb? Oder haben ihn die panische Angst vor diesem Datum und sein maßloser Aberglaube just an diesem Tag in den Tod getrieben?

Der Schöpfer der Zwölftonmusik lebte schon früh in einer Art Zahlenwahn, es gab bestimmte Ziffernkombinationen, die bei ihm Panik auslösten. An einem Dreizehnten geboren, bereitete ihm diese Zahl ganz besondere Sorge. In der Blütezeit seines Schaffens zeigte sich diese Furcht noch in relativ harmloser Form; da hielt er es für einen Wink des Schicksals, dass er die Arbeit an seinem 1936 vollendeten *Violinkonzert op. 36* just auf Seite 13 unterbrechen musste, weil er plötzlich erkrankte und später feststellte, sich ausgerechnet an dieser ominösen Stelle in der Taktzählung geirrt zu haben. Schönbergs Glaube, die das Dutzend überrundende Ziffer könne sein Schicksal dramatisch beeinflussen, wirkte sich auch auf den Titel seiner Oper *Moses und Aron* aus. Denn er vermied hier die übliche Schreibweise *Aaron*, um die Gesamtzahl von dreizehn Buchstaben zu umgehen.

Als der Komponist, der dem Alkohol- wie dem Nikotingenuss reichlich zugetan war, in seinen späten Jahren unter Herzbeschwerden litt, steigerte sich der Aberglaube dermaßen, dass er in einen geradezu mystischen Wahn, die letzte Stunde seines Lebens betreffend, verfiel. Er fürchtete sich immer mehr vor der Zahl dreizehn und war überzeugt davon, an einem Dreizehnten sterben zu müssen.

Man schreibt den 13. Juli 1951. Arnold Schönberg ist 76 Jahre alt und wie an jedem Dreizehnten des Monats schrecklich aufgeregt. Er wartet sehnsüchtig auf die Minute, in der die Zeiger

Arnold Schönberg * 13. 9. 1874, Wien † 13. 7. 1951 Los Angeles. Komponist. Begründet 1921 die »Zwölftonmusik«. 1933 Emigration in die USA.

*Katia Mann geb.
Pringsheim
*24.7.1883
Feldafing bei
München, †25.4.
1980 Kilchberg
bei Zürich.
Ehefrau von
Thomas Mann.*

der Uhr darauf hinweisen, dass der gefürchtete Tag endlich vorbei sein wird.

Der Musiker lebt in den Nachkriegsjahren mit seiner Frau Gertrud in einem Haus in Los Angeles. In unmittelbarer Nachbarschaft des Schriftstellers Thomas Mann, wobei die beiden Ehepaare einander regelmäßig treffen. Katia Mann schildert diesen 13. Juli 1951 in ihren Memoiren folgendermaßen: »An jenem Dreizehnten war Schönberg unruhig, und abends musste sich Gertrud zu ihm setzen und seine Hand halten, und auf der anderen Seite des Wohnzimmers war irgendwo eine Uhr, und er sah die Uhr an und sah zu, wie der Dreizehnte verging. Sie saßen da, und die Uhr tickte, und endlich war es Mitternacht. Schönberg stand auf, ging hinauf, um sich schlafen zu legen, und Gertrud Schönberg ging wie immer in die Küche, um seinen Schlaftrunk zu machen. Als sie ihm dann die Tasse hinaufbrachte, lag er leblos in seinem Zimmer. Gertrud Schönberg erschrak zu Tode und schaute auf die Uhr. Sie war schon genauso auf die Uhr fixiert wie er. Da sah sie, dass es noch nicht Mitternacht war.«

Jetzt erst fiel Gertrud Schönberg ein, dass die Uhr im Wohnzimmer, in dem sie sich gerade noch aufgehalten hatten, um einige Minuten vorging. Als ihr Mann sein Schlafzimmer betreten hatte, erkannte er, dass in Wahrheit immer noch der 13. Juli war. – Und er fiel tot um.

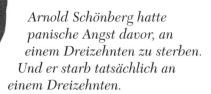

Arnold Schönberg hatte panische Angst davor, an einem Dreizehnten zu sterben. Und er starb tatsächlich an einem Dreizehnten.

Schönbergs Witwe war – so Katia Mann – bis zum Ende ihrer Tage überzeugt davon, dass ihr Mann sich so sehr über die tatsächliche Uhrzeit aufgeregt hatte, dass ihn der Schlag traf. Er wäre, so behauptete sie immer wieder, nicht in diesem Moment gestorben, hätte er nicht erkannt, dass der 13. Juli noch nicht vorüber war.

War alles nur Zufall? Oder ist Arnold Schönberg ein Opfer seines Aberglaubens geworden?

Jubel, der die Pummerin übertönt

Leopold Figl und der Staatsvertrag, 15. Mai 1955

Leopold Figl
* 2. 10. 1902 Rust/
Tullnerfeld,
†9. 5. 1965 Wien.
Bauernbundfunk-
tionär, ab 1938
Konzentrations-
lager, 1945 bis
1953 Bundes-
kanzler. Unter-
zeichnet als
Außenminister
1955 den
Staatsvertrag.

Das konnte man sich selbst in seiner Volkspartei nicht vorstellen, dass der Bauernsohn und Ingenieur für Bodenkultur ein geeigneter Außenminister sein würde. Dieser Leopold Figl hatte keine Ahnung, wie man sich auf dem glatten Parkett der internationalen Politik bewegt, es waren ihm auch jegliche juristischen Kenntnisse fremd, und er beherrschte – das war wohl der Gipfel – keine einzige Fremdsprache. Und so rümpfte das immer noch fast ausschließlich aus altem Adel rekrutierte Heer des diplomatischen Corps die Nase, als der erdige Niederösterreicher als neuer Chef das Ministerium bezog. Dazu kam, dass Figl nicht zu irgendeiner Zeit Außenminister wurde, sondern gerade da, als ganz Österreich wie gebannt auf seinen Staatsvertrag wartete.

Und dann gelang es diesem knorrigen Urgestein, die für die Zweite Republik wichtigste außenpolitische Mission zu erfüllen: Österreich nach siebzehn Jahren wieder ein freies Land werden zu lassen. Und das nicht zuletzt dank seines diplomatischen Geschicks.

Außenminister wurde er eigentlich nur, weil die ÖVP ihm gegenüber ein schlechtes Gewissen hatte. Der bei Weitem beliebteste Politiker des Landes war in einem innerparteilichen Putsch zuerst als Parteichef und am 2. April 1953 als Bundeskanzler gestürzt und in beiden Positionen von seinem engsten Freund Julius Raab abgelöst worden. Als Grund dafür wurde angegeben, dass Figl sich dem Koalitionspartner SPÖ gegenüber in vielen Fragen allzu kompromissbereit gezeigt hätte.

Da man nach seinem Sturz nicht recht wusste, was man mit ihm anfangen sollte, wurde Figl zunächst auf den vergleichsweise bedeutungslosen Sessel des stellvertretenden Bauernbundobmanns gesetzt. Es hätte ein Wunder geschehen müssen, um seine politische Wiederauferstehung zu bewerkstelligen. Und das Wunder geschah: Außenminister Karl Gruber veröffentlichte im Herbst 1953 seine Memoiren, die die Information enthielten, dass die Volkspartei 1947 mit den Kommunisten geheim über eine Umbildung der Regierung verhandelt hatte. Der »Verrat« führte dazu, dass Gruber seinen Hut nehmen musste und Bundeskanzler Raab glücklich war, somit einen staatstragenden Posten für seinen Freund Figl zu erhalten. So wurde dieser am 26. November 1953 als neuer Außenminister angelobt.

Acht Jahre lang hatte Figl als Bundeskanzler erfolglos für den Staatsvertrag gekämpft – warum sollte er in seiner neuen Position mehr Glück haben? Das Zauberwort hieß Neutralität. Wenn sich Österreich »nach dem Schweizer Muster« immerwährend neutral erklären würde, könnte man – das war der Hoffnungsfunke – auch die Sowjets zu ihrem Einverständnis bringen. Es war Julius Raab, der sich später in seinen eigenen Worten daran erinnerte, wie simpel derlei Existenzfragen damals erörtert wurden: »Da hab i mir denkt, man muass mit den Russen andere Töne anschlagen, vielleicht haben wir da mehr Glück. Und das hab i a dem Figl g'sagt, und der Figl is einimarschiert wie a Gaul in den Acker.«

Dabei schien Figl das Glück beim »Einimarschieren« vorerst abhold zu sein. Denn als er im Februar 1954 an der Spitze der österreichischen Delegation an der Außenministerkonferenz in Berlin teilnahm – in der festen Annahme, dort den Abschluss des Staatsvertrags in die Wege zu leiten –, zeigten ihm die vier Großmächte die kalte Schulter. Niemand schien interessiert daran, dem kleinen Land die Unabhängigkeit zu geben, und Figl kehrte ob dieser Niederlage tief getroffen nach Wien zurück. Der Abzug der Besatzungsmächte schien auf unbestimmte Zeit vertagt bis überhaupt aussichtslos zu sein.

Vierzehn Monate später, im April 1955, sieht die Welt ganz anders aus. Nicht nur, dass die Westmächte den österreichischen Staatsvertrag jetzt befürworten, hat sich Nikita Chruschtschow mittlerweile als Nachfolger des verstorbenen Parteichefs Stalin etabliert und persönlich in die Verhandlungen eingeschaltet. Er bietet eine völlig neue Gesprächsbasis an.

Am 11. April 1955 um 7.08 Uhr fliegen Bundeskanzler Raab, Vizekanzler Schärf, Außenminister Figl und Staatssekretär Kreisky, begleitet von hohen Beamten und Diplomaten, vom Militärflughafen in Bad Vöslau mit einer zweimotorigen sowjetischen Maschine vom Typ Iljuschin nach Moskau, um einmal mehr über Österreichs Freiheit zu verhandeln. Und es gelingt der Durchbruch, die Sowjets stimmen zu, sofern Österreich bereit ist, die immerwährende Neutralität zu gewährleisten.

Die Frage, ob bei den alles entscheidenden Gesprächen tatsächlich besonders viel Alkohol geflossen sei – wie es durch die weltberühmt gewordene Karikatur von H. E. Köhler in der Zeitschrift *Simplicissimus* kolportiert wurde –, ist nicht zu beantworten, da divergierende Aussagen zweier Kronzeugen vorliegen. Julius Raabs damaliger Kabinettschef Ludwig Steiner teilte mir auf Anfrage mit: »An der Karikatur ist was dran. Ich kann mich an ein Diner im Kreml erinnern, bei dem 43 Toasts ausgesprochen wurden. Wenn man da jedes Mal nur am Wodka genippt hat, hat man das ganz schön gespürt. Ich saß neben einem Sowjetmarschall, der mich ständig zu einem neuen Glas aufgefordert hat.« Bruno Kreisky hingegen erklärte mir bei einem längeren Gespräch im Jahre 1988: »Die Verhandlungen waren sehr sachlich. Erst als alles ausgehandelt war, hatten wir eine angenehme Stimmung, ein bissl eine Hetz. Aber es ist weder Alkohol geflossen, noch wurden Wienerlieder gesungen.«

Am 15. Mai 1955 um 11.30 Uhr schlägt Leopold Figls große Stunde. Eigentlich ist Julius Raab der Chef, und man nennt ihn auch bis heute »Staatsvertragskanzler«, aber dieser besitzt die Größe, bei dem Staatsakt seinem Freund »Poldl«, wie er ihn nennt, den Vortritt zu lassen. Und so ist es Figl, der die hohen Gäste als »Hausherr« im Großen Marmorsaal des Belvedereschlosses begrüßt und der mit seinen Amtskollegen Antoine Pinay aus Frankreich, Harold Macmillan aus Großbritannien, John Foster Dulles aus den USA und Wjatscheslaw Molotow aus der Sowjetunion das 300 Seiten starke Dokument unterschreibt, das dem Land die staatliche Souveränität und Unabhängigkeit zurückgibt. Figl ist es dann auch, der mit vor Rührung brüchig gewordener

»Und jetzt, Raab – jetzt noch d' Reblaus, dann sans waach.«

Stimme und den Tränen nahe die Festrede hält: »Wir haben zehn Jahre auf diesen Tag gewartet … Heute ist der Tag gekommen … Wenn nun die Glocken vom Bodensee bis zum Neusiedlersee, von der Thaya bis zu den Karawanken läuten, dann läuten sie eine neue Zeit für Österreich ein.«

Und dann spricht er die für das ganze Land erlösenden Worte: »Mit Freude rufen wir aus: Österreich ist frei!«

Im Belvederepark haben sich rund 20 000 Menschen eingefunden, die der historischen Stunde beiwohnen. Viele können es kaum glauben, dass mit dem »Staatsvertrag betreffend die Wiederherstellung eines unabhängigen und demokratischen Österreich«

der Abzug der alliierten Truppen und die Rückkehr der letzten Kriegsgefangenen in ihre Heimat besiegelt ist.

Die großen Flügeltüren zum Balkon des Schlosses werden geöffnet, und in dem Moment, da die fünf Außenminister ins Freie treten, brandet Jubel auf, der den Klang aller in Wien schlagenden Kirchenglocken inklusive Pummerin übertönt.

Leopold Figl spürt, was die Menschen da unten jetzt sehen wollen, er eilt noch einmal in den Marmorsaal zurück, holt das Staatsvertragsoriginal, schlägt die Seite mit den Unterschriften und den Siegeln der vier Mächte auf und zeigt sie der Menge. Die Begeisterung der Menschen kennt in diesem Augenblick keine Grenzen, alles winkt den festlich gekleideten Herren auf dem Balkon zu.

Figl lächelt freundlich, wie es die Größe der Stunde gebietet, doch niemand unter den Tausenden im Belvederepark ahnt, dass dieser schönste und wichtigste Augenblick seines politischen Lebens gleichzeitig einer der schwersten seines persönlichen Schicksals ist. Der österreichische Außenminister hat vier Tage vor dem Festakt seine Mutter Josefa zu Grabe getragen. Jene Frau, die seinen Lebensweg erst ermöglichte, die es zuwege brachte, dass ihr Sohn – als eines von neun Kindern – Gymnasium und Hochschule besuchen konnte.

Nachdem sich die hohen Herren der Politik allesamt freudestrahlend dem Jubel der österreichischen Bevölkerung gestellt haben, werden sie auf der Freitreppe des Schlosses – so erzählt es eine Anekdote – verabschiedet. Der goldbetresste Lakai ruft aus: »Cadillac für Exzellenz Dulles!«

Sein schönster und sein schwerster Tag: Leopold Figl am Balkon des Wiener Schlosses Belvedere nach Unterzeichnung des Staatsvertrags

»Wolga-Limousine für Exzellenz Molotow!«

»Rolls-Royce für Exzellenz Macmillan!«

»Citroen für Exzellenz Pinay!«

Und dann: »Galoschen für Exzellenz Figl!«

Am selben Abend noch findet ein Festbankett im Schloss Schönbrunn statt, zu dem Diplomaten und andere Persönlichkeiten des öffentlichen Lebens geladen sind. »In bester Laune«, dokumentiert Hugo Portisch in seiner Fernsehserie *Österreich II*, »lassen sich die Außenminister durch den glanzvoll beleuchteten und geschmackvoll geschmückten Festsaal des Schlosses führen, begrüßen die fast tausend Gäste mit endloser Geduld und sitzen dann gemeinsam mit den österreichischen Gastgebern an einem Tisch beisammen, tauschen Liebenswürdigkeiten aus, sprechen vom Frieden und von künftiger Zusammenarbeit. Das Staatsopernballett tritt auf, Wien zeigt sich von seiner besten Seite.«

Sogar der zwischen Ost und West herrschende »Kalte Krieg« hat – wie es an diesem strahlenden Frühlingstag in Österreich scheint – Pause.

Und wieder ist's wohl ein Zufall, der dem früheren Bundeskanzler und Außenminister zum Schicksal wird: Leopold Figl wird am 14. Mai 1965, am Vortag des zehnjährigen Jubiläums »seines« Staatsvertrags, in Wien zu Grabe getragen. Der Trauerzug bewegt sich über die Ringstraße, am Parlament vorbei, zum Heldenplatz und von da zum Zentralfriedhof. Und ganz Österreich gibt ihm, über alle Parteigrenzen hinaus, das letzte Geleit.

DER ANFANG VOM ENDE

Kronprinz Rudolf auf Brautschau, 7. März 1880

Kronprinz Rudolf
* 21. 8. 1858
Laxenburg,
† 30. 1. 1889
Mayerling
(Selbstmord mit
Mary Vetsera).
Seine Ehe mit
Stephanie von
Belgien ist
unglücklich.

Kronprinz Rudolf führte schon in jungen Jahren das Leben eines adeligen Playboys, umso absurder war es zu glauben, dass eine erzwungene Ehe mit einer wenig attraktiven Frau funktionieren könnte. Aber das alte Habsburgerprinzip »Tu felix Austria nube« zur Ausdehnung des Machtbereichs stand immer noch über allem und nur so ist zu erklären, dass der Sohn des österreichischen Kaisers eines Tages die Tochter des Königs von Belgien heiratete.

Die Ehe war von vornherein zum Scheitern verurteilt. Schon als Rudolf nach Brüssel fuhr, um um die Hand der Prinzessin Stephanie anzuhalten, gehörte eine Mätresse – es war eine Dame vom Theater – zum Stab der Begleiter des 22-jährigen Kaisersohnes. Dabei ist es zu einer peinlichen Szene gekommen: Als Königin Marie Henriette, die Mutter der Braut, dem zukünftigen Schwiegersohn in seinem Brüsseler Quartier einen unerwarteten Höflichkeitsbesuch abstatten wollte, traf sie ihn in den Armen seiner aus Wien mitgebrachten Geliebten an. Die Hochzeit wäre aus diesem Grund beinahe geplatzt!

Das wäre wohl auch das Beste gewesen. Stephanie war weder schön noch gebildet, hatte weder Charme noch Anmut. Wichtig war nur, dass sie nach den Habsburgergesetzen als ebenbürtig galt, also einem katholischen Königshaus entstammte. Die diesbezügliche Auswahl war nicht sehr groß, das Haus Österreich war ja bereits mit allen infrage kommenden Familien mehrfach verwandt und verschwägert. Eine bayerische Prinzessin wollte man nicht noch einmal »riskieren«, allzu eng waren bereits die verwandtschaftlichen Beziehungen, zu deutlich zeigte sich die Degeneration beim bayerischen König Ludwig II. und seinem Bruder Otto, der im Irrenhaus lebte.

Als Erste hatte der damals schon von willigen, schönen Mädchen verwöhnte Kronprinz Rudolf die sächsische Prinzessin Mathilde »besichtigt«. Und er kehrte, kaum ihrer ansichtig geworden, entsetzt nach Wien zurück. Denn Mathilde war dick, unförmig und plump. Ebenso wenig konnte er sich auf seiner Brautschau für die spanische Infantin beziehungsweise mehrere Prinzessinnen der Häuser Coburg, Orléans, Bourbon und Portugal erwärmen.

Obwohl auch Stephanie von Belgien keineswegs seinem »Typ« entsprach, musste sich Rudolf bei seinem Besuch in Brüssel wohl oder übel für das unscheinbare, blasse Mädchen mit dem fahlen blonden Haar entscheiden, es war im wahrsten Sinne des Wortes seine letzte Wahl. Die Verlobung am 7. März 1880 wurde zur Farce, Rudolf sah seine Braut bei einem intimen Familiendiner zum ersten Mal, das »Kennenlernen« dauerte keine fünf Minuten.

Stephanie erinnert sich in ihren Memoiren daran: »Der Kronprinz trat ein. Er trug die Uniform eines österreichischen Obristen mit dem Großkreuz des Stephansordens und das Goldene Vlies. Mein Herz schlug zum Zerspringen

Das Kennenlernen dauerte keine fünf Minuten: Kronprinz Rudolf und Prinzessin Stephanie von Belgien, fotografiert am Tag ihrer Verlobung am 7. März 1880

– ich glaubte, dass man es durch die Kleider pochen sehen könnte. Nachdem sich der Kronprinz verneigt hatte und von allen Mitgliedern der Familie begrüßt worden war, näherte er sich mir. Mein Vater stellte ihn mir mit einigen liebenswürdigen Worten vor. Das Auftreten des Kronprinzen war vollendet und sicher. Er küsste mir die Hand, sprach mich deutsch an und erzählte mir einige schmeichelhafte, aber sehr förmliche Worte, und schon nach einigen Minuten stellte er die große Frage, die über unsere Zukunft entscheiden sollte. Hierauf reichte er mir den Arm, und so näherten wir uns meinen Eltern und baten sie, unsere Verlobung zu segnen. Hocherfreut küssten sie ihren zukünftigen Schwiegersohn und erlaubten uns, fortan Du zu sagen.«

Während Rudolf, der Sohn des ersten Monarchen Europas, in den Augen der Belgier als »gute Partie« gelten musste, war Stephanie auch von ihrer aristokratischen Stellung her wenig attraktiv. König Leopold, der aufgrund mancher dubioser geschäftlicher Transaktionen nicht unumstritten war, wurde von vielen als Emporkömmling bezeichnet. Kaiserin Elisabeth war von Anfang an gegen die Ehe ihres Sohnes mit der erst fünfzehnjährigen Prinzessin, die sie sowohl äußerlich als auch charakterlich für ungeeignet hielt, den Platz an der Seite des künftigen Herrschers eines Weltreichs einzunehmen.

Die Kaiserin weilte gerade in England, als sie von Rudolfs Verlobung erfuhr. Elisabeth erbleichte, als sie das Telegramm mit der Mitteilung las, dass Stephanie von Belgien die Auserwählte sei. Besorgt fragte die neben der Kaiserin stehende Gräfin Marie Festetics, was denn um Gottes Willen geschehen sei. Als die Hofdame erfuhr, dass sich Rudolf verlobt hatte, atmete sie erleichtert auf und meinte, sie habe schon geglaubt, es sei ein Unglück geschehen. Worauf die Kaiserin düster erwiderte: »Gott gebe, das es keines werde!«

Demonstrativ blieb die Kaiserin nur zwei Stunden in Brüssel, um ihre Schwiegertochter in spe kennenzulernen. Der Unterschied zwischen der »schönsten Frau Europas«, als die Elisabeth damals, mit ihren 42 Jahren, immer noch galt, und dem »hässlichen Entlein« aus Belgien war eklatant und musste jedem, der bei dem festlichen Empfang für die Kaiserin anwesend war, auffallen.

Rudolf und Stephanie heiraten am 10. Mai 1881 in der Wiener Augustinerkirche mit allem dem Haus Habsburg zur Verfügung stehenden Pomp, und halb Wien ist auf den Beinen, um dem Paar zuzujubeln. Doch schon die Hochzeitsnacht in Schloss Laxenburg wird zum Fiasko. Man hat Stephanie nicht aufgeklärt, und Rudolf fällt in brutaler Eroberermanier, wie er es von seinen zahllosen Liebschaften gewohnt war, über sie her. Noch fünfzig Jahre später schreibt Stephanie über dieses für sie schreckliche Erlebnis:

»Welche Nacht! Welche Qual, welche Abscheu! Ich hatte nichts gewusst, man hatte mich als ahnungsloses Kind zum Altar geführt. Meine Illusionen, meine jugendlichen Träumereien waren vernichtet. Ich glaubte, an meiner Enttäuschung sterben zu müssen.«

Dennoch scheint es zunächst, als könnten die beiden miteinander glücklich werden. Noch vor der Hochzeit schreibt der Kronprinz euphorisch an seinen Cousin, den Bayernkönig Ludwig: »Ich habe in Stephanie einen wahren Engel gefunden, ein treues gutes Wesen, das mich liebt, eine sehr kluge, gebildete, geschickte Begleiterin für dieses Leben, die mir in all meinen Aufgaben gut und erfolgreich zur Seite stehen wird.« Seinem ehemaligen Erzieher Joseph von Latuor schwindelt er kurz nach der Hochzeit in einem Brief vor: »Ich bin in sie sehr verliebt, und sie ist die einzige, die mich zu vielem verleiten könnte.«

Ganz im Gegensatz dazu wird sich das wie bisher schon ausschweifende Liebesleben Rudolfs in den knapp acht Jahren seiner Ehe noch weiter intensivieren, wobei die zum Teil im Prostituiertenmilieu angesiedelten Affären mit »Liebe« wenig zu tun haben. Zu echter, tiefer Zuneigung dürfte er kaum fähig gewesen sein.

»Der Kronprinz war gewohnt, dass ihm kein weibliches Wesen widerstand«, notiert Stephanie in ihren Lebenserinnerungen. Seine Cousine, Marie Gräfin Larisch, bringt das Dilemma in ihren Memoiren auf den Punkt: »Bei dieser Braut bestand keine große Gefahr, dass Rudolf ein Mustergatte werden würde.«

Er wär's vermutlich auch bei einer anderen nicht geworden.

DIE GRÖSSTMÖGLICHE KATASTROPHE

Romy Schneider verliert ihren Sohn, 5. Juli 1981

*Romy Schneider
* 23.9.1938
Wien, †29.5.
1982 Paris.
Schauspielerin,
dreht mehr als
60 Filme: Sissi
(1955–1957),
danach interna-
tionale Karriere.*

Eigentlich hieß ihr Sohn David Haubenstock. Haubenstock wie sein Vater, der sich als Schauspieler Harry Meyen nannte und neun Jahre mit Romy Schneider verheiratet war. Doch nach der Scheidung im Jahr 1975 nahm Romys zweiter Ehemann Daniel Biasini die Vaterstelle ein. Als dann auch diese Verbindung scheiterte, sollte David sich einmal mehr an einen »neuen Vater« gewöhnen. Er hieß Laurent Pétin, war Filmproduktionsleiter und der aktuelle Lebensgefährte seiner Mutter.

David weigerte sich standhaft, Mamas »Neuen« zu akzeptieren. Er wollte bei seinem Stiefvater Daniel Biasini bleiben, der ihn stets gut behandelt hatte und an dem sein Herz hing. Daniel war längst zum eigentlichen Vater für ihn geworden, in der Schule wurde ihm sogar erlaubt, den Namen Biasini zu tragen, obwohl er von Gesetz wegen immer noch Haubenstock hieß. Da David unter keinen Umständen bereit war, mit seiner Mutter und Laurent Pétin zu wohnen, erlaubte Romy ihm schweren Herzens, bei Daniels Eltern in dem westlich von Paris gelegenen Städtchen Saint-Germain-en-Laye die Sommerferien zu verbringen. Die Sommerferien des Jahres 1981, danach würde man weitersehen. Irgendwann, so hoffte Romy Schneider, würde ihr Sohn nachgeben und mit ihr zu Laurent ziehen. Doch der Aufenthalt in Saint-Germain-en-Laye wurde dem vierzehnjährigen David – und schließlich auch seiner Mutter – zum Verhängnis.

Romy Schneider hat ihren Sohn vergöttert. Sie wusste aus eigener Erfahrung, was es heißt, von den Eltern im Stich gelassen zu werden – sowohl ihre Mutter Magda Schneider als auch ihr Vater Wolf Albach-Retty hatten sich kaum um ihre Kinder gekümmert, beide waren fast ausschließlich an ihrem beruflichen Fortkommen als Schauspieler interessiert. Diesen Fehler zu begehen, wollte

Romy Schneider vermeiden, also widmete sie sich gleich nach der Geburt voll und ganz ihrem erstgeborenen Kind David, konzentrierte sich auf ihre Mutterrolle, sagte Filmangebote ab, dachte sogar daran, ihre Karriere für immer aufzugeben.

Doch das schaffte sie nicht. Erstens, weil sie erkannte, dass es sie nicht ausfüllen würde, nur Ehefrau und Mutter zu sein. Und zweitens, weil Harry Meyens Karriere ins Stocken geraten war und das Paar auf Dauer nicht von Romys Ersparnissen leben konnte. Sie war an einen luxuriösen Lebensstil gewöhnt, auf den zu verzichten sie nicht bereit war. Als man ihr daher 1968 im Film *Ein Pechvogel namens Otley* die Rolle einer verführerischen Scotland-Yard-Agentin anbot, sagte sie zu.

Doch dann zerbrach die Ehe mit Harry Meyen. Da Romy Schneider nicht allein sein konnte, ging sie schnell eine neue Verbindung ein – mit ihrem Sekretär Daniel Biasini, den sie 1975 auch heiratete. Der damals gerade neunjährige David musste sich an einen neuen Vater gewöhnen. Doch auch diese Ehe scheiterte – vor allem, weil Daniel nicht bereit war, sein Playboyleben aufzugeben.

Mittlerweile war Daniel aber Davids Ersatzvater geworden. Und Daniels Eltern waren seine Ersatzgroßeltern. »David und meine Eltern«, erinnerte sich Daniel Biasini, »das war Liebe auf den ersten Blick. Meine Eltern vergötterten ihn und erfüllten ihm jeden Wunsch, wie richtige Großeltern.«

Romy Schneiders Sohn will also nicht in Laurent Pétins Wohnung ziehen und verbringt die Sommerferien bei den Stiefgroßeltern in Saint-Germain-en-Laye. Der 5. Juli 1981 ist ein heißer Sommertag. David spielt am Vormittag mit Freunden Fußball und kehrt gegen Mittag zu seinen Großeltern zurück. Als er vor der Biasini-Villa in der Rue de Lorraine ankommt, ist das große schmiedeeiserne Tor verschlossen. Da David keinen Schlüssel bei sich hat und nicht anläuten möchte, klettert er waghalsig, wie er das schon öfters getan hat, auf die Gartenmauer, um von dort über das Gitter zu springen. Das hat bisher immer funktioniert, doch diesmal verliert er das Gleichgewicht, rutscht ab und wird von einer Metallspitze des schweren Eisenzauns aufgespießt.

Die Spitze durchtrennt die Schlagader seines Oberschenkels, David schafft es, sich mit letzter Kraft in das Haus zu schleppen, die Rettung wird gerufen, bringt ihn ins nahe Klosterhospital von Saint-Germain-en-Laye. Er wird in den Operationssaal geschoben, alles geht sehr schnell, die Ärzte kämpfen um sein Leben.

Unterdessen begibt sich die Familie Biasini auf fieberhafte Suche nach Davids Mutter. Es dauert einige Zeit, bis Romy Schneider telefonisch im Landhaus von Laurent Pétins Eltern in Fontenay-Trésigny in der Île de France ausfindig gemacht wird. Unter Schock rast sie, begleitet von Laurent, ins Krankenhaus.

Doch sie kommt zu spät. David hat den Kampf um sein junges Leben verloren. Der Blutverlust war zu groß.

Romy Schneider bricht zusammen. Weint, brüllt, umarmt ihren toten Sohn. Sie hat in ihrem Leben viele Höhen, aber noch mehr Tiefen erlebt: Ihre große Liebe zu Alain Delon, der sie schamlos hintergangen hat. Ihre Ehe mit Harry Meyen, der nach der Scheidung drogensüchtig wurde und durch Selbstmord endete. Und die ebenfalls missglückte Ehe mit Daniel Biasini, aus der ihre Tochter Sarah stammt.

Jetzt erlebt sie die schwerste Stunde ihres Lebens. Ihren über alles geliebten Sohn zu verlieren, kann diese Frau nicht verkraften. »Es ist der Tag«, wird *Paris Match* später schreiben, »an dem das lange Sterben der Romy Schneider beginnt«.

Die Schauspielerin hat sich davor schon in einem erschreckend schlechten Gesundheitszustand befunden. Wochen vor dem Tod ihres Sohnes ist ihr eine Niere entfernt worden, die sie wohl durch ständigen Nikotin-, Medikamenten- und Alkohol-Missbrauch zerstört hatte. Obwohl ihr die Ärzte nach der Operation dringend raten, mit nur noch einer Niere auf Tabletten und sonstige Giftstoffe zu verzichten, beginnt sie schon im Spital wieder zu trinken, zu rauchen, schwere Medikamente zu nehmen. Der Selbstmord auf Raten hat also schon vor der Katastrophe begonnen.

Die Tage nach dem 5. Juli 1981 werden zum Abgesang einer großen Künstlerin. Romy Schneider dreht noch einen Film, *Die Spaziergängerin von Sans-Souci*, an der Seite ihres Lieblingskollegen Michel Piccoli. Doch sie kann sich ihrer früher so geliebten Arbeit nicht mehr erfreuen. Als die Dreharbeiten vorbei sind, ist Romy Schneider bereit zu sterben. Die deutsche Synchronisation muss schon von einer anderen Schauspielerin durchgeführt werden. »*Die Spaziergängerin von Sans-Souci* ist das letzte Dokument des viel zitierten ›gebrochenen Herzens‹, an dem Romy Schneider aus Sicht vieler Fans kurz nach der Premiere starb«, schreibt *Der Spiegel*. »Vor allem aber ist der Film ein Dokument ihrer schauspielerischen Einzigartigkeit.«

Davids Tod ist auch ihr Tod. Romy Schneider stirbt ein knappes Jahr nach ihrem Sohn im Alter von 43 Jahren an einer Überdosis Tabletten.

Davids Tod war auch ihr Tod: Romy Schneider in ihrem letzten Jahr, gezeichnet von einem Leben, dem nichts erspart geblieben ist

War es Zufall, der ihr ein so grausames Schicksal bescherte? Oder Bestimmung? Romy Schneiders 1980 im Alter von 105 Jahren verstorbene Großmutter, die Schauspielerin Rosa Albach-Retty, schreibt in ihren Lebenserinnerungen *So kurz sind hundert Jahre*, dass sie einer Graphologin einen Brief der damals noch ganz jungen und unbekannten Romy zur Untersuchung ihrer Handschrift überreichte. Das Ergebnis ist – gerade aus späterer

Sicht – verblüffend: »Es handelt sich um eine weibliche Person, die künstlerisch hochbegabt ist. Sie hat eine große Karriere vor sich, man könnte sagen, dass sie alles erreicht, was sie sich vornimmt. Aber sie ist nervlich labil und neigt zu unüberlegten Handlungen. Es besteht die Gefahr, dass sie durch Selbstmord endet.«

Das Gutachten stammt aus einer Zeit, in der niemand wissen konnte, wie das Leben der Romy Schneider enden würde.

Alles Zufall? Oder doch Bestimmung?

WAS FÜR EINE LOVESTORY

Sophie Chotek heiratet Erzherzog Franz Ferdinand, *1. Juli 1900*

Die Monarchie hat sich von der Kronprinz-Rudolf-Tragödie noch nicht erholt, als Österreich-Ungarn von der nächsten skandalösen Liebesaffäre erschüttert wird: Thronfolger Franz Ferdinand verliebt sich in die Gräfin Sophie Chotek und somit in eine Frau, in die er sich nicht verlieben darf. Und er will sie partout auch noch heiraten!

Der Tag des Kennenlernens ist nicht überliefert, man vermutet, dass die damals neunzehnjährige Sophie bei der Hochzeit ihrer Schwester Marie Chotek mit dem Grafen Jaroslaw Thun-Hohenstein im Jahre 1887 dem Erzherzog Franz Ferdinand, der als Gast anwesend war, vorgestellt wurde – aber von weiteren Begegnungen oder gar einer Beziehung war noch lange keine Rede, die beiden verloren sich wieder aus den Augen. »Gefunkt« haben soll es sieben Jahre später, im Frühjahr 1894, auf einem Ball in Prag. Ein Schreiben vom April dieses Jahres, das die förmliche Anrede »Verehrteste Gräfin« trägt, ist erhalten und zeigt, dass man einander schon etwas näher gekommen ist, erinnert der Erzherzog doch an ein Fest im Palais Larisch in Wien und an eine Begegnung an der italienischen Riviera. Am 18. August – Kaisers Geburtstag – schwärmt Franz Ferdinand in einem weiteren Brief von einem gemeinsam erlebten »Derwischball« und »unserem letzten Tanzerl bei Sacher«.

Die sich anbahnende Beziehung muss mindestens so geheim bleiben wie die Aufmarschpläne der k. u. k. Armee (die allerdings vom Spion Oberst Redl verraten werden). Denn eine böhmische Gräfin war alles andere als standesgemäß für den Mann, der für das Erbe des Habsburgerreichs und dessen Thron bestimmt ist. Sophie Chotek war eine hübsche, große, schlanke Frau mit hellbraunem Haar und dunklen Augen, aber sie war keine »gute Par-

Sophie Herzogin von Hohenberg geb. Gräfin Chotek * 1. 3. 1868 Stuttgart, †28. 6. 1914 Sarajewo (ermordet). Der morganatischen Ehe mit Erzherzog Franz Ferdinand entspringen drei Kinder.

tie«. Für einen Erzherzog infolge ihrer »niedrigen Herkunft« sowieso, aber ganz allgemein auch deshalb, weil ihre Familie verarmt und somit der Erhalt einer Mitgift auszuschließen war – und vor allem darum ging es in jenen Tagen bei Eheanbahnungen. Sophie Chotek war, als sie mit ihren 26 Jahren Franz Ferdinand etwas näher kam, für damalige Verhältnisse fast schon eine »alte Jungfer« mit wenig Hoffnung auf einen attraktiven Bräutigam.

*Erzherzog Franz Ferdinand * 18. 12. 1863, Graz † 28. 6. 1914 Sarajewo (ermordet). Thronfolger der österreichisch-ungarischen Monarchie. Das Attentat auf ihn löst den Ersten Weltkrieg aus.*

Der um vier Jahre ältere Thronfolger hatte im Gegensatz zu Sophie durchaus ein »Vorleben«. Franz Ferdinand besaß das Palais Modena in der Wiener Herrengasse, in dem sich seine Junggesellenwohnung befand. Dass in demselben Gebäude die Schauspielerin Mila Kugler wohnte, war kein Zufall, denn wie so viele Habsburger »hielt« sich auch Franz Ferdinand Mätressen, die in erster Linie der sexuellen Befriedigung dienten. Mila, die als seine Favoritin galt, war mit ihrer Wohnung im Palais Modena von jeder Mietzinszahlung befreit.

In dem repräsentativen Gebäude hatte aber auch Franz Ferdinands berüchtigter Bruder, der mit einer sächsischen Prinzessin verheiratete Erzherzog Otto*, seinen Zweitwohnsitz, an dem zahllose Feste gefeiert wurden, die oft in Orgien ausarteten. Für Franz Ferdinand, der seinem jüngeren Bruder die Palaiswohnung für derlei Vergnügungen zur Verfügung stellte, blieben diese nicht ohne Folgen – in zwei Fällen sind gerichtlich anerkannte Nachkommen registriert: Franz Ferdinands Sohn Heinrich Jonke erhielt als »Apanage« die Salzburger Hofapotheke, nach deren Konkurs er aus Franz Ferdinands Nachlass weitere 50 000 Kronen bekam. Kurt Hahn, ein zweiter Sohn, wurde mit einer Leibrente abgefunden.

Die Möglichkeit, sich mit seiner Schauspielerin und anderen offenherzigen Damenbekanntschaften der freien Liebe hinzugeben, wusste Franz Ferdinand durchaus zu schätzen, und doch strebte er langfristig ein geordnetes Familienleben an. Mit Sophie Chotek glaubte er die richtige Frau gefunden zu haben, zumal

---

*   Erzherzog Otto (1865–1906) war der Vater des letzten Kaisers Karl I.

keine der hoffähigen Bräute, die man ihm zuschanzen wollte, für ihn infrage kam. Ende des Jahres 1894 flüchtete er sogar aus Wien, »um allen heiratsdrängenden Verwandten … und allen Familienräten, welche vor Weihnachten stattfinden, zu entfleuchen«, schreibt er in einem Brief an Sophie Choteks Schwester Marie Thun. Man weiß tatsächlich von Versuchen des Kaisers, Franz Ferdinand mit der sächsischen Prinzessin Mathilde (die schon Kronprinz Rudolf abgelehnt hatte) und mit Rudolfs Witwe Stephanie zu verehelichen. Doch der Thronfolger lehnt diese und alle anderen »Angebote« empört ab, wie er seiner langjährigen Vertrauten, der Gräfin Nora Fugger, am 10. Oktober 1898 – da er schon seit vier Jahren heimlich mit Sophie Chotek liiert ist – in einem Brief ganz offen mitteilt:

»Ich sehne mich ja schon nach Ruhe, nach einem gemütlichen Heim, nach einer Familie. Aber dann stelle ich an Sie die große Frage: wen soll ich denn heiraten? Es ist ja niemand da. Gräfin sagen, ich sollte mir eine liebe, gescheite, schöne und gute Frau nehmen. Ja, sagen Sie mir: wo läuft denn so was herum? Es ist ja ein Unglück, dass es keine Auswahl unter den heiratsfähigen Prinzessinnen gibt; lauter Kinder, lauter siebzehnjährige, achtzehnjährige Piperln, eine schiacher als die andere. Und erst die Erziehung meiner Frau zu besorgen, dazu bin ich zu alt, dazu habe ich weder Zeit noch Lust. Ich kann mir sehr gut das Ideal einer Frau vorstellen, wie ich sie gerne haben möchte und mit der ich auch glücklich werden könnte. Es müsste ein nicht zu junges Wesen sein, mit bereits vollkommen gefestigtem Charakter und Anschauungen. So eine Prinzessin gibt es nicht …«

Sophie Chotek arbeitet schon seit mehreren Jahren als Hofdame im Haushalt der Erzherzogin Isabella auf Schloss Halbturn bei Pressburg. Isabella ist die Gemahlin des Erzherzogs Friedrich, der zu den reichsten Habsburgern zählt. Da Thronfolger Franz Ferdinand als »beste Partie« der Monarchie gilt, reißen sich viele präsumtive Schwiegermütter aus allerhöchstem Adel um seine

Gunst – und eine von ihnen ist Erzherzogin Isabella. Sie lädt Franz Ferdinand immer wieder ein, auf Schloss Halbturn zu kommen, um ihn mit einer ihrer sieben Töchter zu verkuppeln. Und tatsächlich, Franz Ferdinand kommt oft und gerne, manchmal zwei, drei Mal in der Woche, was die Erzherzogin in ihrer Hoffnung bestärkt, dass er eine ihrer Töchter ehelichen würde. Isabella sieht sich schon als Schwiegermutter des künftigen Kaisers.

Im Besonderen scheint der Thronfolger an ihrer ältesten Tochter, Maria Christina, interessiert, die er zu gemeinsamen Landpartien, zum Tanz und anderen Vergnüglichkeiten trifft. Dem Umstand, dass die Hofdame der jungen Erzherzogin immer dabei ist, scheint man keinerlei Bedeutung beizumessen. Die »kleine Comtesse« Chotek kann keine ernstzunehmende Konkurrentin für eine Erzherzogin sein! Doch niemand ahnt, dass sich eine Affäre zwischen Sophie und Franz Ferdinand anbahnt und dass die beiden es über Jahre verstehen, ihre Treffen geheim zu halten. Bis zu jenem Tag im Frühjahr 1899, als alles auffliegt.

Der Thronfolger ist wieder einmal nach Halbturn gekommen, um im Kreise der jungen Erzherzoginnen ein Tenniswochenende zu verbringen. Tennis ist eine der wenigen Sportarten, die man den Damen der höheren Gesellschaft erlaubt – wenn auch nur züchtig gekleidet, mit langem Rock, hoch geschlossener Bluse und breitkrempigem Hut.

Als sich die illustre Runde nach dem letzten Aufschlag zum Tee ins Schloss begibt, vergisst der Erzherzog seine am Rande des Spielfelds abgelegte Taschenuhr. Ein Bediener nimmt sie an sich und überreicht sie der Hausfrau, Erzherzogin Isabella.

Es ist in jenen Tagen bei den Herren der Gesellschaft üblich, unter dem aufklappbaren Deckel der Taschenuhr ein Foto jener Frau zu verbergen, für die ihr Herz schlägt. Isabella ist überzeugt davon, hier das Bildnis ihrer ältesten Tochter zu entdecken. Sie klappt die Uhr auf – und muss erfahren, dass alles ganz anders ist. Stößt sie doch statt auf Maria Christinas Bildnis auf ein Foto ihrer Hofdame Sophie Chotek.

Jetzt versteht Isabella, warum der Thronfolger ihren Einladungen so oft gefolgt ist. Für sie bricht eine Welt zusammen, sie fühlt

Eine der wenigen wirklichen Liebesbeziehungen im Haus Habsburg: Sophie von Hohenberg und Thronfolger Franz Ferdinand

sich hintergangen und ausgenützt, ruft die Gräfin Chotek zu sich und entlässt sie fristlos aus ihren Diensten.

Der Rest ist Geschichte. Kaum hat sich die Beziehung herumgesprochen, besteht Franz Ferdinand gegen den Willen des Kaisers darauf, die »gewöhnliche« Gräfin Chotek zu heiraten. Schließlich gibt der Kaiser nach und Sophie zieht nach der morganatischen Eheschließung am 1. Juli 1900 in die offizielle Residenz des Thronfolgers, ins Wiener Schloss Belvedere. Doch ihr gemeinsames Glück sollte von da an nur vierzehn Jahre dauern.

Die Tragödie eines Komponisten

Hugo Wolfs *Größenwahn*,
18. September 1897

Zur Tragödie wird sein auch sonst nicht gerade glückliches Leben im Herbst 1897. Der 37-jährige Hugo Wolf erwartet sehnsüchtig die österreichische Erstaufführung seiner Oper *Der Corregidor* am Wiener Opernhaus. Allerdings gerät er bei den Verhandlungen mit Hofoperndirektor Mahler in eine derart heftige Kontroverse, dass das Projekt zum Scheitern verurteilt ist. Am 18. September 1897 besucht er Gustav Mahler in der Operndirektion, zieht wütend über Komponistenkollegen her und bedrängt den Direktor um einen Premierentermin seiner Oper. Mahler drückt heimlich auf einen für solche Fälle unter der Schreibtischplatte installierten Klingelknopf und lässt sich durch seinen Sekretär zum Generalintendanten rufen, der den »Herrn Direktor dringend zu sprechen wünsche«. Der Termin mit Hugo Wolf ist somit erfolglos beendet.

Von dem faktischen Rauswurf schwer getroffen, ist Hugo Wolf überzeugt, Opfer einer Intrige geworden zu sein. Als er die Ringstraße vor dem Operngebäude betritt, wird er beobachtet, wie er Passanten laut zuruft, dass er eben zum Direktor der Hofoper ernannt worden sei. Danach eilt er – so überliefert es Alma Mahler-Werfel – direkt in Mahlers Wohnung in der Auenbruggergasse im dritten Bezirk und eröffnet der Köchin Elise schreiend, dass von nun an er es sei, der die Oper leiten würde. Der armen Frau gelingt es gerade noch, Hugo Wolf die Tür vor der Nase zuzuschlagen.

In den kommenden Stunden steigert sich sein Wahn weiter, und als Hugo Wolf am nächsten Abend völlig verstört bei Freunden in Mödling auftaucht und sich auch dort als neuer Operndirektor ausgibt und erklärt, »den Kapellmeister Mahler und das gesamte Personal fristlos entlassen« zu wollen, erkennt der zufällig anwesende Arzt Dr. Adolf Gorhan die Dringlichkeit des Falles und leitet die Einweisung des Komponisten in eine geschlossene Anstalt in die Wege.

Hugo Wolf
* 13. 3. 1860
Windischgrätz/
Slowenien,
† 22. 2. 1903
Wien. Komponist,
vor allem wegen
seiner Lieder
hochgeschätzt.
1897 Beginn der
geistigen
Umnachtung.

Es ist bereits nach neun Uhr abends, als der Fiaker mit Hugo Wolf in der Psychiatrischen Klinik Svetlin in der Leonhardgasse eintrifft. Dort, in der *Privatheilanstalt für Gemüthskranke auf dem Erdberge* erklärt man seinen Begleitern jedoch, dass man um diese Zeit keine Patienten mehr aufnehmen könne, weshalb er von den Freunden in seine Wohnung in der Schwindgasse auf der Wieden gebracht wird. Man möge ihn morgen früh noch einmal einliefern.

Um Hugo Wolf zur angegebenen Stunde aus seiner Wohnung schaffen zu können, wenden die Freunde einen sonderbaren, aber zielführenden Trick an. Sie erklären ihm, er müsse sich nun in seiner Eigenschaft als neuer Direktor der Hofoper beim Obersthofmeister des Kaisers, Rudolf Fürst Liechtenstein, vorstellen. Der Komponist schlüpft begeistert in seinen Frack und steigt in die vor seinem Haus wartende »Equipage des Fürsten«, die ihn in die Hofburg bringen soll. In Wirklichkeit ist es ein Anstaltswagen, der ihn an diesem 20. September 1897 ins Sanatorium führt. Dort gelangt der Spitalsdirektor und Nervenarzt Dr. Wilhelm Svetlin nach den Untersuchungen zur Diagnose, dass Hugo Wolf an Progressiver Paralyse, einer Spätfolge der Syphilis, leidet, die er sich mit siebzehn Jahren zugezogen hat. In diesem Alter war er übrigens schon zum ersten Mal »auffällig« geworden, als er als Student wegen eines Scherzes in Form eines Drohbriefs an den Rektor Joseph Hellmesberger sen. aus dem Konservatorium der Gesellschaft der Musikfreunde geworfen wurde. Es konnte allerdings nie bewiesen werden, ob Hugo Wolf den Brief tatsächlich selbst geschrieben hatte.

Sein Mitschüler am Konservatorium und damaliger Freund war Gustav Mahler, in dem er jetzt seinen Feind sieht. Hugo Wolf musste sich nach seiner Entlassung aus dem Konservatorium als Autodidakt fortbilden. Ein besonderes Geschick, mit Menschen umzugehen, war ihm zu keiner Zeit gegeben, auch befand er sich fast sein ganzes Leben in finanziellen Nöten.

In der Klinik Svetlin steigert sich der Größenwahn dermaßen, dass Hugo Wolf sich als Leiter des Irrenhauses ausgibt und behauptet, dass Nietzsche einer seiner Patienten sei. Hugo Wolf bleibt zwei Monate lang jeglicher Kontakt zur Außenwelt verwehrt, doch nach dem Abklingen des manischen Schubs verbessert sich sein Zustand, sodass er sogar noch einige Lieder instrumentieren und einen langsamen Satz zum dritten Teil für seine Sinfonische Dichtung *Penthesilea* schreiben kann. Die Ärzte stellen fest, dass die Progressive Paralyse bei ihm in bestimmten Phasen sogar als schöpferisches Stimulans wirke.

Am 24. Januar 1898 geht es Hugo Wolf so gut, dass er entlassen und zunächst an die italienische Adria und dann ins Salzkammergut gebracht wird. Als er jedoch im Traunsee einen Selbstmordversuch unternimmt, muss er zu seinem eigenen Schutz neuerlich in eine Nervenklinik überführt werden, diesmal ist es die *Niederösterreichische Landesirrenanstalt* in der Wiener Lazarettgasse, aus der er mehrmals zu flüchten versucht.

»Draußen aber«, schreibt Dietrich Fischer-Dieskau in seiner Biografie des Komponisten, »machte die Kunde von Hugo Wolfs Erkrankung schneller und nachhaltiger die Runde, als es je eines seiner Werke vermocht hatte.«

Das trifft allerdings nur auf seine Lebenszeit zu, denn nach seinem Tod geht Hugo Wolf als bedeutendster Liedkomponist neben Franz Schubert in die österreichische Musikgeschichte ein. In nur wenigen Fällen kann das Wort von Genie und Wahnsinn so sehr auf einen Künstler bezogen werden wie bei Hugo Wolf.

Er sollte die Landesirrenanstalt nie mehr verlassen und stirbt dort im Alter von 42 Jahren.

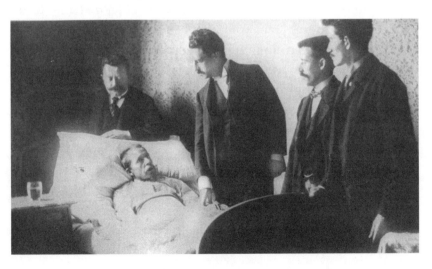

Genie und Wahnsinn: der Komponist Hugo Wolf auf dem Totenbett

DR. MED. WACKELT MIT DEN OHREN

Gunther Philipps *Abschied von der Medizin,*
29. Dezember 1949

Gunther Philipp, eigentlich Placheta * 8. 6. 1918 Töplitz/ Siebenbürgen, †2. 10. 2003 Bonn. Arzt, Sportler, Schauspieler. 150 Filme u. a. Kaiserwalzer (1953), Die Deutschmeister (1955), Im weißen Rössl (1960).

Nein, man kann nicht sagen, dass er sich's leicht gemacht hat. Gunther Philipp inskribierte Medizin, wurde zum Dr. med. promoviert und absolvierte dann am Wiener AKH seine Ausbildung zum Facharzt für Neurologie und Psychiatrie.

Um dann Komiker zu werden.

Zu diesem Behufe hätte er sich die langwierigen Studien wohl sparen können. Aber wie sollte er vorhersehen, in welche Richtung sein Leben dereinst verlaufen würde?

Vier Jahre dauerte sein Doppelleben zwischen Klamauk und Medizin. Gunther Placheta, wie der Sohn eines Tierarztes mit bürgerlichem Namen hieß, hatte an der Universität Wien Medizin studiert, war dann als Wehrmachtsarzt an die russische Front abkommandiert und nach dem Krieg an der Wiener Universitätsklinik für Neurologie und Psychiatrie tätig.

Eher zufällig studierte er neben der Medizin auch Schauspiel: Der sportlich überaus aktive Gunther Placheta war dem Schauspieler Robert Freitag während eines geselligen Treffens im Schwimmclub durch sein offensichtliches Blödeltalent aufgefallen. Freitag empfahl ihm, zur Aufnahmsprüfung am Max-Reinhardt-Seminar* anzutreten. Gunther Placheta ging hin, wurde zugelassen und absolvierte nun ein Doppelstudium.

Als er nach Kriegsende Stationsarzt im Wiener AKH war, verdiente er keinen Groschen. »Mein Ausbildungsplatz an der Uniklinik machte mich stolz und glücklich, jedoch von einer Bezahlung war nicht die Rede«, schreibt Gunther Philipp in seinen Memoiren. »Man musste froh sein, an einer hervorragenden Klinik arbei-

---

*   Damals, im Studienjahr 1941/42, »Reichshochschule für Musik und Darstellende Kunst«.

ten und lernen zu dürfen.« Also tingelte der bald auch als Schauspieler zugelassene Arzt in seiner kargen Freizeit mit Parodien und Solonummern durch Nachtlokale und Kabaretts, durch Vorstadtkinos und Radiosendungen und gründete mit Peter Wehle, Fred Kraus und Ursula Lingen die Kabarettgruppe *Die kleinen Vier*. Auch wenn das etwas Geld brachte, war Gunther Placheta immer klar: Er würde unter allen Umständen Mediziner bleiben. »Ich wollte nur ein wenig verdienen, um mir meinen ärztlichen Beruf leisten zu können.« Und das tat er vorerst auch: »Meine berufliche Tätigkeit lief nun gut eingespielt und daher relativ reibungslos. Tagsüber war ich in der Klinik als Stationsarzt tätig, am Spätnachmittag der betreffenden Tage als Assistent von Professor Hoff in seiner Hauptvorlesung für Psychiatrie, abends der komische Hauptdarsteller im Revuetheater Casanova und anschließend im Mitternachtskabarett Alraune.« Klar, dass von derlei anrüchigen Nebenbeschäftigungen seine Vorgesetzten in der Universitätsklinik nichts erfahren durften.

Im Lauf des Jahres 1949 kamen zu den zahlreichen Bühnenverpflichtungen zwei Filmrollen hinzu. Dr. Gunther Placheta reichte im AKH um Urlaub ein, verwandelte sich in Gunther Philipp und drehte an der Seite von O. W. Fischer und Nadja Tiller *Märchen vom Glück* und danach *Kleiner Schwindel am Wolfgangsee*, Regie: Franz Antel. Der zweite Film war ein so großer Erfolg, dass er sich nun in der Filmbranche einen Namen zu machen begann. Was wiederum ein immer brisanter werdendes Zeitproblem zur Folge hatte, denn so groß war sein Urlaubsanspruch im AKH nicht, dass er gleich mehrere Wochen frei bekam.

»Mit meinen ersten Filmrollen«, schreibt Gunther Philipp »war der Grundstein zu meiner Karriere als Klamottenheini und T. v. D. (Trottel vom Dienst) im deutschen Film gelegt. Zum Glück wusste ich das zu diesem Zeitpunkt noch nicht. Noch glaubte ich mich auf einem interessanten und vergnüglichen Seitensprung in einer fremden Welt (wohlgemerkt: immer noch ganz unverbindlich!). Noch stand ich ja, wenn man von meiner Revuetätigkeit absah, mit beiden Beinen in der Medizin.«

Während der mittlerweile verheiratete Vater eines Sohnes im Filmstudio und auf Kabarettbühnen gutes Geld verdiente, das er für den Unterhalt seiner Familie brauchte, arbeitete er in der Klinik nach wie vor um Gottes Lohn. Und schon kamen die nächsten Film- und Bühnenangebote hereingeschneit. Irgendwann hieß es, eine Entscheidung treffen: Mime oder Mediziner?

Als er am Ende dieses Jahres mit seiner Gruppe *Die kleinen Vier* das Angebot zu einem längeren Gastspiel in München bekam, fiel die Entscheidung wie von selbst. Gunther Philipp ging am 29. Dezember 1949 zu seinem Klinikvorstand, dem legendären Psychiater Hans Hoff, und teilte ihm mit, dass dies sein letzter Arbeitstag als Stationsarzt sein würde. »Zunächst glaubte der Herr Professor, der von meiner Nebentätigkeit, die mich ernährte, keine Ahnung hatte, ich ginge an eine neurologische Klinik in München. Schon wollte er mir empfehlen, an wen ich mich dort wenden sollte.«

Doch als Dr. Placheta ihm eröffnete, »dass ich mich als Kabarettist betätigen wollte, reagierte er in einer Weise, die mich verunsicherte. Sein Blick bekam plötzlich etwas klinisch Diagnostizierendes, er wurde irgendwie bohrend. Ich fühlte ganz deutlich, wie der große Psychiater schon versuchte, das, was ich gesagt hatte, in Kategorien der geistigen Erkrankungen einzuordnen. Vorsichtig stellte er einige jener Fragen, die ich selbst meinen Patienten Hunderte Male

Mime oder Mediziner?
Dr. med. Placheta alias
Gunther Philipp – hier
als Schauspieler, der
einen Arzt spielt

bei der Anamnese gestellt hatte, offenbar um herauszufinden, ob ich wohl ›zeitlich, örtlich und zur Situation orientiert‹ sei, wie das in den Befunden ausgedrückt wird.« Immer noch höchst erstaunt, reichte Professor Hoff seinem jungen Stationsarzt die Hand und sagte: »Mein lieber Kollege Placheta, ich bin überzeugt, Sie werden wieder an unsere Klinik zurückkommen.«

»Das hatte etwas von einem mehrdeutigen Orakelspruch«, folgerte Gunther Philipp. »Er sagte nämlich nicht, in welcher Funktion diese Rückkehr gedacht sei: als Arzt oder als Patient? Die Frage blieb offen. Heute steht die Antwort fest: Wenn jemals, als Arzt leider bestimmt nicht!«

Gunther Philipp machte eine große Schauspiel- und Komikerkarriere und drehte, ohne sich der Medizin jemals wieder zuzuwenden, mehr als 150 Filme, deren Handlungen er zum Teil selbst verfasst hat.

Ich kannte ihn seit vielen Jahren, ehe ich 1989 für den ORF das Drehbuch zu einer Hans-Moser-Dokumentation schrieb. Moderieren sollte die Sendung naheliegenderweise Gunther Philipp, damals einer der letzten namhaften Schauspieler, die mit Moser noch gedreht hatten. Wir freundeten uns an und sprachen natürlich auch über seine berufliche Zweigleisigkeit, die ihn – wie ich bald merkte – sehr bewegte. Gunther Philipp sprach ganz offen darüber, dass er es zutiefst bedauerte, eine Schauspiel- statt einer Arztkarriere hinter sich zu haben – obwohl er beim Film natürlich wesentlich mehr verdient hatte, als er als Arzt je hätte verdienen können.

Er erzählte mir auch von zwei skurrilen Situationen, zu denen es in der Zeit, als er noch in beiden Berufen tätig war, gekommen ist: »Eine Patientin, die seit ein paar Tagen stationär in der Psychiatrischen Abteilung lag, beobachtete mich während der Morgenvisite, an der ein halbes Dutzend Ärzte teilnahm, ganz genau und sagte vor allen anderen laut zu mir: ›Also, Herr Doktor, das gibt's doch nicht. Ich war vorige Woche in der Casanovabar, und da ist ein Komiker aufgetreten, der genauso ausschaut wie Sie.‹«

173

Stationsarzt Dr. Placheta wäre am liebsten im Erdboden versunken, standen doch neben ihm die führenden psychiatrischen Kapazitäten Wiens, allen voran sein Klinikchef Hans Hoff. Da es mit der Standesehre wohl kaum vereinbar war, tagsüber als Stationsarzt und nachts als Komiker in einer Revuebar tätig zu sein, hätte der junge Mediziner bei Bekanntwerden eines derartigen »Nebenerwerbs« natürlich mit strengen disziplinären Maßnahmen zu rechnen gehabt.

Doch die Dame ließ nicht locker. »Dieser Komiker, der Ihnen so ähnlich sieht, Herr Doktor, hat lustige Conférencen gehalten und Sie werden es nicht glauben, er konnte sogar mit den Ohren wackeln.«

Das war der Augenblick, da Dr. Placheta eine berufliche Katastrophe auf sich zukommen sah. Schon wollte er seinem Chef gestehen, dass er allabendlich – so es die zeitliche Einteilung seiner Dienstverpflichtungen an der Klinik erlaubte – als Komiker in Kabaretts und Varietés auftrat. Gerade in diesem Moment setzte sich der Tross der Herren Professoren wieder in Bewegung. Klinikchef Hoff fasste den erbleichten Dr. Placheta unterm Arm und beruhigte ihn: »Herr Kollege, nehmen Sie sich nicht zu Herzen, was die Patientin da gesagt hat. Sie wissen ja, wo wir uns hier befinden!«

Eine Dame, die ihren Arzt Ohren wackelnd auf einer Revuebühne gesehen haben wollte, musste offensichtlich doch ein schwerwiegenderer Fall sein, als es die ursprüngliche Diagnose vermuten ließ.

Die zweite Situation betraf die große Paula Wessely, die im Herbst 1946 im Zuge einer Nervenkrise in die Universitätsklinik für Neurologie und Psychiatrie eingeliefert wurde. Auch das war in der Zeit, in der Gunther Philipp als Arzt und Schauspieler tätig war. Als er mir von dieser Begebenheit erzählte, bat er mich, sie für mich zu behalten, zumal damals noch alle Beteiligten am Leben waren und er sich nach wie vor an die ärztliche Schweigepflicht gebunden fühlte. Nachdem nun aber alle handelnden Personen tot sind, glaube ich von meinem einstigen Versprechen entbunden zu sein:

An dem Tag, an dem Paula Wessely aus der stationären Behandlung entlassen wurde, versah Dr. Placheta seinen Dienst in der Klinik. »Ich war dafür zuständig, dass die Wessely nach mehrtägigem Aufenthalt nach Hause gehen konnte. Attila Hörbiger kam, nahm seine Frau in Empfang, unterschrieb die dafür nötigen Papiere und bedankte sich bei mir sehr herzlich für die gute Betreuung.«

Am nächsten Abend glaubte Hörbiger seinen Augen und Ohren nicht trauen zu können, denn da traf er den jungen Stationsarzt im Großen Konzerthaussaal wieder. Jetzt freilich conférierte derselbe Dr. Placheta, wenn auch unter dem Namen Gunther Philipp, einen Bunten Abend, bei dem er prominente Künstler ansagte. Einer von ihnen war Attila Hörbiger. Der zweifelte, als er den Facharzt nun unter so vollkommen anders gearteten Umständen wieder sah, an seinem Verstand. Er konnte nicht glauben, dass der so kompetent wirkende Neurologe, der ihm die Entlassungspapiere für seine Frau überreicht hatte, jetzt als Komiker auf der Bühne stand, Grimassen schnitt und Witze erzählte.

Übrigens absolvierte der vielseitige Gunther Philipp neben den beiden so unterschiedlichen Berufen als Arzt und Komiker zwei weitere Karrieren. Er war zweimal europäischer Jahresschnellster und Zweiter in der Weltrangliste im 100-Meter-Brustschwimmen sowie dreimaliger Staatsmeister im Automobilrennsport.

»Und das nach siebenhundert Jahren«

Kaiser Karls Flucht aus Österreich, 23. März 1919

*Kaiser Karl I.
* 17. 8. 1887
Schloss Persen-
beug, †1. 4. 1922
Funchal/Madeira.
Von 1916 bis
1918 Österreichs
letzter Kaiser.
2004 durch Papst
Johannes Paul II.
seliggesprochen.*

In Österreich hat alles seine Ordnung, selbst im Untergang. Kaiser Karl und Gemahlin Zita haben ihre Koffer gepackt und die Flucht mit ihren fünf Kindern vorbereitet. Es ist wahrlich an der Zeit, haben doch sogar die eigenen Leibgardisten schon aufgehört, den Monarchen und seine Familie zu schützen. Die Wachen in Schönbrunn haben nach Ausrufung der Republik einfach das Schloss verlassen, somit ist die kaiserliche Familie den revolutionären Kräften ausgeliefert. Also unterschreibt Karl an diesem 11. November 1918 gegen 13 Uhr »den Verzicht auf meinen Anteil an den Staatsgeschäften« und entlässt seine Regierung. Das alles geschieht trotz der überall lauernden Gefahren auf sehr österreichische Weise, nämlich inklusive Ordensverleihung: Heinrich Lammasch, dem letzten k. u. k. Ministerpräsidenten, wird vom scheidenden Kaiser das Großkreuz des Stephansordens verliehen, die Minister werden mit anderen Klassen des Stephans- oder des Leopoldsordens ausgezeichnet.

Punkto Orden hat also alles seine Ordnung. Doch dann muss es sehr schnell gehen, allzu sehr sitzt die Erinnerung an das Schicksal des russischen Zaren und seiner Angehörigen in den Knochen, die im Juli desselben Jahres in Jekaterinburg von den Bolschewisten hingerichtet worden sind. Daher verlässt die kaiserliche Familie noch in der Nacht zum 12. November 1918 Schönbrunn. »Der Kaiser und ich«, erinnerte sich Ex-Kaiserin Zita in ihren Memoiren, »gingen mit unseren Kindern in die Schlosskapelle, wo wir ein kurzes Gebet sprachen, dass es uns vergönnt sein möge, eines Tages zurückzukehren. Dann begaben wir uns in den sogenannten Zeremoniensaal, dort hatten sich alle versammelt, die noch geblieben waren. Wir verabschiedeten uns und dankten jedem einzelnen. Und dann die Treppe hinab in den Hof, wo die Autos warteten.«

Während im Parlament die Errichtung der Republik Deutsch-österreich beschlossen wird und die schwarz-gelben Fahnen durch rot-weiß-rote ersetzt werden, fährt Kaiser Karl mit Frau und Kindern nach Eckartsau im Marchfeld. Dort verfügt man über ein kleines, unbestreitbar im Privatbesitz des Hauses Habsburg stehendes Barockschloss. Erzherzog Franz Ferdinand war hier oft zur Jagd und die Bevölkerung in der Umgebung gilt als kaisertreu.

»Die erste Zeit in Eckartsau war für die kaiserliche Familie von Entbehrungen geprägt«, schreibt Eva Demmerle in ihrer Kaiser-Karl-Biografie. »Wenn auch in Wien die Arbeiterzeitungen Gerüchte streuten, in Eckartsau feierte der Kaiser mit Familie und Freunden üppige Gelage und Feste, während die Wiener Bevölkerung hungerte, war doch das genaue Gegenteil der Fall. Manche Bauernfamilie der Umgebung hatte einen üppigeren Tisch als Schloss Eckartsau mit fast hundert neuen Bewohnern. Lebensmittellieferungen kamen nur selten durch, es mangelte an allem, selbst an den nötigsten Dingen für das tägliche Leben. Das Licht fiel oft aus, und selbst Streichhölzer waren Mangelware. Karl ging auf die Jagd, diesmal nicht aus Vergnügen, sondern allein aus dem Grund, um etwas Fleisch auf die karge Tafel zu bringen.«

Durch die Anspannung der letzten beiden Jahre ermattet, wird der seit Längerem schon an einem Herzleiden laborierende Kaiser bettlägerig. Die Spanische Grippe grassiert, und auch die Kinder sind aufgrund der mangelnden Ernährung geschwächt. »Mein jüngster Sohn Karl-Ludwig zum Beispiel, der damals acht Monate alt war«, schreibt Kaiserin Zita, »wäre beinahe gestorben.«

Besonders sicher können sich Karl und Familie auch in Eckartsau nicht fühlen. Zwar hat der Wiener Polizeipräsident Johannes Schober zehn Polizisten zur Bewachung des Schlosses abgestellt, aber auch die könnten einem ernsthaften Angriff kaum standhalten. Es gibt Drohungen plündernder Banden und der kommunistischen Roten Garde, die den Kaiser samt Frau und Kindern nach russischem Vorbild »umbringen« wollen. Tatsächlich kommt es aber zu keinerlei bedrohlichen Situationen für die Angehörigen des ehemaligen Erzhauses.

Dass sich Karl und Familie samt reduziertem Hofstaat im eigenen Land im »inneren Exil« befinden, ist der neu gebildeten Regierung aus Sozialdemokraten und Christlichsozialen in Wien alles andere als recht. Der Kaiser hat zwar auf seinen Anteil der Staatsgeschäfte verzichtet, formell jedoch nicht abgedankt. Außerdem korrespondiert er von Eckartsau aus mit befreundeten Staatsmännern – wie den Königen Alfons von Spanien und George V. von Großbritannien: mit dem Ziel, einen neuerlichen Staatenbund der Länder der alten Donaumonarchie zu errichten. Insgeheim hofft Karl immer noch, auf den Thron zurückkehren zu können, wie den verzweifelten Briefen an König George zu entnehmen ist. Er bittet seinen Cousin darin inständig um den Einsatz von Truppen: »10 000 oder auch nur 5000 Mann würden genügen. Meine Offiziere sind noch immer treu … Wenn Sie keine Briten entsenden können, dann schicken Sie Amerikaner, aber keine Franzosen oder Italiener.« Doch Karls briefliche Appelle werden nicht einmal beantwortet.

Und dann wird's wieder sehr österreichisch. In den ersten Jännertagen des Jahres 1919 erscheint Staatskanzler Karl Renner unangemeldet in Schloss Eckartsau, um mit Karl über die Möglichkeiten einer geordneten Ausreise in ein Exilland zu verhandeln. Doch der abgesetzte Kaiser fühlt sich immer noch dem Spanischen Hofzeremoniell verpflichtet, das es der Apostolischen Majestät nicht erlaubt, eine Person, wer auch immer sie sein möge, unangemeldet in Audienz zu empfangen. Andererseits will man nicht unhöflich sein, also wird Karl Renner im Erdgeschoss des Schlosses in Anwesenheit eines kaiserlichen Adjutanten mit einem Mittagessen verköstigt, während sich Karl und Zita im ersten Stock aufhalten. Ohne einander zu sehen, geschweige denn miteinander gesprochen zu haben. Nach dem Mittagessen reist Renner unverrichteter Dinge zurück nach Wien.

Dort löst man das Problem auf andere Weise. Mitte März 1919 werden dem Ex-Kaiser die Bedingungen der Regierung unterbreitet. Karl habe die Möglichkeit, auf alle Rechte als Monarch zu verzichten, also auch formell abzudanken und fortan mit seiner Familie als einfacher Bürger in Österreich zu leben. Falls er die

Abdankung verweigere, müsse er das Land verlassen. Sei er zu keinem der beiden Schritte bereit, habe er mit seiner Internierung zu rechnen.

Karl entscheidet sich für Variante zwei: Exil ohne Abdankung – wobei die zukunftsweisenden Entscheidungen in diesen wohl bittersten Stunden des Hauses Habsburg im Wesentlichen von seiner viel stärkeren Frau Zita getroffen werden.

Am 23. März 1919 ist es so weit, in der Schlosskapelle von Eckartsau wird vom ehemaligen Burgkaplan, Bischof Ernst Seydl, eine Messe gelesen, bei der Karls ältester Sohn, der sechsjährige Kronprinz Otto, ministriert. Während des Gottesdienstes fährt der ehemalige k. u. k. Hofzug – bestehend aus drei Salonwagen, einem Speise- und einem Küchenwagen, zwei Gepäckwaggons und einem offenen Güterwaggon für die Autos – in den bei Eckartsau gelegenen Bahnhof Kopfstetten ein. Die Regierung hat Karls Bedingung stattgegeben, ihn »wie einen Kaiser und nicht wie einen Dieb« ausreisen zu lassen. Er begibt sich mit seiner Familie zum Bahnhof und besteigt, begleitet von den letzten Getreuen, einen der Salonwagen, die einmal noch den Glanz der Donaumonarchie demonstrieren. Rund 2000 Menschen sind gekommen, um »ihren« Karl zu verabschieden, ein letztes Mal wird im Beisein eines österreichischen Kaisers die Kaiserhymne intoniert, die meisten Anwesenden haben Tränen in den Augen, auch der Kaiser. Der winkt aus dem Fenster des Zuges und ruft den Anwesenden »Auf Wiedersehen, meine Freunde« zu. Dann dreht sich der Kaiser um und sagt traurig zu dem mitreisenden Engländer Edward Lisle Strutt: »Und das nach siebenhundert Jahren!«

König George hat dem ins Exil reisenden Kaiser wenn schon keine Truppen, so doch einen Sicherheitsoffizier zur Seite gestellt. »Der Kaiser«, notiert Oberstleutnant Strutt in seinem Tagebuch, »ist ein ungemein liebenswürdiger, wenn auch schwacher Mensch«, Kaiserin Zita bezeichnet er als »das eigentliche Familienoberhaupt«.

Die weiteren Begleiter auf der historischen Abreise sind Karls Mutter, Erzherzogin Maria Josepha, die Adjutanten und Sekretäre Zeno von Schonta, Graf Ledochowsky und Karl von Werkmann,

Kaiserin Zita geb. Bourbon-Parma *9.5.1892 Camaiore/Italien, †14.3.1989 Zizers/Schweiz. Ehefrau von Kaiser Karl I., fünf Söhne und drei Töchter.

die Kinderfrau Therese Kerssenbrock, Bischof Seydl, die Gräfinnen Agnes Schönborn und Bellegarde sowie fünf Dienerinnen und vier Diener.

Um den »standesgemäßen Lebensunterhalt« im Exil finanzieren zu können, hat der kaiserliche Hof zehn Tage vor dem Zusammenbruch der Monarchie durch seinen Oberstkämmerer Leopold Graf Berchtold erlesene Geschmeide in die Schweiz bringen lassen, darunter acht Collanen des Ordens vom Goldenen Vlies, die mit lothringischen Edelsteinen besetzte österreichische »Kaiserinnenkrone«, das berühmte doppelte Perlencollier Maria Theresias und den noch berühmteren »Florentiner«, einen Diamanten, der mit 133,5 Karat das weltweit größte rosenfarbene Juwel seiner Art darstellt. Diese Gegenstände von unschätzbarem Wert wurden in Tresoren der Schweizer Nationalbank in Bern deponiert.

Bei der Abreise aus Österreich übergeben Karl und Zita nun dem hundert Prozent loyalen Engländer Strutt eine schwere Kiste mit weiteren Pretiosen sowie einen dicken Umschlag mit Bargeld und persönlichen Dokumenten. Der Offizier legt die wertvolle Truhe zu seinem Gepäck.

Um 19.05 Uhr läuft der Sonderzug aus dem Bahnhof Kopfstetten aus, die Reise geht über Tirol und Vorarlberg Richtung Schweiz. In Feldkirch unterzeichnet der Kaiser das sogenannte *Feldkirchner Manifest*, dessen Inhalt erst nach Überschreiten der Grenze bekannt gegeben wird. Karl betont darin, dass alle seit dem 11. November 1918 von der österreichischen Regierung und vom Parlament beschlossenen Belange »für Mich und Mein Haus null und nichtig sind«, mit anderen Worten: Er sieht sich auch im Exil als rechtmäßiger Kaiser von Österreich und König von Ungarn. In Feldkirch legt er die Uniform eines österreichischen Feldmarschalls ab, um in Zivil über die Grenze zu fahren.

Am 24. März 1919 um 15.45 Uhr überquert der »Kaiserzug« den Rhein und fährt in die Schweizer Grenzstation Buchs ein, wo sich eine große Menschenmenge eingefunden hat, darunter Abgesandte der Schweizer Regierung. Dennoch muss Kaiser Karl auch hier Demütigungen erfahren, so werden seinem Adjutanten Ledochowsky die Bedingungen des Aufenthalts in dem neutralen Gastland vorgetragen: Karl habe sich jeglicher Propaganda zu enthalten und nichts zu unternehmen, was den Schweizer Behörden diplomatische Unannehmlichkeiten bereiten könne, andernfalls würde der Bundesrat die Aufenthaltsgenehmigungen zurückziehen.

In der Schweiz angekommen, ist die Mission des britischen Offiziers Strutt beendet, er übergibt Karl und Zita die ihm anvertrauten Wertgegenstände und verabschiedet sich. Das Kaiserpaar hält sich zunächst acht Wochen in Schloss Wartegg bei Rohrschach im Kanton St. Gallen auf, das Zitas Familie Bourbon-Parma gehört. Danach nimmt die Flüchtlingsgruppe Quartier in der Villa Prangins am Genfer See. Hier findet Ex-Kaiser Karl nach den aufreibenden Kriegsjahren und den Anspannungen der Flucht zum ersten Mal Zeit und Muße, sich mit seinen Kindern zu beschäftigen. Gemeinsam mit ihnen unternimmt er einen Ausflug auf die Habichtsburg, das Stammschloss der Habsburger im Kanton Aargau. Es ist wohl ein sehr sentimentaler Besuch für Karl, denn von hier aus war Rudolf von Habsburg im Jahre 1273 als eher unbedeutender Graf losgezogen, um zum ersten habsburgischen Herrscher des römisch-deutschen Reichs gewählt zu werden und das Herzogtum Österreich zu erobern. Und nun steht Karl als vom Thron verjagter, letzter Regent seines Geschlechts an diesem historischen Ort.

Während des Aufenthalts am Genfer See beschließen Parlament und Regierung in Wien die »Habsburgergesetze«, mit

Mit dem »Kaiserzug« ins Exil: Zita und Karl in der Schweiz, Oktober 1921

denen die Privilegien des Herrscherhauses aufgehoben und die Vermögenswerte eingezogen werden. Nicht genug damit, werden Zita und Karl die Schmuckstücke, die sie in den letzten Kriegstagen in die Schweiz geschickt und auch jene, die sie selbst mitgebracht haben, von einem Betrüger, der sich Baron Steiner nennt, »abgenommen«. Er gibt an, die Wertsachen für sie »gut anlegen« zu wollen, bleibt danach jedoch für alle Zeiten unauffindbar. Der Schaden ist gewaltig und erschwert den Exilaufenthalt der kaiserlichen Familie enorm. Wie es passieren konnte, dass Kaiser Karl einem Fremden fast sein gesamtes Hab und Gut anvertraute, bleibt rätselhaft.

In der Villa Prangins am Genfer See bringt Zita Sohn Rudolf und Tochter Charlotte zur Welt, das achte Kind Elisabeth wird dann in Spanien geboren – zwei Monate nach Karls Tod.

Kaiser Karl glaubt immer noch an die Möglichkeit einer Rückkehr auf den Thron. In Ungarn unternimmt er 1921 gleich zwei Restaurationsversuche, die kläglich scheitern. Sein militärischer Berater in diesen Belangen ist Oberst Anton von Lehár, der Bruder des Operettenkomponisten. Die Weigerung einer formellen Abdankung und seine Versuche, gegen alle Abmachungen die ungarische Krone wiederzuerlangen, führen zur vorübergehenden Inhaftierung Karls in der Benediktinerabtei Tihany am Plattensee, von wo er im Auftrag der Ententemächte samt Gemahlin Zita per Schiff auf die portugiesische Insel Madeira gebracht wird.

Hier lebt er ab 19. November 1921 in Verbannung, die Kinder kommen drei Monate später nach. Der Ex-Kaiser wohnt mit seiner Familie vorerst im Hotel Victoria in der Hauptstadt Funchal. Als ihnen das Geld ausgeht, übersiedeln sie in das Herrenhaus Quinta do Monte, das ihnen ein kaisertreuer Bankier zur Verfügung stellt. Am 9. März 1922 zieht sich Karl eine Verkühlung zu, doch wird aus Kostengründen vorerst kein Arzt gerufen. Endlich kommt am 21. März ein Mediziner, doch da ist es bereits zu spät, der Kaiser hat eine schwere Lungenentzündung, der er am 1. April im Alter von 34 Jahren erliegt.

Zita überlebt ihren Mann um 67 Jahre. Sie wird die Trauerkleidung nach seinem Tod nie wieder ablegen.

»DAS WORT SCHMERZ IST LÄCHERLICH GEWORDEN«

Arthur Schnitzlers Familienkatastrophe, 26. Juli 1928

Arthur Schnitzler schreibt im Sommer 1928 an der *Abenteurernovelle,* in der er sich mit dem Motiv des plötzlich hereinbrechenden Todes auseinandersetzt. Doch am 26. Juli dieses Jahres wird die literarische Form des Sterbens von der grausamen Realität abgelöst. Seine über alles geliebte Tochter hat sich das Leben genommen.

Die achtzehnjährige Lili Schnitzler ist seit einem Jahr mit Arnoldo Cappellini, einem mussolinitreuen Milizhauptmann verheiratet, den sie während eines Italien-Urlaubs kennengelernt und mit dem sie eine Wohnung in Venedig bezogen hat. Im Frühjahr 1928 hat Schnitzler erste irritierende Nachrichten erhalten, als Lili ihm schreibt, mit seinen monatlichen Zahlungen nicht mehr auszukommen und dass sie und Arnoldo die Absicht hätten, Schauspieler zu werden. Am 26. Juli langt ein Telegramm seines Schwiegersohnes mit den Worten »Lili schwer erkrankt« ein. Schnitzler und Lilis Mutter Olga – von der der Dichter seit sieben Jahren geschieden ist – fliegen sofort nach Venedig, doch als sie ankommen, ist Lili bereits tot.

Arnoldo schildert Schnitzler, was passiert ist: Er und seine junge Frau hatten Streit. Plötzlich nimmt Lili seine Dienstpistole und geht ins Badezimmer. Ein Schuss fällt. Das venezianische Hausmädchen Rita eilt herbei, findet Lili blutend an das Waschbecken gelehnt. Auf Ritas Frage, was passiert sei, antwortet sie: »Ein Augenblick der Nervosität.« Das sind ihre letzten Worte, Lili verliert das Bewusstsein. Sie wird ins Krankenhaus gebracht und operiert, die Verletzung ist nicht lebensgefährlich, aber die Kugel, die in die Brust gedrungen ist, ist verrostet. Lili stirbt an einer Blutvergiftung.

Die Eltern sind wie von Sinnen. Arthur Schnitzler hat alle Tragödien beschrieben, die einem Menschen widerfahren können. Er

*Arthur Schnitzler * 15. 5. 1862 Wien, †21. 10. 1931 Wien. Arzt und Schriftsteller. Liebelei (1895), Leutnant Gustl (1900), Der einsame Weg (1904), Das weite Land (1911), Professor Bernhardi (1912).*

hat Figuren leben, lieben und sterben lassen, sich in deren Qualen hineinversetzt. Aber das schlimmste Unglück selbst erleben zu müssen – damit hat er nicht gerechnet. Er ist 67 Jahre alt und ein gebrochener Mann. Auch wenn er seine Arbeit wieder aufzunehmen versucht. »Jeder Satz, den ich beginnen will«, schreibt er der mit ihm befreundeten Schriftstellerin Clara Katharina Pollaczek, »zerbricht in seiner Unzulänglichkeit, und das Wort Schmerz ist lächerlich geworden, denn nun weiß ich, dass ich das erste Mal erlebe, was Gott damit gemeint hat.«

Olga erzählt, dass sie einige Tage vor der Katastrophe einer Graphologin einen Brief Lilis gezeigt habe. Als diese die Schrift sah, habe sie laut aufgeschrieen: »Ihre Tochter ist in höchster Lebensgefahr. Fahren Sie sofort zu ihr nach Venedig!«

Die Mutter sagt, sie habe die Worte der Graphologin nicht ernst genommen – und wird daran verzweifeln. Ebenso der Vater, dem pseudowissenschaftliche Gutachten suspekt sind, aber bei diesem ist es anders.

Drei Jahre hat Arthur Schnitzler noch zu leben. »Ich habe ihn nie mehr gut gelaunt oder gar lachend gesehen«, erzählte mir seine Schwiegertochter Lilly.* »Seine ganze Persönlichkeit war geprägt von Lilis Tod, er hat sich von dieser Katastrophe nicht erholt, konnte sich nicht erholen. Der Umstand, dass Olga nicht rechtzeitig nach Venedig gereist war, stand immer im Raum. Es gab in der Familie den Vorwurf, sie hätte die Tragödie möglicherweise verhindern können, wäre sie nicht so egozentrisch gewesen.«

Dem gebrochenen Vater werden Lilis Tagebücher überreicht, die sie – wohl nach seinem Vorbild – jahrelang geführt hat, in denen Lebensfreude und Todessehnsucht einander abwechseln. Arthur Schnitzler liest, aus Venedig zurückgekehrt, die Erinnerungen seiner Tochter, analysiert ihre psychischen Probleme, auch aus der Sicht des Arztes, zitiert in seinem eigenen Tagebuch: »Lese nachmittags Lilis Tagebuch 1925-26 – es ist nur ein Theil ihres

---

* Lilly Schnitzler, geb. Strakosch (1911–2009), war die Schwiegertochter des Dichters, nicht zu verwechseln mit seiner Tochter Lili (1909–1928).

Wesens drin, und nicht der beste …« Ihre Notizen sind voller heikler Aufzeichnungen und offenbaren eine zügellose erotische Phantasie, einmal eine Schwärmerei für den Schauspieler Conrad Veidt, dann ihre Liebesgeschichte mit Arnoldo in Venedig. Doch schon im August 1927, zwei Monate nach der Hochzeit mit ihrem »Traummann«, schreibt sie: »Ich möchte sterben!«

Arthur Schnitzler studiert jedes Wort, sucht nach Gründen für die Tat, fragt sich, wie sich ein so bezauberndes, schönes Mädchen von einem Tag zum anderen das Leben nehmen kann. Am 16. August 1928 schreibt er in sein eigenes Tagebuch: »Zukunfts- und Lebensangst, mit glühender Liebe für Arnoldo. Warum Lili – warum Lili. Ich frage immer warum, so klar mir äußerlich der Zusammenhang ist.« Letztlich findet er keine rationale Erklärung und führt den Selbstmord auf eine plötzliche und momentane geistige Verwirrung zurück. Er hat die psychischen Störungen sei- ner Tochter schon in ihrer Kindheit erkannt, Lili aber so geliebt, dass er zu keiner Zeit dazu in der Lage war, ihre Extravaganzen wirklich ernst zu nehmen, geschweige denn sie in Behandlung zu schicken. Nichts von dem psychologischen Wissen, das er sich während seines Medizinstudiums – und wohl auch als Dichter – angeeignet hat, hilft ihm weiter: »Die Differenz zwischen ihren geistig völlig leeren Notizen und dem klaren, klugen, interessier- ten Wesen, das sie damals war – auch von geistiger Anmut, ist unfassbar. Unfassbarer als alles, dass sie nicht mehr da ist, und dass man weiterlebt und sozusagen (beinah) arbeitet!«

Voller Verzweiflung findet er noch die an Clara Pollaczek gerich- teten Worte: »Fort ist sie – mit ihren 18 Jahren aus der Welt, die- ses himmlische einzige! Wesen – nie nie kommt sie wieder – und aus diesen Tiefen der Verzweiflung gibt es kein hinauf.«

Am 7. August 1928 erscheint Alma Mahler, ihren Urlaub mit Franz Werfel am Semmering unterbrechend, zum Essen in Schnitzlers Haus in der Wiener Sternwartestraße. Neben dem Hausherrn sind seine geschiedene Frau Olga, Sohn Heinrich und Schwiegersohn Arnoldo, der für ein paar Tage nach Wien gekom- men ist, anwesend. »Ich fand einen gelben, erloschenen Greis und eine schwarz gekleidete Mutter«, schildert Alma Mahler-Werfel in

Den Tod seiner Tochter nie verwunden: Lili und Arthur Schnitzler

ihren Erinnerungen die Atmosphäre der Trauer im Hause Schnitzler. »Der schöne düstere Schwiegersohn sprach unausgesetzt, als hätte er eine Schuld zu vertuschen. Bald sprach er französisch, bald italienisch und tat mit viel Gesten und Ausrufungen sein Unheil kund. Die war auch groß genug. Er wurde strafweise nach Süd-Sizilien geschickt, denn Mussolini duldete keine Skandalaffären im Heer. Der einzige, der ruhig, anständig, gefasst abseits stand und doch alles lenkte, war der junge Schnitzler, der das Herz am rechten Fleck zu haben scheint. Olga Schnitzler war die erste, die mir mit einem Weinkrampf in die Arme sank. Mir war elend zumute, als ich Arthur Schnitzler entgegentrat. Er umarmte mich und weinte furchtbar ... Schnitzler sagte: ›Als ich im Jahre 1907 Gustav Mahler auf einer Bank in Schönbrunn ganz allein und trauernd sitzen sah, den Kopf gesenkt – es war dies nach dem Tode

Ihrer Tochter Maria* –, da dachte ich mir: wie kann dieser Mann das überleben?«« Und nun, gut zwei Jahrzehnte danach, ist er selbst in eine solche Situation geraten und weiß für sich ebenso wenig eine Antwort.

Olga Schnitzler hofft in diesen Tagen, dass der gemeinsam erlittene Schmerz sie und ihren geschiedenen Mann wieder zusammenbringen könne. Als sie am 26. August 1928, wie fast immer in diesem Sommer, über Lili sprechen, bemerkt Schnitzler, dass er und Olga heute ihren Silbernen Hochzeitstag hätten. Sie fallen einander »in unsäglicher Verzweiflung und in schmerzlicher Liebe« in die Arme. Olga bittet Arthur, wieder mit ihm leben zu dürfen, doch für ihn kommt das nicht infrage.

Lili ist an jedem Tag, zu jeder Stunde präsent. Am 3. September 1929 notiert Schnitzler, dass seine Tochter ihren neunzehnten Geburtstag feiern würde, und zwei Wochen später, als er wieder einmal damit beschäftigt ist, ihre Briefe und Tagebuchnotizen zu ordnen: »Sehnsucht, Verzweiflung, unstillbare Thränen. Mein Kind, mein Kind, mein Kind.« Lili ist nun auch in seinen Träumen allgegenwärtig.

Am 20. Oktober 1931 überrascht Schnitzler Clara Pollaczek zum ersten Mal seit der Katastrophe mit ungewöhnlich positiven Worten: »Das Leben ist doch schön und interessant, ich möchte um der schönen Stunden willen gleich noch einmal leben.« 24 Stunden später findet ihn die Freundin bewusstlos in seinem Arbeitszimmer und »hielt seinen Kopf in meinen Händen bis zu seinem letzten Atemzug«.

Schnitzler hat die *Abenteurernovelle*, an der er arbeitete, als seine Tochter starb, nie fertiggestellt, er hat die Kraft nicht mehr gefunden, sich mit dem Thema Tod auseinanderzusetzen. Die *Abenteurernovelle* sollte in Italien handeln – wenn auch um 1520, in der Blütezeit der Renaissance.

---

* Maria Mahler (1902–1907), die erstgeborene Tochter Alma und Gustav Mahlers, starb an Diphtherie.

»ICH HÄTTE ES MEINEM BRUDER NICHT GEGLAUBT«

Hermann Leopoldi *entkommt dem Konzentrationslager, 21. Februar 1939*

*Hermann Leopoldi, eigentlich Hersch Kohn * 15. 8. 1888 Wien, †28. 6. 1959 Wien. Kabarettist, 1938 von der Gestapo verhaftet, überlebt die Konzentrationslager Dachau und Buchenwald.*

Sein Überleben gleicht einem Wunder. Juden entkamen dem Naziterror nur in Ausnahmefällen – am ehesten, wenn es ihnen gelang, Österreich entweder vor oder in den ersten Tagen nach dem »Anschluss« zu verlassen. Dass jemand aber als KZ-Häftling während des »Tausendjährigen Reichs« die Freiheit erlangte – das kam fast nie vor. Dem beliebten Wiener Kabarettisten und Klavierhumoristen Hermann Leopoldi ist es gelungen.

Eigentlich wollte Hermann Leopoldi die nunmehrige »Ostmark« bereits im Mai 1938 verlassen. Das Glück schien auf seiner Seite, da seine Schwiegereltern seit 1930 in den USA lebten und bereits amerikanische Staatsbürger waren. Als solche stellten sie nach dem »Anschluss« mehrere Affidavits aus – also Garantieerklärungen, durch die sie sicherstellten, dass die betreffenden Immigranten dem amerikanischen Staat in finanzieller Hinsicht nicht zur Last fallen würden. Diese Garantien galten für ihre Tochter Eugenie, deren Mann Hermann Leopoldi und andere Familienmitglieder.

Die Papiere für die Ausreise des gerade fünfzigjährigen Hermann Leopoldi waren bereit, es fehlten nur noch das für die Einreise in die USA erforderliche »Sittenzeugnis« und ein ärztliches Attest, die man beim amerikanischen Konsulat vorzuweisen hatte. Beides waren Formalitäten, die keinerlei Probleme bereiten sollten. Doch dazu kam es nicht mehr. »Zehn Tage vor dem Konsulartermin«, schreibt Leopoldi in seinen Memoiren, »wurde ich um sechs Uhr früh aus der Wohnung* zu einer ›Auskunft‹ auf das Polizeikommissariat Landstraße abgeholt. Dort fragte man mich: ›Haben Sie bei der Vaterländischen Front gesungen? – Waren Sie

---

* Hermann Leopoldi wohnte damals in Wien III., Marxergasse 25.

Mitglied der Vaterländischen Front? – Sind Sie homosexuell? – Hatten Sie intimen Verkehr mit arischen Mädchen?‹ Es war sicher egal, welche Antworten ich darauf gegeben hätte.«

Der prominente Komponist und Interpret populärer Schlager wie *In einem kleinen Café in Hernals, I bin a stiller Zecher* oder *Schön ist so ein Ringelspiel* wurde in das Gestapo-Gefängnis in der Karajangasse in Wien-Brigittenau gebracht und von dort per Bahn nach München. »Was sich damals auf dieser Fahrt abspielte, was die Häftlinge an Quälereien und Schikanen erdulden mussten, ist ob seiner Unmenschlichkeit unbeschreiblich«, erinnerte sich Leopoldi. »Zehn Stunden mussten wir, die Hände auf die geschlossenen Knie gelegt, sitzen und kontinuierlich in das Licht schauen. Wem vor Müdigkeit die Augen zufielen, der wurde einfach blutig geschlagen. Es war nicht erlaubt zu sprechen oder hinauszugehen, um seine Notdurft zu verrichten.«

Von München weg wurden die Gefangenen in Viehwaggons nach Dachau deportiert. »Dort empfing uns die mit Maschinenpistolen und Peitschen bewaffnete SS, und wir mussten den einen Kilometer langen Weg bis zum Lager im Laufschritt zurücklegen. Im Lager selbst ließ man uns noch eine Ewigkeit stramm stehen, und es war uns noch immer nicht erlaubt auszutreten oder gar Wasser zu trinken. Nach stundenlangem Warten, bei dem wir uns immer wieder die bange Frage stellten, ›Was wird mit uns geschehen?‹, wurde uns der Kopf rasiert und wir mussten alles ablegen, was wir noch bei uns hatten …«

Der ebenfalls in Dachau inhaftierte Wiener Journalist Maximilian Reich schreibt in seinen Erinnerungen: »An den Sonntagnachmittagen gaben Fritz Grünbaum, Paul Morgan und Hermann Leopoldi, die berühmtesten Kabarettisten Österreichs, Veranstaltungen. Wie einst in besseren Tagen oder Silvesternächten zogen sie mit Sketches oder heiteren Vorträgen von Lokal zu Lokal, das heißt hier von Baracke zu Baracke. Die Vorstellungen waren nicht erlaubt, sie waren aber auch nicht verboten. Auch das entsprach der Dachauer Methode. Niemals konnten sich Darsteller und Zuschauer ruhig dem Genuss dieser Viertelstunden hingeben, da sie stets auf Störungen von Seiten der SS gefasst sein mussten.«

Leopoldis Haft war die Folge eines Irrtums. Zwar wurden schon in den ersten Tagen des Naziregimes Österreicher aus politischen und »rassischen« Gründen festgenommen, aber bei Hermann Leopoldi kam als erschwerend hinzu, dass man ihm vorwarf, das 1936 im Auftrag von Bundeskanzler Kurt Schuschnigg entstandene *Dollfußlied* komponiert zu haben, einen Lobgesang also auf den von den Nationalsozialisten gehassten und von ihnen ermordeten Regierungschef.

Nun war Hermann Leopoldi so manches »vorzuwerfen« – mit dem *Dollfußlied* hatte er jedoch absolut nichts zu tun, die Worte der Hymne auf den toten Kanzler (»*Ihr Jungen, schließt die Reihen gut/Ein Toter führt uns an/Er gab für Österreich sein Blut/Ein wahrer deutscher Mann*«) stammten von Rudolf Henz, die Musik von Alois Dostal.

Durch einen Zufall bekam Leopoldi in Dachau eine Ausgabe des *Völkischen Beobachters* in die Hand, »aus dem ich erfuhr, dass man mir ankreiden wollte, ich sei der Komponist der seinerzeitigen Dollfußhymne, um einen stichhaltigen Grund für meine Verhaftung zu finden.«

Leopoldi schrieb sofort an seine Frau nach Wien, sie möge der Gestapo mitteilen, dass dieses Lied weder von ihm verfasst noch je von ihm vorgetragen wurde, dass es sich bei seiner Verhaftung also um einen offensichtlichen Irrtum handelte. Die Geheime Staatspolizei ging der Sache nach, was nichts daran änderte, dass Leopoldi am 22. September 1938 als einer von mehreren Tausend Juden mit einem Lastwagentransport von Dachau nach Buchenwald verlegt wurde.

Er arbeitete hier zunächst unter unsäglichen körperlichen Qualen im Steinbruch, nach einiger Zeit gelangte er in die etwas weniger kraftraubende Maurerkolonne, ehe er mit Fritz Grünbaum und Paul Morgan in die Strumpfstopferei eingeteilt wurde.

Wenn Hermann Leopoldi in seinen *Autobiographischen Aufzeichnungen* über die beiden Konzentrationslager schreibt, die er erleiden musste, kommt er zwar auf die Hartherzigkeit der Wachmannschaften zu sprechen, spart aber deren tatsächliche Brutalität aus. Man merkt seinen Lebenserinnerungen an, dass sie nur vier Jahre nach dem Krieg entstanden, als man mit der vollen Wahrheit noch nicht konfrontiert werden wollte. Leopoldi musste an sein österreichisches Publikum denken, und er musste einen Verlag finden, der sein Buch drucken würde. So »vergaß« er auch zu erwähnen, dass die Nazis bei einem Pogrom im November 1938 rund 12 000 Juden nach Buchenwald regelrecht geprügelt haben: »Als sie eingeliefert wurden, stand die SS bei deren Einmarsch mit Knüppeln und Peitschen bewaffnet Spalier, so dass nur ganz wenige unverletzt das Lager überhaupt erreichten«, hinterließ der Buchenwald-Häftling Emil Carlebach. »Durch die Unterbringung dieser Tausenden in fünf Notbaracken ohne Latrinen, ohne sanitäre Einrichtungen, ohne Strohsäcke und Decken, zu vieren übereinander liegend, entstand in der ersten Nacht infolge der Misshandlungen durch die SS, die mit Peitschen und Pistolen die Menschen durcheinander jagte, ein solches Chaos, dass man daraus willkommener Weise eine Meuterei konstruieren konnte.« Auf die neuen Häftlinge wurden in dieser Nacht scharfe Hunde gehetzt, siebzig von ihnen verloren den Verstand, wurden in einen Verschlag gesperrt und von SS-Oberscharführer Martin Sommer (»Der Henker von Buchenwald«) persönlich erschlagen. Leopoldi berichtet auch nicht, dass er am 10. Dezember 1938 seinen toten Freund Paul Morgan gemeinsam mit Fritz Grünbaum vom Krankenrevier zum Lagertor tragen musste.

Mit dem ebenfalls inhaftierten Lehár-Librettisten Fritz Löhner-Beda verfasste Hermann Leopoldi im Auftrag des stellvertretenden Lagerkommandanten Arthur Rödl den *Buchenwaldmarsch*, den die Häftlinge nun bei allen Gelegenheiten singen mussten – ohne dass Rödl die revolutionäre Note des Liedes erfasste: »*Oh Buchenwald! Ich kann Dich nicht vergessen/Weil Du mein Schicksal bist/Wer Dich verließ, der kann es erst ermessen/Wie wundervoll die Freiheit ist ...*«

Das Unglaubliche geschah, dass Leopoldi es bald wieder ermessen konnte, »wie wundervoll die Freiheit ist«: Infolge der Intervention seiner Frau wurde er am 21. Februar 1939 tatsächlich nach knapp neun Monaten Lagerhaft entlassen. Von der Familie

»freigekauft«, gelangte er über Wien, Berlin und Hamburg per Schiff nach New York, wo der populäre Künstler von Reportern und Pressefotografen erwartet wurde. »In überschäumender Freude und einem beseligenden Glücksgefühl, dass alles Schlimme nun wie ein böser Traum weit hinter mir lag, kniete ich nieder und küsste die amerikanische Erde, die Erde, jenes Landes, das mir den Glauben an die Menschlichkeit und an die Freiheit wiedergegeben hatte.« Das Foto, wie der »Famous Viennese Songwriter« bei seiner Ankunft amerikanischen Boden küsste, ging um die Welt.

Hermann Leopoldi, einer der populärsten Kabarettisten und Wienerliedsänger, wurde von den Nationalsozialisten verhaftet. Doch er kam wie durch ein Wunder frei und konnte in die USA emigrieren.

In New York trat Hermann Leopoldi in den Emigrantenlokalen Original Alt Wien und Viennese Lantern und sogar am Broadway auf und sang dort seine alten Schlager, oft in englischer Übersetzung und gemeinsam mit seiner neuen Bühnen- und

Lebenspartnerin Helly Möslein. Die Ehe mit Eugenie, die ihn aus dem Konzentrationslager geholt hatte, wurde 1950 geschieden.

Die Bars, in denen Hermann Leopoldi, Helly Möslein, aber auch Karl Farkas, Armin Berg und andere Wiener Kabarettstars jetzt auftraten, wurden zu Treffpunkten prominenter Künstler und Emigranten wie Ingrid Bergman, Rita Hayworth, Lotte Lehmann, Walter Slezak, Fritz Kreisler und Otto von Habsburg. »Wenn ich heute darüber nachdenke«, erinnerte sich Leopoldi später, »so bin ich in gewissem Sinne eigentlich darüber froh, all diese Scheußlichkeiten und Brutalitäten im Konzentrationslager miterlebt zu haben, denn ich hätte es meinem eigenen Bruder nicht geglaubt, wenn er mir erzählt hätte, dass Menschen von heute solcher Grausamkeiten fähig sind.«

Sein eigener Bruder Ferdinand hat diese Grausamkeiten selbst in Gestapo-Haft erfahren – und nicht überlebt.

*Helly Möslein
* 4. 8. 1914 Wien,
† 6. 7. 1998 Wien.
Soubrette und
Kabarettistin.
Lernt 1939 in den
USA Hermann
Leopoldi kennen.
1955 wird der
gemeinsame Sohn
Ronald Leopoldi
geboren.*

»UMWEGE, DIE UNSER LEBEN NIMMT«

Heimito von Doderer und die Strudlhofstiege,
9. Juni 1948

Heimito von Doderer *5. 9. 1896 Weidlingau, †23. 12. 1966 Wien. Schriftsteller: Ein Mord, den jeder begeht (1938), Die Strudlhofstiege (1951), Die Dämonen (1956) u. a.

Er ist im dritten Wiener Gemeindebezirk aufgewachsen. Doch die Stufen, die die Liechtensteinstraße im neunten Bezirk mit der etwas höher gelegenen Strudlhofgasse verbinden, hat er schon in seiner Kindheit kennengelernt. Heimito von Doderers Vater war ein kleinadeliger Eisenbahnbauingenieur, der an der Planung der Wiener Stadtbahn mitgearbeitet hat, sein Urgroßonkel war der Dichter Nikolaus Lenau. Doderer begann sich während des Zweiten Weltkriegs mit dem Thema zu befassen, das der Strudlhofstiege zu literarischen Ehren verhalf. Der Dichter sah in der vielfach gewundenen Treppenanlage die »Umwege, die unser Leben nimmt«. Entstanden ist der Großstadtroman dann in den ersten Nachkriegsjahren, als Doderer – wie so oft – in prekären ökonomischen Verhältnissen lebte. Da Kaffee und Zigaretten seine wichtigsten »Arbeitsbehelfe« waren, blieb ihm kaum Geld für Nahrungsmittel, sodass er sich, just als er an seinem bekanntesten Werk arbeitete, in einem bedenklichen Gesundheitszustand befand.

Dass er mit einem dermaßen überragenden Erfolg der *Strudlhofstiege* nicht rechnete, zeigt die Tatsache, dass der promovierte Historiker kurz vor Erscheinen des Romans eine Anstellung als Archivar erwogen hat. Diese anzunehmen war nach den ersten Tantiemenzahlungen nicht mehr nötig.

Doderers Buch habe »mit sanftem Nachdruck auf die bis dahin unbeachtete Schönheit dieser Treppenanlage am Wiener Alsergrund aufmerksam gemacht und sie in das Bewusstsein der Bewohner Wiens gehoben«, meinte der Germanist Wendelin Schmidt-Dengler. Im Mittelpunkt des Romans *Die Strudlhofstiege* steht ein Offizier namens Melzer, der sich in die schöne Mary K. verliebt, deren Verbindung am gesellschaftlichen Druck in der zu

Ende gehenden Monarchie scheitert. Jahre später, am 21. September 1925, trifft Melzer die Freundin in einer dramatischen Situation wieder: als er am Fuße der Strudlhofstiege zufällig Zeuge eines Unfalls ist, bei dem Mary von einer Tramway überfahren wird und ihr rechtes Bein verliert. In der Handlung verbergen sich neben autobiografischen Erinnerungen auch Doderer nahe stehende Personen wie seine Schwester Helga, deren Mann Ernö Hauer, sein Studienkollege Hans von Woynarowicz, den Doderer in der sibirischen Kriegsgefangenschaft wiedertreffen sollte, und seine frühere Frau Gusti Hasterlik.

Apropos Gusti, sie führt uns zu Doderers von Turbulenzen geprägtem Privatleben. Der Dichter hatte sich im Spätsommer 1921 in die Verlobte seines Freundes Ernst Pentlarz – auch ihm ist eine Figur in der *Strudlhofstiege* gewidmet – verliebt und sie ihm »ausgespannt« (womit die Freundschaft mit Ernst natürlich beendet war). Die Beziehung mit Gusti hielt mehr als zehn Jahre, doch kam es immer wieder zu schweren Zerwürfnissen und oftmaligen Trennungen. Doderer und Gusti Hasterlik, die Tochter eines jüdischen Zahnarztes, heirateten 1930, zwei Jahre später scheiterte die Ehe. Doderer sprach davon, dass ihn die aufwühlende Verbindung und ihr Ende schwer traumatisiert hätten. So schwer, dass er einen Wirklichkeitsverlust erlitt, den er schließlich (nicht sehr glaubhaft) dafür verantwortlich machte, am 1. April 1933 der österreichischen NSDAP illegal beigetreten zu sein. Im Gegensatz zu anderen Schriftstellern, die in den nun folgenden Jahren aber in ihrer Arbeit mit Blut- und Bodenliteratur propagandistisch tätig wurden, verzichtete Doderer auf eine solche Anbiederung. Allmählich setzte bei ihm eine Distanzierung vom Nationalsozialismus ein, die möglicherweise auch damit zu tun hatte, dass man von Seiten der Partei mit ihm offenkundig nichts anzufangen wusste. Die Entfremdung war also eine gegenseitige und führte dazu, dass er 1941 aus der NSDAP ausgeschlossen wurde.

Damit sind wir auch in dem Jahr angelangt, in dem laut Doderers Tagebuchnotizen die ersten Motive der *Strudlhofstiege* skizziert werden, in denen er den Alsergrund als »geistigstes Viertel von Wien« entdeckt. Doch der Dichter muss an die Front, nach

Frankreich und Russland, wo er als Hauptmann der Luftwaffe abrüstet. Im Jänner 1946 kehrt er nach kurzer Kriegsgefangenschaft nach Wien zurück und nimmt die unterbrochene Arbeit an der *Strudlhofstiege* wieder auf. »Heute trotz allem …: erste Textseite für die *Strudlhofstiege*«, notiert er am 3. Juli 1946. Fast genau zwei Jahre später, am 9. Juni 1948, beendet er die Arbeit am

»*Servus Melzer!*«, *rief Heimito von Doderer, wenn er von seiner Wohnung zu der durch ihn berühmt gewordenen Strudlhofstiege spazierte.*

Manuskript, »jener Ode mit vier Strophen … in Gestalt einer Treppenanlage«.

Es dauert weitere drei Jahre, bis der Roman 1951 veröffentlicht wird und Doderer mit einem Schlag in der literarischen Welt etabliert. Das Buch verschafft aber auch der vom Wiener Architekten Theodor Johann Jaeger geplanten und im Herbst 1910 eröffneten Stiege plötzlich weltweite Berühmtheit, Touristen aus aller Herren Länder pilgern in den Alsergrund. Benannt ist die Stiege nach dem Bildhauer und Maler Peter Strudl, der von 1690 bis 1714 am Rande des späteren Stufengeländes eine private Malerschule betrieb.

Als Doderer ab 1956 – dem Erscheinungsjahr seines zweiten Mammutwerks, *Die Dämonen* – auf der Währinger Straße Nr. 50 wohnt, spaziert er immer wieder die paar Schritte zu »seinen« Stufen hinüber, an deren unterster er oft stehen bleibt, das Leben und Treiben der sich dort aufhaltenden Menschen beobachtet und dann mit seiner rauchig-heiseren Stimme »Servus, Melzer!« ruft.

Ein Jahr nach dem Erfolg der *Strudlhofstiege*, am 25. September 1952, heiratet der nun bekannte und erfolgreiche Romancier Maria Emma Thoma, die er bereits 1938 in einem Zirkuszelt kennengelernt hat. Das Paar lebt von Anfang an getrennt – sie in ihrer bayerischen Heimatstadt Landshut, wo sie als Geschäftsfrau tätig bleibt, er in Wien – in einer »Sommer- und Silvester-Beziehung«: Nur diese Zeiten verbringen sie gemeinsam. Im Juni 1955 lernt Doderer bei einer Lesung die dreizehn Jahre jüngere Autorin Dorothea Zeemann kennen, die seine Geliebte wird und ihm bei der Erledigung des umfangreichen Briefverkehrs hilft. Ehefrau Maria droht aus Landshut mit Scheidung, wenn sich das nicht aufhört. Zumindest zur Durchführung der Korrespondenz heuert der Schriftsteller einen Studenten, den späteren Doderer-Biografen Wolfgang Fleischer, an.

Doderers in einen schäbigen Hinterhof blickende Wohnung bestand aus zwei Zimmern und einem winzigen Raum, in dem Küche und Bad untergebracht waren. Aber sie lag ganz nahe jener Stiege, die dem Dichter, als er bereits 55 Jahre alt war, zu seinem späten Durchbruch verholfen hatte.

»Ich sehe absolut gar nichts«

Fritz Grünbaums *letzte Vorstellung,*
10. März 1938

*Fritz Grünbaum
* 7. 4. 1880
Brünn, † 14. 1.
1941 KZ Dachau
(ermordet).
Kabarettist.
Kreiert mit Karl
Farkas die
Doppelconfé-
rence. 1938
Verhaftung und
Deportation.*

Ich habe Fritz Grünbaums Tonfall noch heute derart im Ohr, dass ich hoffe, die Pointen ganz im Sinne dieses großartigsten aller Brettl-Humoristen zu servieren«, sagte Karl Farkas, als er im Juli 1946 aus der Emigration nach Wien zurückkehrte und seines Freundes gedachte. »Erreichen kann ich seine Wirkung leider nicht, wie es auch nach mir wohl niemand können wird.«

Farkas konnte ebenso wenig fassen, was mit seinem Freund und langjährigen Doppelconférence-Partner geschehen war, wie zahllose Grünbaum-Fans, die in der Ersten Republik keine seiner Vorstellungen versäumt hatten. Fritz Grünbaum, bis zu Hitlers Einmarsch in Österreich der wohl beliebteste Kabarettist des Landes, war eines der Opfer der von den Nationalsozialisten an Juden organisierten Massenvernichtungen.

Am 10. März 1938 werden die beiden Starkabarettisten in ihrem Programm *Metro Grünbaum-Farkas' höhnende Wochenschau* noch von den Wienern umjubelt, doch schon am nächsten Abend dürfen sie den Simpl, die Stätte ihrer Triumphe, nicht mehr betreten, kurz danach werden sie von der Gestapo verfolgt und mit dem Tode bedroht.

In ihrer letzten Vorstellung am 10. März lässt Grünbaum am Beginn seiner Conférence das Licht ausgehen und sagt: »Ich sehe nichts. Absolut gar nichts. Da muss ich mich in die nationalsozialistische Kultur verirrt haben.«

24 Stunden später verirrt sich die nationalsozialistische Kultur nach Österreich. In der Nacht vom 11. zum 12. März, in der deutsche Truppen Richtung Wien vorrücken, in der Bundeskanzler Schuschnigg seinen Rücktritt bekannt gibt und in der die beiden Kabarettisten am Betreten des Simpl gehindert werden, ruft Grünbaum Farkas zu Hause an: »Karl, ich fahre jetzt mit meiner

Frau nach Pressburg. Ich bitte dich, verschwind auch du, aber rasch!«

Am nächsten Vormittag meldet sich Grünbaum wieder bei Farkas. »Was, Fritz, du bist noch da?« wundert sich der Freund.

»Sie haben mich nicht über die Grenze gelassen.«

Mittlerweile bemüht sich die »Arierin« Anny Farkas, ein Visum für ihren Mann zu erlangen, sie ruft sämtliche Konsulate an, bekommt aber nur abschlägige Bescheide. Die Grenzen sind gesperrt.

Anny und Karl Farkas besuchen Grünbaum in dessen Wohnung auf der Rechten Wienzeile. »Wir waren zu spät dran«, erzählt dieser, »an der Grenze hat man uns aufgehalten, wir mussten aussteigen und wurden zu einem anderen Zug geführt. Wir wussten nicht, wohin es geht. Auf einmal haben wir bemerkt, dass wir wieder auf dem Rückweg nach Wien sind.« Optimistisch fügt Grünbaum noch hinzu: »Ich habe einen Schwager in Belgien, der wird mir sicher ein Visum schicken und zu dem werden wir fahren.«*

Als Anny und Karl Farkas in ihrer Wohnung in der Ungargasse ankommen, will er durch eine Überdosis des Schlafmittels Luminal Selbstmord begehen. Seine Frau hält ihn händeringend davon ab, sagt zu ihm, sie würde am nächsten Morgen zur tschechischen Botschaft gehen und für ihn und Grünbaum Visa beantragen. Sie werde als gebürtige Tschechin sagen: »Mein Mann, der Karl Farkas, hat immer in den tschechischen Bädern mit dem Grünbaum gastiert. Und die beiden haben dort jetzt ein Engagement.« Karl Farkas lässt sich überzeugen und verwirft seinen Suizidplan.

In den Nachkriegsjahren wurde gemunkelt, Farkas hätte seinen Freund Grünbaum im Stich gelassen und sich, ihn in Wien zurücklassend, aus dem Staub gemacht. Farkas hat unter diesem erfundenen Gerücht gelitten, seine Frau brachte nach seinem Ableben Aufklärung in die Sache: »Bei meinem Leben und beim Leben meines Sohnes sage ich die ganze Wahrheit. Wir haben, bevor ich am nächsten Tag zur tschechischen Botschaft gegangen bin, x-mal

---

* Die Ereignisse wurden dem Autor von Anny und Karl Farkas geschildert.

bei Grünbaum angerufen, immer wieder, immer wieder. Ich habe ja gewusst, als Partner in der Doppelconférence, als Duo, zusammen also, würden sie einfacher herauskommen.« Grünbaums Schwägerin sei ans Telefon gegangen und habe immer wieder gesagt, dass Fritz abgereist sei, doch sie wisse nicht wohin. »Entweder hat er sich irgendwo versteckt gehalten«, mutmaßte Anny Farkas, »oder er hat sich selbst vor uns verleugnen lassen. Aus lauter Angst, die Nazis würden ihn suchen und finden.«

Anny Farkas' Konsulatsbesuch ist erfolgreich, die tschechischen Behörden werden gebeten, Herrn Karl Farkas für ein Gastspiel einreisen zu lassen. Doch es dauert noch einige Tage, bis alle Papiere zur Ausreise beisammen sind. Bis dahin verstreichen bange Stunden des Wartens, da bereits erste Verhaftungen durchgeführt werden.

Am 16. März besucht die Simpl-Schauspielerin Edritha Ragetté Farkas in seiner Wohnung. »Ich hatte bei einer Probe Farkas-Manuskripte mit politischen Anspielungen gefunden, die ihn hätten gefährden können«, erinnerte sie sich Jahrzehnte danach[*]. »Die hab ich ihm gebracht. Er hat sie sofort verbrannt und mich immer wieder – da ich mit Grünbaum und seiner Frau befreundet war – nach dessen Verbleib gefragt. Ich sagte, dass ich es ununterbrochen telefonisch versucht hätte, er sich aber verleugnen lässt. Farkas bestätigte mir, dass es ihm genauso ergangen wäre. Dass es aber unbedingt notwendig sei, Grünbaum zu finden, dieser könnte nämlich die gleiche Einreiseerlaubnis wie er selbst haben, da Anny Farkas an der tschechischen Botschaft hinterlassen hätte, Grünbaum habe gemeinsam mit Farkas ein Engagement in der Tschechoslowakei.«

Am nächsten Tag treffen die für Farkas' Ausreise nötigen Papiere ein, bei Grünbaum hebt weiterhin niemand ab. Abends bringt Anny Farkas ihren Mann zum Ostbahnhof, der von dort nach Brünn reist.

An diesem Abend ruft Grünbaum bei Edritha Ragetté an und bittet sie, zu ihm zu kommen. »Ich bin zu ihm gegangen. Der Büh-

---

[*] Edritha Ragetté, 1983 im Gespräch mit dem Autor.

nenbildner Alfred Kunz war auch dort. Gemeinsam haben wir ihn angefleht: ›Fritz, geh weg, du musst weggehen, die Grenzen nach Italien und in die Schweiz sollen noch offen sein.‹ Er aber wollte die Gefährlichkeit der Situation nicht wahrhaben, oder er hatte – nach seinem ersten, misslungenen Ausreiseversuch in die Tschechoslowakei – bereits resigniert: ›Was soll ich in der Schweiz oder in Italien? Ich bekomm ab nächstem Jahr hier meine Rente, ich hab doch keinem Menschen was getan, warum sollte *mir* jemand was tun?‹ Grünbaum war unter keinen Umständen dazu zu bewegen, das Land zu verlassen.«

Und dann stellte Edritha Ragetté noch klar: »Es war ein hinterhältiges und völlig frei erfundenes Gerücht, das nach dem Krieg verbreitet wurde, Farkas hätte Grünbaum im Stich gelassen. Im Gegenteil: Er und seine Frau haben alles getan, um Grünbaum mit über die Grenze nehmen zu können. Aber Grünbaum ließ sich nicht helfen. Er hatte aufgegeben.«

Farkas gelingt die Ausreise im letzten Moment. Kaum ist er außer Landes, läuten Gestapo-Beamte an seiner Wohnungstür. Wäre er zwei Stunden länger geblieben, hätte dies den sicheren Tod bedeutet.

»Den Grünbaum haben wir«, lautet der Titel eines Hetzartikels, der Mitte Mai 1938 im *Völkischen Beobachter* über das Duo Farkas-Grünbaum erscheint. »Nie hatte auch nur ein Schimmer von Uneinigkeit das

Eben noch einer der populärsten Wiener, wurde Fritz Grünbaum von den Nationalsozialisten verfolgt, verhaftet und in das KZ Dachau deportiert, wo er elendiglich zugrunde ging.

›Schaffen‹ dieser beiden Juden getrübt. Geld hatten sie immer, wenngleich auch heute ihre Schuh- und Kleiderlieferanten nach Bezahlung schreien, aber nun, nun sitzen sie beide so traurig wie noch nie. Und das Bedauerliche – für uns – ist der Umstand, dass sie nicht zusammensitzen, wie man es bei der dicken Freundschaft eigentlich erwartet hätte. Denn während Herr Grünbaum in Österreich nun Gelegenheit hat, alle seine verzapften Witze nachzulesen, hat es Farkas vorgezogen, den Aufstieg Österreichs von Brünn aus zu studieren.«

Tatsächlich befindet sich Grünbaum zu diesem Zeitpunkt bereits in »Gewahrsam« der Nationalsozialisten – sowohl wegen seiner jüdischen Herkunft als auch infolge »staatsabträglichen Verhaltens« in seiner Eigenschaft als Kabarettist. Grünbaum hat sich Mitte März 1938 doch noch entschlossen, Österreich zu verlassen, und konsultiert einen Wiener Nazi-Anwalt, von dem es heißt, dass nur er ihm bei der Beschaffung eines Visums für Belgien, wo seine Verwandten leben, behilflich sein könne. Der Advokat streift 1200 Schilling »Prämie« ein – und rührt keinen Finger. Grünbaum und seine Frau verbringen wertvolle Tage, die vielleicht zur Flucht hätten genützt werden können, um auf das versprochene Visum zu warten.

Doch er wird festgenommen, in die Haftanstalt auf der Elisabethpromenade und von dort in das Notgefängnis Karajangasse in Wien-Brigittenau gebracht. Dort trifft er auf den Mithäftling und späteren Bundeskanzler Bruno Kreisky, der sich nach dem Krieg an Grünbaum erinnerte: »In der Karajangasse mussten wir am frühen Morgen aufstehen und die Strohsäcke hoch aufgeschichtet an der Wand placieren, und den ganzen Tag mussten wir gehen, gehen und gehen; das waren so die kleinen Bosheiten, die sie uns antun wollten, und da sah Fritz Grünbaum zu mir herauf und sagte: ›Und die draußen glauben, wir *sitzen*!‹ ... Das war eben der Grünbaum'sche Humor.«

Am 1. April 1938 wird der Kabarettist mit dem ersten »Prominententransport« nach Dachau gebracht, von wo es in Viehwaggons nach Buchenwald und dann wieder zurück nach Dachau geht. Der Kabarettist verliert selbst an diesen beiden letzten Stationen seines Lebens nicht seinen legendären Witz. Er gibt auf improvisierten Bühnen in den Baracken Kabarettvorstellungen, um seine Schicksalsgenossen durch Gedichte und Couplets aufzuheitern. Mithäftlinge erinnerten sich an eine Conférence, in der er überlegte, wie er das »Tausendjährige Reich« zu besiegen gedachte und dass der Hunger durch die mangelhafte Ernährung im Konzentrationslager das beste Mittel gegen die Zuckerkrankheit sei. Nach einem der gefürchteten Appelle, bei denen die Häftlinge stundenlang in Eiseskälte stehen müssen und halb erfroren sind, heitert Grünbaum seine Leidensgenossen mit den Worten auf: »Ist euch das aufgefallen, heute war es beim Appell nicht ganz so gemütlich wie sonst.« Und als ihm ein Aufseher ein Stück Seife verweigert, kommentiert Grünbaum das mit den Worten: »Wer für Seife kein Geld hat, soll sich kein KZ halten.«

Seinen letzten Auftritt in Dachau hat der einstige König des Kabaretts am Silvesterabend 1940. Er stirbt zwei Wochen danach, geschwächt durch unvorstellbare Torturen und Misshandlungen der KZ-Schergen, im Alter von sechzig Jahren an Tuberkulose.

Wie die »Zauberflöte« entstand

Emanuel Schikaneders Sternstunde, *7. März 1791*

Es ist Mozarts letztes Lebensjahr, und es fängt schon schlecht an. Am 25. Jänner 1791 wird Lorenzo Da Ponte von Kaiser Leopold II. als Hoftheaterdichter des Wiener Opernhauses fristlos entlassen, weil er – trotz mehrfach ausgesprochener diesbezüglicher Verbote – eine Affäre mit einer Sängerin, der schönen Italienerin Francesca Gabrieli, angefangen hat. Das ist ein herber Schlag für Mozart, denn Da Ponte ist sein bester und wichtigster Librettist, der einzige, von dem er sich verstanden fühlt. Ihm verdankt er die Szenenbücher zu den Opern *Le Nozze di Figaro, Don Giovanni* und *Così fan tutte*. Als wäre die Entlassung seines kongenialen Weggefährten nicht schlimm genug, muss Da Ponte auf kaiserlichen Befehl samt seiner Geliebten Wien auf schnellstem Wege verlassen.

Emanuel Schikaneder *1.9.1751 Straubing/ Bayern, †21.9. 1812 Wien. Autor von rund 100 Theaterstücken, Opern und Singspielen, darunter Die Zauberflöte. Gründer des Theaters an der Wien.

Woher soll Mozart jetzt einen brauchbaren Librettisten nehmen, um Neues zu schaffen? Da kommt der Vorschlag des Schauspielers, Sängers, Regisseurs Dichters und Theaterdirektors Emanuel Schikaneder, mit ihm eine Oper zu schreiben, gerade recht. Eine Märchenoper soll es sein, meint Schikaneder bei der ersten Besprechung am 7. März 1791. Und die Uraufführung würde natürlich auf dem von ihm geleiteten Freihaustheater auf der Wieden stattfinden. Mozart sagt begeistert zu, auch wenn es sich hier nicht um die Hofoper, sondern um eine Vorstadtbühne handelt.

Komponist und Librettist hatten einander bereits 1780 in Salzburg kennengelernt, wo Schikaneder mit seiner Schauspieltruppe sechs Monate lang gastierte. Johann Joseph Schikaneder, wie er eigentlich hieß, hat als zwölftes Kind eines Lakaien in Bayern das Licht der Welt erblickt und eine einzigartige Karriere geschafft. Er verbrachte viele Jahre als umherziehender Schmierenkomö-

204

diant, der sein Publikum in Dörfern und Kleinstädten mit belanglosen Lustspielen unterhielt. Als er mit seiner Wandertruppe nach Salzburg kam, zählte neben Erzbischof Graf Colloredo auch dessen Hofkapellmeister Leopold Mozart mit seinen Kindern »Nannerl« und dem 24-jährigen Wolfgang Amadé zu den Besuchern der Vorstellungen. Schikaneder hatte ihnen, um mit den Mozarts in Kontakt zu kommen, drei Freibillets geschickt.

Fünf Jahre älter als Mozart, hatte er dessen Genie sehr früh erkannt. Die beiden äußerlich so unterschiedlichen Männer – der Dichter und Schauspieler war von mächtiger Statur, der Komponist 1,50 Meter klein und gedrungen – wurden innige Freunde, die viel miteinander lachten und gemeinsam zum Kegelschieben gingen. Noch in Salzburg entwickelten sie die Idee, gemeinsam eine Oper zu schreiben, doch sollte mehr als ein Jahrzehnt vergehen, ehe es dazu kam, dass sie die *Zauberflöte* – wohl infolge des Abgangs von Lorenzo Da Ponte aus Wien – verwirklichten.

Schikaneder hatte zweifellos Verständnis für Affären, wie sie Da Ponte zum Verhängnis wurden. Ihm selbst war die eigene Ehefrau mit einem Dichter seiner Kompanie »durchgegangen«, nachdem sie zahlreiche Liebschaften ihres Mannes mit jungen Schauspielerinnen, Ballett- und Stubenmädchen hatte ertragen müssen. Selbst eine der Stützen des Ensembles, brachte Eleonore Schikaneder die Kraft auf, ihn zu verlassen – um allerdings nach dem Tod ihres Geliebten wieder zu Schikaneder zurückzukehren.

Dieser war seit 1789 »Directeur« und Miteigentümer des Freihaustheaters in Wien, das Kaiser Joseph II. als Spielstätte des deutschen und des wienerischen Singspiels etabliert sehen wollte. Endlich sesshaft, fand der neu ernannte Prinzipal nun Gelegenheit, mit dem mittlerweile ebenfalls in Wien lebenden Freund aus früheren Salzburger Tagen jenes Werk zu schaffen, mit dem auch er in die Musikgeschichte eingehen sollte.

Schikaneder stellt Mozart ein neben dem Theater gelegenes Gartenhäuschen zur Verfügung, in dem er im Frühjahr und im Sommer an der neuen Märchenoper in Ruhe arbeiten kann. Auch das kommt Mozart gerade recht, zumal seine Frau Constanze schwanger ist und in Baden zur Kur weilt – und er in dem Garten-

In diesem Gartenhäuschen neben dem Freihaustheater entstand Mozarts und Emanuel Schikaneders Oper Die Zauberflöte.

haus von der Theaterdirektion unentgeltlich durchgefüttert wird. Schikaneder und Mozart verbringen viele gemeinsame Stunden in der Arbeitslaube, sie kommen gut voran, das Arbeitsklima ist ausgezeichnet – auch wenn man heute weiß, dass der Komponist rund fünfzig Textstellen geändert, gestrichen oder hinzugefügt hat. Da Schikaneder wie Mozart Freimaurer ist, beschließen sie, masonische Elemente in die Oper aufzunehmen. An den Wochenenden besucht Mozart seine Frau und den siebenjährigen Sohn Carl Thomas in Baden.

Der Librettist ist sogar maßgeblich am Zustandekommen einer der populärsten Melodien dieser Oper beteiligt: Schikaneder singt Mozart den damals in Schwaben üblichen Lockruf der Vogelfänger vor, der zum Grundmotiv von *Ein Mädchen oder Weibchen wünscht Papageno sich* werden sollte.

Schikaneders Theatertruppe beginnt mit den Proben. Sarastro, Tamino, Pamina, Monostatos, Papagena ... heißen die Figuren, und deren Darsteller ahnen nicht, dass sie die Ersten sind, die ein Werk für die Ewigkeit aufführen. Mozart selbst dirigiert die Uraufführung vom Klavier aus, seine Schwägerin Josepha Hofer – Constanzes älteste Schwester – singt die Königin der Nacht, Schikaneder gibt den Papageno und führt Regie. Als Mozarts jüngster Sohn Franz Xaver Wolfgang am 26. Juli geboren wird, ist die Oper weitgehend fertig. Und doch verzögert sich die Uraufführung, denn Mozart hat einen Auftrag erhalten, den er nicht ablehnen kann: die Oper *La Clemenza di Tito* für die Krönung Kaiser Leopolds II. zum böhmischen König in Prag. Das *Requiem*, dessen Auftraggeber anonym bleiben möchte, wird er erst nach Fertigstellung der *Zauberflöte* komponieren, er kann es jedoch nicht mehr vollenden. Die Premiere der *Zauberflöte* findet schließlich am 30. September 1791 im »kaiserl. königl. privil. Theater auf der Wieden« statt. Die letzten Noten werden erst zwei Tage davor fertig.

Das neue Werk erfährt einen sensationellen Erfolg, das Theater ist täglich ausverkauft, und Mozart hat in Schikaneder einen Librettisten gefunden, mit dem er nach dem Verlust Da Pontes weitere Opern zu schreiben hofft. Der Komponist ahnt nicht, dass er nur noch neun Wochen zu leben hat – Kollegen registrieren freilich bei den Proben zu der Krönungsoper in Prag, dass der sonst fröhliche Mozart »kränkelte und unaufhörlich Medikamente zu sich nahm, dass seine Gesichtsfarbe blass und sein Blick matt und traurig« sind.

Das Schicksal erweist sich als unbarmherzig. Der Textdichter wird durch die ungeahnten Einnahmen der *Zauberflöte* reich, der geniale Komponist sollte vom Welterfolg seiner Oper nicht mehr erfahren. Mozart stirbt am

Emanuel Schikaneder, der Schöpfer des Textes zur Zauberflöte, *war auch der erste Darsteller des Papageno.*

5. Dezember 1791 im Alter von 35 Jahren in seiner Wohnung in der Wiener Rauhensteingasse.

Schikaneder kauft nun mit dem durch die *Zauberflöte* erworbenen Vermögen das Grundstück »Laimgrube, Realität Nr. 4«, auf dem er das Theater an der Wien errichten lässt. Doch der in wirtschaftlichen Fragen wenig begabte Dichter und Schauspieler hat sich mit dem gewaltigen Projekt übernommen und muss sein Theater an der Wien 1802 nach nur einjähriger Spielzeit wieder verkaufen.

Wie Mozart nimmt auch sein Librettist ein tragisches Ende. Emanuel Schikaneder überlebt den Komponisten um mehr als zwei Jahrzehnte, doch auch er geht in Armut und unter schrecklichen Umständen zugrunde. 61 Jahre alt und geistig umnachtet, stirbt er in Wien. Sein Leichnam wird – wie der Mozarts – in einem Massengrab beigesetzt.

Die Leistung Schikaneders als Librettist der *Zauberflöte* kennen wir. Wie er jedoch als Sänger und Komödiant war, können wir nur erahnen. Als man ihm zum großen Erfolg der *Zauberflöte* gratulierte, wehrte Schikaneder lächelnd ab: »Ja, ja, die Oper hat gefallen. Aber sie wär ein noch größerer Erfolg, wenn mir dieser Mozart nicht mit seiner Musik hineingepfuscht hätte.«

»ES IST EWIG SCHAD UM MICH«

Oskar Werner *trinkt sich zu Tode,*
23. Oktober 1984

Der Mann wurde Genie und größter Schauspieler seiner Zeit genannt. Und dann geht er so zugrunde!

Dass Oskar Werner ein schweres Alkoholproblem hatte, ist ebenso evident wie die Tatsache, dass er dagegen anzukämpfen versuchte. »Ja, er war bei mir in Behandlung«, bestätigt der bekannte Wiener Internist Anton Neumayr. »Oskar Werner hielt die von mir empfohlene Abstinenz eine Zeit lang durch, wurde dann aber rückfällig.«

Spätestens zu diesem Zeitpunkt ist er verloren. Der »Bub aus der Vorstadt«, als der sich Oskar Werner auch als berühmter Mann noch sah, hätte alles erreichen können, und er hat es auch erreicht. Umjubelt am Burgtheater und auf Tourneen, war Oskar Werner *der* Hamlet, *der* Don Carlos, *der* Prinz von Homburg, und als Kinostar erlangte er Weltruhm.

Hat es Oskar Josef Bschließmayer, der nach der Scheidung der Eltern bei seiner Großmutter, einer Hausmeisterin aus Wien-Gumpendorf, aufgewachsen ist, nicht verkraftet, selbst in Hollywood als Mythos gefeiert zu werden?

Offenbar. Alkohol, Depressionen, daraus entstehende Auseinandersetzungen mit den Theater- und Filmgewaltigen kennzeichnen seinen Weg. Hier das Genie, dort der Trinker, der genau weiß, dass er Selbstmord auf Raten begeht. »Ein seltsamer Auftritt im *Michaeler Bierhaus*« nennt sein Biograf Robert Dachs eines der vielen Besäufnisse in diesem Leben: »An einem Winternachmittag geht er hinein, stellt sich an die Budel und bestellt ein Viertel Veltliner. Hinter der Theke steht eine Dame, die den Kopf schüttelt. Er will nicht glauben, dass der Wein aus ist. Neuer Versuch. Dann halt einen anderen. Die Dame blickt ihn verständnislos an. Erst allmählich erkennt er, dass diese Dame keine Kellnerin, sondern

Oskar Werner,
eigentlich
Bschließmayer
* 13. 11. 1922
Wien, † 23. 10.
1984 Marburg
a. d. Lahn.
Filme: Der Engel
mit der Posaune
(1948), Jules und
Jim *(1962),* Das
Narrenschiff
(1965), Fahrenheit 451 *(1966)*
u. v. a.

eine Modeverkäuferin ist. Er befindet sich in einem Trachten-modengeschäft. Das einstige Wirtshaus existiert gar nicht mehr, aber das hat er in seinem Zustand gar nicht bemerkt.«

Der Hang zum Alkohol beginnt früh. Sobald ein Punkt über-schritten ist, zieht er sich für Monate, manchmal Jahre zurück. Dann ist er plötzlich wieder da, steht auf der Bühne, vor der Kamera. Phänomenal, alle in seinen Bann ziehend. Doch der maßlose Konsum bleibt nicht ohne Folgen. Oskar Werner lehnt Theaterverträge und Drehbücher am laufenden Band ab, eine Fernsehaufzeichnung fällt ins Wasser, weil ihm das Licht missfällt. Die exzessiven Trinkgelage münden im Zwang zur Selbstzerstörung.

Als er 1955 am Burgtheater *Don Carlos* probiert, findet sich sein Name zum ersten Mal in den Schlagzeilen. »Oskar Werner in Polizeihaft«, schreibt *Der Spiegel*. Der Schauspieler wurde festge-nommen, weil er, in offensichtlich alkoholisiertem Zustand, in sei-nen Wagen steigen und die Abnahme einer Blutprobe verweigern wollte. Nach mehreren Stunden wird er vom Amtsarzt »als geh-fähig« aus der Polizeizelle entlassen, aus der er sich direkt zur Nachmittagsprobe begibt.

Ein andermal steht er wegen Vertragsbruchs vor Gericht, weil er über Nacht ein *Hamlet*-Gastspiel abgesagt hat. Als er im Som-mer 1959 eine Theatergruppe gründet und Schiffbruch erleidet, findet er Geldgeber, die ihn retten wollen, doch er lehnt ab: »Lie-ber in Ehren leer, als in Schande voll. Ich bin zum Theater gegan-gen, um den Hamlet zu spielen und nicht, um mir einen Mercedes zu kaufen.«

Er steht sich sein Leben lang selbst im Weg – sei es aus hehren künstlerischen Motiven, sei es aus irrealer Leidenschaft. Oskar Werner streitet mit Direktoren und Regisseuren, fällt in ein schwarzes Loch. Aber sie holen ihn wieder und wieder zurück ins Licht, das Burgtheater und auch Hollywood. Dem Zusammen-bruch folgen immer wieder aufsehenerregende Erfolge. Bei den Dreharbeiten zum *Narrenschiff* muss er sich halb bewusstlos gesoffen haben, denn Regisseur Stanley Kramer und Simone Signoret führen Oskar Werner in Los Angeles in eine Trinkerheilanstalt, um ihm einen abschreckenden Einblick ins Elend zu gewähren. Der Besuch beeindruckt ihn kurzfristig, sein Leben rettet er nicht. Aber er lässt sich nichts anmerken und erhält für die Rolle des Arztes im *Narrenschiff* den *Golden Globe*.

Er sei mit seinem Beruf unglücklich, erklärt Oskar Werner in einem Interview mit der *New York Times*. »Ich weiß am Morgen beim Rasieren, wie der Film sein muss, aber am Abend stelle ich enttäuscht fest, dass er ganz anders geworden ist.« Wie immer lehnt er es ab, über Privates zu sprechen, doch die letzten Zeilen des Berichts verraten mehr, als er hätte sagen können: Oskar Werner »leerte seinen achten doppelten Benedictiner, und der Presseagent half ihm aufzustehen. Als er die Straße überquerte, entkam er sehr knapp einer Havarie mit einem Lastwagen.«

Er stand sich sein Leben lang selbst im Wege, bis der Alkohol ihn vernichtete: Oskar Werner

Im Sommer 1983 inszeniert Oskar Werner sein *Wachau Festival*, das zur persönlichen Tragödie wird. Die Premiere des *Prinz von Homburg* zeigt den Niedergang eines Giganten. Unverständliche Wortkaskaden des für seine Sprachkunst Verehrten bieten inmitten einer Dilettantentruppe ein Bild des Jammers: »Oskar Werner ist viel zu krank, um aufzutreten«, liest man im *Kurier* vom 9. August 1983. »Der lustvoll kolportierte Alkoholumsatz des Künstlers verschleiert im Grunde nur den wahren Befund geistiger Verwirrung. Werners Pathos ist schon lange pathologisch. Sein einstiger Größenwahn hat jede Größe verloren.« Und *Die Presse* konstatiert: »Oskar Werner zerstört sich selbst.«

»Er hätte in dieser, seiner letzten Lebensphase, der Schonung bedurft«, meinte sein Freund Heinrich Schweiger, »aber er selbst exponierte sich noch in der Öffentlichkeit, kaum mehr der Selbstkontrolle fähig. Sein *Wachau Festival* wurde zu einem Debakel und die Medien stürzten sich auf ihn, als Beispiel eines gescheiterten Genies, das zum Opfer seiner selbst geworden war.«

Am unheilvollen *Wachau Festival* scheitert dann auch das geplante Burgtheater-Comeback: Direktor Achim Benning war Zeuge des *Prinz-von-Homburg*-Desasters – und verlangt als Konsequenz, dass nicht er, sondern ein anderer Regie führen möge. Oskar Werner lehnt ab, die Produktion wird abgesagt.

Er wollte nie, dass man ihn ein Genie nennt, er sei nur »empfindsamer als die anderen«, sagte Oskar Werner. Und diese Empfindsamkeit war es wohl, die ihn vernichtete. Sie war es aber auch, die uns Sternstunden des Theaters und des Films bescherte.

»Bitte bring dich nicht um«, hat ihn André Heller einmal, Ende der 1970er-Jahre im Café Hawelka, angefleht, als er es in einer langen Nacht wieder besonders arg trieb.

»Du hast recht«, erwiderte Oskar Werner und zitierte Ferdinand Raimund: »Es ist ewig schad um mich«, dann sagte er noch: »Aber eins musst wissen, du kannst mir mit all deiner Phantasie nichts vorwerfen, das ich mir nicht schon selber hundert Mal vorgeworfen hätt.«

Dann die letzte Tournee, das traurige Finale. Am 22. Oktober 1984 macht Oskar Werner Station in Marburg an der Lahn. Er erfährt im Hotel, dass nur zehn Karten seiner Vorstellung verkauft wurden. Der Rezitationsabend wird »in beiderseitigem Einvernehmen« abgesagt. Er legt sich nieder und erleidet in der Nacht zum 23. Oktober in seinem Hotelzimmer einen Herzinfarkt. Oskar Werner stirbt, wenige Wochen vor seinem 62. Geburtstag, in einem Notarztwagen auf dem Weg ins Krankenhaus.

Ein segensreicher Hinauswurf

Bertha von Suttner trifft Alfred Nobel, *28. Mai 1876*

Ein Hinauswurf ist im Allgemeinen eine traurige Sache, in diesem Fall hat er aber Unglaubliches bewirkt, ja sogar Weltgeschichte geschrieben. Bertha Gräfin Kinsky war dreißig Jahre alt, als sie 1873 eine Stelle als Erzieherin im eleganten Palais Suttner in der Wiener Canovagasse antrat. Baron Suttner und seine Frau hatten vier Töchter und vier Söhne. Die Töchter erhielten von Bertha Sprach- und Musikunterricht, und der jüngste Sohn hat sich in sie verliebt – und die Liebe wurde von ihr erwidert. Arthur von Suttners Schwestern wussten von der Liaison, erwiesen sich aber als loyal und hielten die Romanze ihren Eltern gegenüber geheim. Als seine Mutter der Beziehung nach drei Jahren dennoch auf die Spur kam, flog die Gouvernante in hohem Bogen aus dem Haus. Was sie sich einbilde, tobte die Baronin, ihren Sohn zu verführen, der für eine weit bessere Partie bestimmt sei, denn Bertha war nicht nur um sieben Jahre älter als er, sie stammte auch aus verarmtem Adel, und ihre Mutter war eine Bürgerliche.

Um Bertha möglichst schnell loszuwerden, sah Baronin Karoline Suttner, auf der Suche nach einer Stelle für die unbotmäßige Erzieherin, Zeitungsannoncen durch. Und da war auch schon ein verheißungsvolles Inserat: »Ein reicher, älterer Herr, der in Paris lebt, sucht eine sprachenkundige Dame, gleichfalls gesetzten Alters, als Sekretärin und zur Oberaufsicht des Haushalts.« Die Baronin Suttner stellte Erkundigungen an und fand heraus, dass es sich bei dem älteren Herrn um keinen Geringeren als Alfred Nobel, den weltberühmten, aus Schweden stammenden Erfinder des Dynamits, handelte.

Der ob des Verlusts ihrer großen Liebe verzweifelten Bertha Kinsky blieb nichts anderes übrig, als auf die Anzeige zu antworten. »Herr Nobel und ich tauschten mehrere Briefe«, erinnerte sie

Bertha von Suttner geb. Gräfin Kinsky *9. 6. 1843 Prag, †21. 6. 1914 Wien. Arbeitet 1876 in Paris kurz für Alfred Nobel. Erhält 1905 den Friedensnobelpreis.

sich später. »Er schrieb geistvoll und witzig, doch in einem schwermütigen Ton. Der Mann schien sich unglücklich zu fühlen, ein Menschenverächter zu sein und von umfassender Bildung.«

*Alfred Nobel
* 21. 10. 1833
Stockholm,
† 10. 12. 1896
Sanremo/Italien.
Schwedischer
Chemiker. Stifter
und Namens-
geber des
Nobelpreises.*

Alfred Nobel lädt Bertha ein, zu ihm zu kommen. Nach dem schweren und tränenreichen Abschied von Arthur setzt sie sich in den Zug nach Paris. Monsieur Nobel holt sie vom Bahnhof ab und führt sie ins Grand Hotel am Boulevard des Capucines, in dem ein Appartement für sie reserviert ist. Er entschuldigt sich, dass sein Palais in der Rue Malakoff, gleich beim Arc de Triomphe, in dem sie später wohnen sollte, gerade renoviert würde. Sie unternehmen noch am Tag ihrer Ankunft, dem 28. Mai 1876, eine Spazierfahrt im Fiaker über die Champs-Élysées und gehen zum Abendessen. Von Anfang an herrscht eine Atmosphäre beidseitiger Sympathie und gegenseitigen Respekts.

Schon an diesem ersten Abend berichtet Nobel, »der fesselnd erzählen konnte«, auf Berthas Drängen aus seinem Leben. Der »ältere Herr« war zum Zeitpunkt des ersten Zusammentreffens 43 Jahre alt und hatte in seiner Jugend in der Maschinen- und Waffenfabrik seines Vaters in St. Petersburg gearbeitet. Ab 1859 stellte er in Stockholm Sprengstoff her. Die Explosion einer Nitroglycerin-Fabrik, bei der 1864 viele Mitarbeiter ums Leben kamen, war ein schrecklicher Schock für ihn. Ein Jahr später starb sein Bruder bei einem gemeinsam durchgeführten Experiment. Das alles waren Gründe für Alfred Nobel, die Erforschung eines handhabungssicheren und dennoch wirkungsvollen Sprengstoffs voranzutreiben. 1867 war er erfolgreich, er nannte das neue Produkt Dynamit und ließ es unter *Nobel's Safe Gun Powder* als eines seiner 355 Patente registrieren. Nobel gründete fünfzehn Fabriken in Europa und in den USA und wurde ein sehr reicher Mann. Für ihn sollte das Dynamit der friedlichen Nutzung, zum Bau von Eisenbahnstrecken, Straßen, Tunnels und Bergwerken dienen, aber natürlich war ihm klar, dass es auch weit weniger friedliche Möglichkeiten zu dessen Verwendung gab. Seit 1869 lebte Alfred Nobel in Paris.

Von Anfang an bahnt sich eine freundschaftliche Beziehung zwischen Bertha und Nobel an, schon weil dieser erklärt, noch niemandem gegenüber so offen gewesen zu sein wie zu ihr. Denn er sei der festen Überzeugung, dass sich die Menschen immer nur seines Geldes wegen für ihn interessierten. Dies sei auch der Grund, warum er nie geheiratet habe. Bertha versucht, ihm sein Misstrauen zu nehmen, und erweist sich als ehrlich interessierte Zuhörerin, die an seinem Vermögen kein Interesse hat.

Den Beweis dafür liefert sie Alfred Nobel schon bei einem der nächsten Treffen, als sie ihm ihre große, unerfüllte Liebe zu Arthur Suttner gesteht, mit dem sie von Paris aus in täglichem Briefverkehr steht. Nobel rät ihr – vielleicht schon aus persönlichem Interesse an Bertha? –, den Briefwechsel mit Arthur abzubrechen und zu versuchen, ihn zu vergessen. Doch sie erklärt, dass sie das nicht könne.

Alfred Nobel berichtet Bertha auch von seinem Traum von einer besseren Welt, die von dauerhaftem Frieden getragen würde. Sein Rezept dafür sieht er in »einem Stoff oder einer Maschine, die von so fürchterlicher, massenhaft verheerender Wirkung ist, dass dadurch Kriege unmöglich würden«. Je bedrohlicher die Vernichtungswaffen, so sein Credo, desto eher sei Friede zu erzielen.

Nobels Friedenskonzept sollte sich von ihren späteren Vorstellungen diametral unterscheiden: Bertha setzt auf Abbau von Feindbildern, internationale Vereinbarungen und einen großen Propagandafeldzug für die Völker in allen Ländern. Trotz der unterschiedlichen Ansichten sind es diese Gespräche, die dazu führen, dass Bertha Kinsky für sich einen neuen Lebensinhalt entdeckt.

Durch das »Auffliegen« ihrer Lovestory mit Arthur von Suttner musste die junge Gräfin Bertha Kinsky eine neue Stelle annehmen. So lernte sie den Fabrikanten Alfred Nobel kennen, der ihr den Friedensgedanken nahebrachte.

Doch vorerst zählt etwas ganz anderes. Arthur schreibt aus Wien, dass er ohne sie nicht leben könne. Der Inhalt des Briefs klingt fast bedrohlich, sodass Bertha sich Sorgen um den geliebten Mann macht und sogar fürchtet, er könnte sich das Leben nehmen. Alfred Nobel ist eben nach Stockholm gereist, wo er sich um den Bau einer weiteren Dynamitfabrik kümmert. Bertha schreibt ihm, dass sie von ihrer Liebe nicht lassen könne und sofort nach Österreich reisen müsse. Er möge Verständnis dafür haben, dass sie ihre Stelle nach nicht einmal zwei Wochen aufgebe.

Ohne Alfred Nobels Antwort abzuwarten, setzt sich Bertha in den nächsten Zug und fährt nach Wien, wo sie ein Zimmer im Hotel Metropol bezieht. Der Geliebte wird verständigt, eilt herbei und sie fallen sich in die Arme. Das Paar schwört einander ewige Liebe und beschließt gegen den Wunsch seiner Eltern zu heiraten. Arthur verzichtet mit diesem Schritt auf alle Annehmlichkeiten seiner Herkunft – insbesondere auf die finanziellen. Die beiden bestellen heimlich das Aufgebot und heiraten am 12. Juni 1876 in einer kleinen Kapelle in Wien-Gumpendorf. Unmittelbar danach treten sie eine Seereise an, die sie nach Eurasien führt.

Als Arthurs Eltern Karl und Karoline von Suttner von der geheimen Hochzeit und der Flucht ihres Sohnes erfahren, wird jeder Kontakt abgebrochen, nur seine Schwestern bleiben mit ihm in Verbindung. Aber auch Berthas Mutter – der Vater war noch vor ihrer Geburt im 75. Lebensjahr gestorben – ist gegen diese Ehe. »Enterben« kann sie ihre Tochter freilich nicht, es ist nichts da. Sophie Kinsky hatte das Vermögen ihres Mannes auf dem Spieltisch gelassen.

Arthur und Bertha Suttner siedeln sich im Kaukasus an, wo sie die blutigen Auswirkungen des gerade tobenden Russisch-Türkischen Kriegs hautnah miterlebten. Nach den ersten Gesprächen mit Alfred Nobel ist es das sinnlose Blutvergießen, das Bertha von Suttner inspiriert, fortan für Frieden und Abrüstung zu werben.

Das Paar ist neun Jahre auf der Flucht, ehe 1885 endlich der erlösende Brief von Suttners Eltern einlangt, mit dem sie Sohn und Schwiegertochter vergeben. Die beiden kehren zurück und lassen sich auf dem Suttner'schen Landsitz, Schloss Harmannsdorf im Waldviertel, nieder, wo Bertha in den folgenden Jahren ihren großen Roman *Die Waffen nieder!* schreibt.

Das 1889 veröffentlichte Buch erregt mit seiner plakativ formulierten Forderung nach Frieden Aufsehen: »Die Menschheit muss mit dem Krieg Schluss machen«, schreibt sie, »sonst macht der Krieg mit der Menschheit Schluss.«

Bertha von Suttner tritt weltweit für die Verwirklichung ihrer Ideen ein, schreibt weitere Bücher, gründet Friedenszeitschriften, hält Vorträge, beruft Pazifistenkongresse, setzt sich für die Schaffung eines internationalen Schiedsgerichts zur Sicherung des Weltfriedens ein. Und sie hält die Korrespondenz mit Alfred Nobel aufrecht, der sich sehr für ihre pazifistischen Ideen begeistert.

Nobel war zweifellos enttäuscht von der abrupten Abreise Berthas und stürzte sich wenige Wochen nach ihrer Flucht aus Paris in eine Affäre mit einer zwanzigjährigen Blumenverkäuferin aus Baden bei Wien, die jahrelang anhielt, aber genau die Enttäuschung brachte, die er immer befürchtet hatte: Sophie Hess nützte ihn und sein Geld schamlos aus und war eine Quelle steten Ärgers. Zur Heirat kam es nie.

Als er 1896 im Alter von 63 Jahren stirbt, ist das ein harter Schlag für Bertha. Aber sie empfindet es als Trost, dass Nobel als einer der reichsten Männer seiner Zeit ein Testament hinterlässt, wie sie es angeregt hatte. »Es ist unstatthaft für reiche Leute«, steht in seinem Letzten Willen, »ihr Vermögen den Verwandten zu hinterlassen. Angesammelte große Habe muss an die Allgemeinheit für allgemeine Zwecke zurückgegeben werden.« Den überwiegenden Teil seines Vermögens in Höhe von 35 Millionen Kronen setzt der kinderlose Industrielle zur Gründung einer Stiftung ein, aus deren Zinsen jedes Jahr zu gleichen Teilen an fünf Männer und Frauen, die der Menschheit großen Nutzen gebracht haben, Preise verliehen werden. Je einer für Physik und Chemie, einer für Fortschritte in der Physiologie oder Medizin, ein weiterer für Literatur. Und der fünfte Preis ist für diejenigen bestimmt, die sich Verdienste um den Völkerfrieden erworben haben.

Es dauert fünf Jahre, bis die ersten Nobelpreise ausgefolgt werden können, da Mitglieder der Familie Nobel das Testament anfechten. Und auch danach wird Bertha – entgegen Nobels ausdrücklichem Wunsch – mehrmals übergangen und der Preis anderwärts vergeben. Die Suttner ist enttäuscht, rechnet nicht mehr mit der Auszeichnung, empfindet die Schmach als frauenfeindlich und demütigend. Doch dann erreicht sie am 1. Dezember 1905 eine Nachricht. Sie befindet sich auf einer Vortragstournee durch deutsche Städte in Wiesbaden und will die Depesche zuerst gar nicht annehmen, weil sie unterfrankiert ist und sie den Aufpreis zahlen muss. »Nehme sie aber doch. War der Mühe wert«, vertraut sie lakonisch ihrem Tagebuch an.

Zu ihrem großen Schmerz ist Arthur nicht mehr am Leben, er starb drei Jahre davor im Dezember 1902. »Fühle mich trotz Glücksfall nicht glücklich«, notiert sie. Wie gerne hätte sie Triumph und Freude mit ihm geteilt.

Bertha von Suttner ist 62 Jahre alt, als ihr am 18. April 1906 in Oslo in Anwesenheit des Königs von Norwegen als erster Frau der Friedensnobelpreis überreicht wird. Durch diese Ehrung wird die bis dahin vielfach als »Träumerin« und »Spinnerin« verspottete »Friedens-Bertha« zur international geachteten Persönlichkeit. Alle Welt hört der Baronin jetzt zu, der es darum geht, Staatsrepräsentanten wie einfache Menschen davon zu überzeugen, dass Kriege nicht als selbstverständliche politische Konsequenz zu führen sind. Sondern dass es immer einen friedlichen Ausweg geben muss. Erstaunlich, dass sie zur Jahrhundertwende bereits erkennt, »dass die Kriegsgefahr am ehesten gebannt würde, wenn man statt der Zersplitterung in kleine Länder eine große Staatenunion, möglichst ein Vereintes Europa, schaffen würde«.

Doch ihre Appelle gehen im Bombenhagel unter. Nur sieben Tage nachdem sie in Wien stirbt, bricht mit den Schüssen von Sarajewo der Erste Weltkrieg aus.

Die Zerstörung ihres Lebenswerks mit ansehen zu müssen, ist Bertha von Suttner durch ihren Tod am 21. Juni 1914 erspart geblieben.

MIT BLAULICHT ZUM OSCAR

Maximilian Schell *bleibt Marias Bruder,*
9. April 1962

Maximilian Schell, der Wiener mit Kärntner und schweizerischen Wurzeln, war gerade in Tirol zum Skifahren. Als er die Verständigung erhielt, sofort nach Los Angeles zu fliegen, weil er als Hauptdarsteller des Films *Das Urteil von Nürnberg* für den Oscar nominiert wurde. Er hatte für diesen Fall seiner Managerin Erna Baumbauer versprochen, sie nach Hollywood mitzunehmen. Also setzte er sich ins Auto, um sie in München abzuholen. Und geriet in einen Verkehrsstau, der jedes Fortkommen unmöglich machte. »Der Stau nahm mir die Hoffnung, rechtzeitig in München zu sein«, schreibt Schell in seinen Memoiren. »Auto an Auto, alle Straßen blockiert. Ich ging zu einem Polizisten und erklärte ihm die Situation: dass ich ein Flugzeug nach Los Angeles erreichen müsste. Das schien ihm Eindruck zu machen. Merkwürdigerweise verstand er mich, und mit Blaulicht fuhr er auf der linken Straßenseite hinunter und eskortierte mich durch den Stau – Richtung Innsbruck. Dann verabschiedete er sich salutierend, und ich kam noch rechtzeitig bei Erna Baumbauer an.«

Doch bei ihr eingelangt, erfuhr Maximilian Schell durch die Haushälterin, dass seine Managerin schwerkrank im Spital lag. Er fuhr hin und wurde darüber informiert, dass Erna Baumbauer eben erst nach einer schweren Operation erwacht sei und ihn sicher nicht in die USA begleiten könne.

Der Stau und die Suche nach seiner Managerin hatten dazu geführt, dass Schells Flugzeug nach Kalifornien mittlerweile abgeflogen war. Trotz ihrer schweren Erkrankung hatte dies Erna Baumbauer mitbekommen und gleich nach dem Erwachen aus der Narkose vom Krankenbett aus für ihn ein Ticket über Toronto nach Los Angeles gebucht.

Maximilian Schell
* 8. 12. 1930
Wien, †1. 2. 2014
Innsbruck. Dreht
rund 80 Filme.
Oscar 1962 für
die Rolle des
Verteidigers in
Das Urteil von
Nürnberg.

Und dann wieder Maximilian Schell: »Natürlich hatte die Maschine in Toronto Verspätung, und ich musste drei Stunden am Flughafen warten, bis ich nach Los Angeles weiterfliegen konnte. Dort wurde ich mit einem Auto vom Flughafen in die City Hall von Santa Monica gebracht (in der damals die Verleihung stattfand, Anm.), und Bob Hope begrüßte mich freudig im Make-up-Room: ›But you are late‹, sagte er, ehe er wieder auf die Bühne eilte, um die Show wie geplant weiter zu moderieren.«

»Ich weiß nicht mehr, wie ich auf die Bühne kam«: Joan Crawford, Maximilian Schell und der Oscar

Schell zog sich schnell um, wurde an seinen Platz geführt. Atemlos und nicht klar realisierend, was hier eigentlich vorging, hörte er knapp nach seinem Eintreffen, wie sein Name genannt wurde. Joan Crawford überreichte ihm den Oscar, »ich weiß nicht einmal mehr, wie ich auf die Bühne kam«, erzählte er später. »Ich konnte das dann alles im Fernsehen sehen und stellte dabei fest, dass ich auch eine Rede gehalten hatte. Ich kann mich kaum an die Ereignisse dieses Abends erinnern. Nur wenig scheint in der Erinnerung geblieben zu sein. Zum Beispiel, dass ich mit Paul Newman, der auch nominiert gewesen war, zusammen an der Bar einen Drink nahm und ihn tröstete. Er war sehr enttäuscht, aber ich sagte zu ihm: ›Eines Tages wirst du ihn auch bekommen.‹ Und er hat ihn bekommen.«

Gut vierzig Jahre später erzählte mir Maximilian, dass er in den Medien lange als der »kleine Bruder« der um fünf Jahre älteren Maria Schell bezeichnet wurde. Als er dann den Oscar erhalten hatte, dachte er, dass sich das nun ändern würde. »Doch was geschah? Ich kam nach Deutschland, schlug die *Bild*-Zeitung auf, und da stand in großen Lettern: ›Der Bruder von Maria Schell gewinnt den Oscar.‹«

»Mein letzter Krieg«

Sigmund Freud *verlässt Österreich,* 4. *Juni 1938*

Es ist 15.25 Uhr, als der Orientexpress an diesem 4. Juni 1938 aus der Halle des Wiener Westbahnhofs rollt. In einem Coupé sitzt einer der bedeutendsten Männer seiner Zeit. Sigmund Freud verlässt die Stadt, die er geliebt und gehasst, die ihn verwöhnt und missachtet hat, die ein langes Leben seine Heimat war. Und er wird sie nie wiedersehen.

Der 82-jährige »Vater der Psychoanalyse« hat seine Wohnung in der Wiener Berggasse seit 12. März, dem Tag, an dem Hitlers Truppen einmarschierten, nicht mehr verlassen. Erst um ausreisen zu können, fährt er noch einmal, ein letztes Mal, durch die Straßen der Stadt.

Drei Tage nach dem »Anschluss« hat er einen »Besuch« der SA erhalten. Drei Männer stürmten ins Esszimmer und forderten seine Frau Martha zur Herausgabe der gesamten Barschaft auf. Mit den Worten »Wollen sich die Herren nicht bedienen?« legte sie das vorhandene Haushaltsgeld auf den Tisch. Als sich die Nazis damit nicht zufrieden gaben, wurden sie von Freuds Tochter Anna zum Safe geführt, dessen gesamten Inhalt, 6000 Schilling, sie ihnen aushändigte. Gleichzeitig wurden sämtliche Privatkonten der Familie gesperrt.

Der seit einem Vierteljahrhundert an Kieferkrebs leidende Freud saß vorerst weiterhin an seinem Schreibtisch und arbeitete, beinahe so, als ob nichts passiert wäre. Nervös wurde er erst, als seine Tochter Anna verhaftet und zum Verhör in das Gestapo-Hauptquartier am Morzinplatz gebracht wurde. Glücklicherweise kehrte sie nach einigen Stunden zurück – wie es heißt, hatte der amerikanische Geschäftsträger bei der Gestapo für ihre Freilassung interveniert.

Eine Woche nach dem ersten »Besuch« durch die SA kam eine weitere Abordnung, diesmal zu einer »gründlicheren« Hausdurch-

Sigmund Freud ⁎ *6. 5. 1856 Freiberg/Mähren, †23. 9. 1939 London. »Vater der Psychoanalyse«. Entwickelt Therapien zur Heilung seelischer Störungen.*

suchung durch die Gestapo. Freud musste am Ende des Überfalls ein Dokument mit diesem Wortlaut unterschreiben: »Ich, Professor Freud, bestätige hiermit, dass ich nach dem Anschluss Österreichs an das Deutsche Reich von den deutschen Behörden und im besonderen von der Gestapo mit der meinem wissenschaftlichen Ruf gebührenden Achtung und Rücksicht behandelt wurde, dass ich meiner Tätigkeit ganz meinen Wünschen entsprechend frei nachgehen konnte und nicht den geringsten Grund zu einer Beschwerde habe.«

Das Papier, von einem Nazikommissar überreicht, war fertig aufgesetzt. Freud las es durch, unterschrieb und fragte, ob er noch den Satz anfügen dürfte: »Ich kann die Gestapo jedermann wärmstens empfehlen.«

Anna Freud
* 3. 12. 1895
Wien, †9. 10.
1982 London.
Assistentin ihres
Vaters Sigmund
Freud, als
Psychoanalytike-
rin spezialisiert
auf die Behand-
lung von Kindern.

Trotz der Schmähungen durch »arische Ärzte«, die in diesen Tagen Freuds »verjudete Pseudowissenschaft« anprangerten, »die zerstörerischer auf die Menschheit einwirkte als der Weltkrieg mit seinen elf Millionen Toten« (!), gelang es der Familie, die zur Ausreise nötigen Dokumente zusammenzutragen. Noch ehe es so weit war, fragte Anna Freud ihren Vater: »Wäre es nicht besser, wenn wir uns alle das Leben nähmen?« Worauf Freud antwortete: »Warum? Weil sie gerne möchten, dass wir es tun?«

Sigmund Freud selbst war nicht gerade zuversichtlich, ob sich überhaupt ein Land bereit finden würde, ihn und seine Familie aufzunehmen. Zu oft hörte man von verfolgten Österreichern, die an den Konsulaten aller möglichen Staaten um Einreisebewilligungen flehten und abgewiesen wurden. Freud schien sich seiner bedeutenden Stellung in der freien Welt gar nicht bewusst zu sein und konnte nicht glauben, als »Sonderfall« behandelt zu werden. Die Einreiseerlaubnis nach Großbritannien war reine Formalität, wobei es sich als günstig erwies, dass Freud drei Jahre zuvor zum Ehrenmitglied der *Royal Society of Medicine* ernannt worden war.

Sobald Freud die Zusage hatte, dass ihm und seiner Familie und den Dienstboten die Einreise nach England gewährt würde, wurde beim britischen Konsulat die folgende Liste mit den jeweiligen Ansuchen um Visa für den »Haushalt Prof. Dr. Freud Wien IX., Berggasse 19« eingereicht:

1. Prof. Sigmund Freud 82 Jahre
2. Seine Frau Martha 77 J.
3. Schwester der Frau: Minna Bernays 73 J.
4. Tochter Anna 42 J.
5. Sohn Dr. Martin 48 J.
6. Dessen Frau Esti 41 J.
7. Dessen Sohn Walter 16 J.
8. Dessen Tochter Sophie 13 J.
9. Enkel Ernest Halberstadt 24 J.
10. Verheiratete Tochter Mathilde 50 J.
11. Deren Mann R. Hollitscher 62 J.
12. Leibarzt seit 9 ½ Jahren Dr. Max Schur 41 J. mit
13. Frau und zwei kleinen Kindern
14. Langjährige Hausgehilfin Paula Fichtl 36 J.

Wesentlich schwieriger als die Einreiseerlaubnis nach England war es, von den deutschen Behörden die Genehmigung zur Ausreise aus der nunmehrigen »Ostmark« zu erhalten. Der von Freud konsultierte Rechtsanwalt Dr. Alfred Indra erwies sich bei der Beschaffung der zur Emigration erforderlichen »Unbedenklichkeitserklärung« als anständiger und korrekter Berater. Seine Eingabe um Befreiung von der »Reichsfluchtsteuer« wurde allerdings abgewiesen. Man forderte Freud zur Entrichtung von 31 329 Reichsmark* auf, widrigenfalls er das Land nicht verlassen dürfe.

Am 2. Juni 1938 erhält Freud die »Unbedenklichkeitserklärung«, 48 Stunden später, am Pfingstsonntag des Jahres 1938, verlässt er mit seiner Familie Österreich.

Aus der Heimat vertrieben, wird ihm nach der Reise über Paris, Calais und Dover in London ein Empfang bereitet, der dem eines Staatsoberhaupts gleicht. Lord De La Warr, Lordsiegelbewahrer Seiner Majestät König Georges VI., gewährt Freud und seiner Familie diplomatischen Status, sodass an der Grenze weder die Pässe verlangt noch das Gepäck kontrolliert werden. Hunderte

---

* Entspricht laut »Statistik Austria« im Jahre 2014 einem Betrag von rund 100 000 Euro.

Journalisten und Fotoreporter erscheinen in der Victoria Station zum Empfang des weltberühmten Mannes, und in den darauffolgenden Wochen ist Freud Thema Nummer eins der englischen Blätter. »Der Ärztestand Großbritanniens ist stolz, dass sein Land Professor Freud Asyl gewährt und dass er es zu seiner neuen Heimat gewählt hat«, ist im *British Medical Journal* zu lesen.

Nachdem die Familie, um Sigmund Freud zu schonen, Reportern bei der Ankunft in London ausgewichen ist, gibt man jetzt eine improvisierte Pressekonferenz, in der Anna Freud kundtut: »Bitte sagen Sie der Welt, dass alle sehr freundlich zu uns waren, die Polizei in Wien, die Behörden in England, alle. Mein Vater hofft, hier die Möglichkeit zur Fortsetzung seiner Arbeit zu finden. Er verließ Wien, um Frieden zu finden. Er hat sich darauf gefreut, nach England zu kommen, und ist nun glücklich, hier zu sein. Wir sind dankbar für alles, was man für uns getan hat, und dankbar dafür, dass man uns die Erlaubnis gegeben hat, hier zu leben.«

Dass sie sogar die Wiener Polizei als »freundlich« bezeichnet, ist wohl aus Rücksicht auf ihre vier daheim gebliebenen Tanten zu verstehen. Vier Schwestern Sigmund Freuds befinden sich zu diesem Zeitpunkt noch in Wien: Rosa Graf, Adolfine und Marie Freud sowie Paula Winternitz, alle zwischen 74 und 79 Jahre alt. Sigmund Freud und sein Bruder Alexander, der ebenfalls emigrieren konnte, hatten ihnen 160 000 Schilling* auf einem Konto hinterlassen. Die fünfte Schwester Anna lebte schon seit 46 Jahren in den USA.

Die britischen Journalisten fragen nach, ob die Gerüchte stimmen, wonach Freud von SA und Gestapo schikaniert worden sei: »In Wien gehörten wir zu den wenigen Juden«, antwortet Anna wieder vorsichtig, »die zuvorkommend behandelt wurden. Es ist nicht zutreffend, dass wir unter Hausarrest standen. Mein Vater hat zwar die Wohnung wochenlang nicht verlassen, aber das nur seiner schlechten Gesundheit wegen. Wir alle konnten ungehin-

---

* Entspricht laut »Statistik Austria« im Jahre 2014 einem Betrag von rund 315 000 Euro.

Am 4. Juni 1938 verließ Sigmund Freud Wien, hier mit Tochter Anna im Orientexpress. In London wurde er wie ein König empfangen.

dert ein- und ausgehen. Selbst beim Passieren der Grenze wurden wir nicht gestört, sondern konnten durchschlafen.«

Freud hat die weite Reise erstaunlich gut überstanden, leichte Herzbeschwerden wurden in der Bahn medikamentös behandelt. Die Befreiung aus einer mehr als unsicheren Zukunft hat ihm sichtlich gut getan. Er fühlt sich in England so wohl, dass er einmal zu seinem Kollegen Ernest Jones sagt: »Ich bin fast versucht,

›Heil Hitler!‹ auszurufen.« Die Freude kann freilich nicht unge-
trübt bleiben, denn, so sagt er: »Man hat das Gefängnis, aus dem
man entlassen wurde, immer noch sehr geliebt.«

Bald treffen üble Nachrichten über den Gesundheitszustand
des seit vielen Jahren krebskranken Sigmund Freud ein. Mitte
August tauchen in der Wangenschleimhaut Wucherungen auf, sein
Wiener Kieferchirurg Hans Pichler wird eingeflogen und führt am
8. September 1938 in der *London Clinic* eine mehr als zwei-
stündige Operation durch, während der Freuds Lippe gespalten
werden muss, um so an den tief in der Mundhöhle liegenden
Krankheitsherd gelangen zu können. Dieser letzte große chirurgi-
sche Eingriff hat Freud sehr geschwächt, er sollte sich nie mehr
ganz davon erholen. Der Leidensweg dauert aber noch ein ganzes,
langes Jahr.

Freuds Sohn Ernst war bereits 1933, nach Hitlers Machtergreifung in Deutschland, von Berlin nach London emigriert, wo er
sich als Architekt einen Namen machte. Als jetzt der greise Vater
mit Familie angekommen ist, hat er alles vorbereitet. Nach kurzem Hotelaufenthalt ziehen die Freuds samt mitgereistem Dienstmädchen Paula Fichtl in das Haus Maresfield Gardens 20 im
vornehmen Hampstead am nördlichen Stadtrand von London.
Freud schockiert seine Frau mit der bitter-ironischen Bemerkung,
dass alles viel zu schön sei für jemanden, der es nicht mehr lange
bewohnen würde.

Inzwischen sind seine Bücher, Möbel, Teppiche und Antiqui-
täten wie vereinbart – aber doch zu Freuds großer Überraschung – aus Wien eingelangt. In einem Brief an Margaret
Stonborough-Wittgenstein – die Schwester des Philosophen Ludwig Wittgenstein – schildert Freud die Atmosphäre in seinem
neuen Heim: »Wenn Sie mich hier besuchen, finden Sie mich in
einem anderen Haus, so schön und geräumig, dass es den Unkun-
digen über meine Verhältnisse irreführen könnte. Mein Sohn
Ernst hat es für uns gefunden und umgebaut. Das Geheimnis ist
natürlich, dass es zu zwei Dritteln der Bank gehört. Immerhin, es
soll die wohlfeilste Art sein, in dieser theuren Stadt zu leben. Alle
unsere Sachen sind unversehrt angekommen, die Stücke meiner

Sammlung haben mehr Platz und machen viel mehr Eindruck als in Wien. Freilich ist die Sammlung jetzt todt, es kommt nichts mehr dazu, und fast ebenso todt ist der Eigentümer, von dem unlängst wieder ein Stück weggekommen ist.«

Nach dem gewaltigen Presseecho bei seiner Ankunft weiß jeder Taxifahrer in London, wo Freud wohnt, und als er zum ersten Mal ein Bankinstitut betritt, um ein Konto zu eröffnen, begrüßt ihn der Manager mit den Worten: »I know all about you!« Dementsprechend groß ist der Andrang von Menschen, die eine Behandlung durch den weltberühmten Seelenarzt suchen. Tatsächlich kann er noch einige wenige Fälle betreuen, »gestern habe ich mit drei Patienten begonnen«, schreibt er am 4. Oktober 1938 an seine langjährige Patientin und Vertraute Marie Bonaparte, »aber es war nicht leicht.«

Trotz der körperlichen Schwäche ist Freud bis zuletzt geistig rege, er liest viel, schreibt an seinem letzten Werk, das unter dem Titel *Abriss der Psychoanalyse* posthum erscheinen wird, und empfängt Gäste. Zu ihnen zählen Chaim Weizmann, der spätere erste Staatspräsident Israels, die Schriftsteller H. G. Wells, Arthur Koestler und Stefan Zweig. Letzterer bringt Salvador Dalí mit, der es sich zur künstlerischen Aufgabe gemacht hat, Freuds Lehre in die Malerei umzusetzen. Er fertigt während der Zusammenkunft in London eine Skizze seines Idols an.

Auch wenn Freud täglich mit eiserner Disziplin drei bis vier Patienten zur Analyse empfängt, kann nichts über die Ausweglosigkeit seines Zustandes hinwegtäuschen. Er ist sich seiner Lage bewusst, erklärt im März 1939, dass er nur noch einige Wochen zu leben habe. Besonders bewegend ist ein Brief an Marie Bonaparte vom 28. April: »Ich habe Ihnen lange nicht geschrieben … Ich nehme an, Sie wissen warum, erkennen es auch an meiner Schrift … Man hat versucht, mich in eine Atmosphäre von Optimismus zu ziehen: das Karzinom ist in Schrumpfung, die Reaktionserscheinungen sind vorübergehend. Ich glaube nicht daran und mag es nicht, betrogen zu werden …«

Kurz darauf, am 6. Mai 1939, feiert Freud seinen 83. Geburtstag. »Die zwei folgenden Nächte haben meine Erwartungen wieder grausam zerstört«, steht in seinem letzten Brief an Marie Bonaparte, »das Radium hat wieder etwas aufzufressen begonnen, unter Schmerzen und Vergiftungserscheinungen, und meine Welt ist wieder, was sie früher war, eine kleine Insel Schmerz, schwimmend auf einem Ozean von Indifferenz.«

Nachdem sein letztes großes Werk, *Der Mann Moses und die monotheistische Religion,* im März in Amsterdam auf Deutsch erschienen ist, kann sich Freud in den letzten Wochen seines Lebens noch über die eben fertiggestellte englische Übersetzung des Buches freuen. »Der Moses«, sagt er, »ist kein unwürdiger Abschied.«

Am 1. September 1939, drei Wochen vor seinem Tod, erfährt Freud vom Einmarsch deutscher Truppen in Polen und damit vom Ausbruch des Zweiten Weltkrieges. Auf die Frage seines Leibarztes Dr. Max Schur, ob dies wohl der letzte Krieg sein würde, reagiert er: »*Mein* letzter Krieg.«

Sigmund Freud, der seit vierzig Jahren seinen Tod herannahen fühlte, hat mit seiner Befürchtung zum ersten Mal recht. Das krebsartige Geschwür greift auf Backe und Augenhöhlenbasis über, Freud kann kaum noch schlafen, Anna und das treue Dienstmädchen Paula wachen Tag und Nacht am Bett des Sterbenden.

Freud kann die Zeitungskommentare über den Kriegsausbruch verfolgen, doch die tödliche Krankheit frisst sich so weit durch, dass die Verbindung zwischen Mundhöhle und der Außenseite offen ist. Durch das Loch in der Wange dringt ein schlimmer Geruch, sodass über Freuds Bett ein Moskitonetz gespannt wird, weil der Geruch die Fliegen anlockt. Sein Hund, der Chow »Lün«, den er über alles liebt, kann den Geruch nicht ertragen und nicht dazu gebracht werden, in seiner Nähe zu bleiben. Wird er ins Zimmer seines Herrn gesperrt, verkriecht er sich in die entfernteste Ecke. Freud weiß, was das bedeutet, und schaut seinen Liebling nur traurig an.

Dr. Schur wacht bis zuletzt an Freuds Bett, das man in sein Arbeitszimmer, inmitten der geliebten Bücher und Statuetten, gestellt hat und von dem aus er in den Garten schauen kann: »Es wurde immer schwieriger, ihm genügend Nahrung zuzuführen«, schreibt Max Schur in seinen Erinnerungen an Freud, »er hatte große Schmerzen und die Nächte waren schlimm. Er konnte kaum noch sein Bett verlassen und wurde allmählich kachektisch. Es war qualvoll, sein Leiden nicht lindern zu können, aber ich wusste, dass ich warten musste, bis er mich dazu auffordern würde.«

Am 21. September 1939 ergreift Freud die Hand seines Arztes und sagt: »Lieber Schur, Sie erinnern sich wohl an unser erstes Gespräch. Sie haben mir damals versprochen, mich nicht im Stich zu lassen, wenn es soweit ist. Das ist jetzt nur noch Quälerei und hat keinen Sinn mehr.«

Der Arzt bestätigt, dass er zu seinem damaligen Versprechen stehe, Freud seufzt erleichtert auf, hält Dr. Schurs Hand noch einen Augenblick fest und sagt: »Ich danke Ihnen.« Nach einem Augenblick des Zögerns fügt er hinzu: »Sagen Sie es Anna.« Über all das sprach Freud laut Dr. Schur »ohne eine Spur von Gefühlsüberschwang oder Selbstmitleid und in vollem Bewusstsein der Realität«.

Am nächsten Tag, als er wieder schreckliche Schmerzen hat, gibt der Arzt seinem Patienten eine Injektion von 0,02 Gramm Morphium. Bald spürt Freud Erleichterung und fällt in einen friedlichen Schlaf. Nach zwölf Stunden wiederholt Schur die Dosis. Freud ist am Ende seiner Kräfte, er fällt in ein Koma, aus dem er nicht mehr erwacht.

Der Tod tritt am 23. September 1939 um drei Uhr morgens ein. Als Erlösung aus unendlicher Qual, so wie Sigmund Freud es schon zwölf Jahre zuvor prophezeit hat: »Am Ende scheint uns der Tod weit weniger unerträglich als die mannigfachen Bürden des Lebens.«

Knapp drei Jahre nach Freuds Tod, zwischen Juni und August 1942, werden seine Schwestern nach Theresienstadt gebracht. Alle vier finden hier oder in anderen Konzentrationslagern den Tod.

DIE SCHLIMMEN LETZTEN JAHRE

Peter Alexanders heile Welt bricht zusammen,
29. März 2003

*Peter Alexander, eigentlich Neumayer * 30. 6. 1926 Wien, † 12. 2. 2011 Wien. Entertainer. 70 Kinofilme: Verliebte Leute (1954), Im weißen Rössl (1960), Die Fledermaus (1962), Charleys Tante (1963).*

Sein Charme und seine Perfektion als Entertainer bleiben unvergessen. Und das, obwohl man ihn in den letzten Jahren seines Lebens kaum noch zu sehen bekam. Peter Alexander hat sich 1991 mit seinem letzten Konzert in der Wiener Stadthalle zurückgezogen, danach gab es noch fünf große Fernsehshows – die allerletzte wurde am 25. Dezember 1995 gezeigt –, aber keine Tourneen mehr und kaum noch Interviews. Einmal, am 20. Dezember 1998, führte er noch ein Gespräch in der Sendung *Lebenskünstler* mit Helmut Zilk, in dem er Bilanz über ein erfülltes und bis dahin glückliches Leben zog und es lediglich bedauerte, dass der von ihm geliebte Jazz zu kurz gekommen sei.

Der Film-, Bühnen- und Fernsehstar führte nun das Leben eines Pensionisten, ging angeln, spielte mit seiner Modelleisenbahn, las viel, hörte Musik und genoss es, nicht mehr auftreten und in der Öffentlichkeit stehen zu müssen. »Ich habe über fünfzig Jahre meinen Beruf sehr ernst genommen«, sagte er, »jetzt nehme ich meine Pension sehr ernst.« Schwer ums Herz wurde Peter Alexander, wenn er daran dachte, »dass das Schicksal eines Tages meine Frau und mich auseinanderreißen wird. Ich hoffe, ich bin der Erste, der geht, sonst bin ich verloren. Es vergeht fast kein Tag, an dem ich nicht daran denke.«

Doch kaum hat er aufgehört, seinem Publikum im Fernsehen die heile Welt vorzuspielen, bricht auch seine eigene heile Welt zusammen. Schon der Wunsch, vor seiner Hilde zu gehen, ging nicht in Erfüllung. Hilde Alexander, geb. Haagen, seine Frau, die Mutter seiner beiden Kinder und langjährige Managerin, starb am 29. März 2003 nach langem Leiden im Wiener Allgemeinen Krankenhaus an einer Herzschwäche. »Schnurrdiburr«, wie er sie nannte, hat ein Jahr vor ihrem Tod nach einem Sturz einen Oberschenkelhalsbruch erlitten, lag zunächst in einer Kärntner Klinik, dann im AKH. Sie selbst rechnete nicht mehr mit ihrer Genesung, sie wollte nur, dass Peter sich daran gewöhnen sollte, ohne sie weiterzuleben.

Das ist ihm nicht gelungen. Peter Alexander zieht sich noch mehr als bisher zurück, bleibt mit ganz wenigen Menschen in regelmäßigem Kontakt, vor allem mit dem berühmten Pianisten Rudolf Buchbinder und seiner Frau Agnes. Das mit ihm eng befreundete Ehepaar erinnert sich an die letzten Jahre im Leben des Publikumslieblings: »Hildes Tod hat ihn vollkommen aus der Bahn geworfen, er konnte sich an ein Leben ohne sie nicht gewöhnen, er hat jeden Tag zu ihrer Todesstunde eine Kerze angezündet. Wir waren die Einzigen, zu denen er Vertrauen hatte, da er in der ständigen Angst lebte, von Medien und anderen Menschen benützt zu werden, bei uns konnte er sich in Sicherheit wiegen. Es war aber auch schrecklich, wie die meist aus Deutschland angereisten Reporter und Paparazzi nach Hildes

Der strahlende Schauspieler, Sänger und Entertainer, wie er seinem Publikum in Erinnerung bleibt: Peter Alexander

Tod vor seinem Haus lauerten und regelrecht über ihn herfielen. Sie waren darauf aus, ihn auf seinem Weg zum Grinzinger Friedhof zu verfolgen und Fotos zu schießen, wenn er am Grab seiner Frau stand. Das führte dazu, dass Peter sein Haus überhaupt nicht mehr verließ. Diese Leute hatten kein Verständnis dafür, dass er seinen Lebensabend in Ruhe verbringen wollte.«

Hilde Alexander, erzählen Agnes und Rudolf Buchbinder, sei eine enorm starke Frau gewesen, die ihn ein Leben lang unterstützte. »Er hätte seine Karriere ohne ihre Hilfe nicht geschafft, sie war sein positiver Lebensmensch, sein Motor, im Beruf wie im Privatleben. Die beiden waren so sehr miteinander verbunden, dass er immer in der Mehrzahl sprach: ›Wir fahren dorthin, wir treten am Soundsovielten auf …‹«

Am 30. Juni 2006 hat »Peter der Große« seinen letzten Fernsehauftritt, bei dem er sich im Rahmen einer ZDF-Gala anlässlich seines achtzigsten Geburtstags ans Klavier setzt und sich von seinem Publikum mit wenigen berührenden Worten und dem Lied »Dankeschön, es war bezaubernd, Dankeschön« verabschiedet. Aufgenommen wurde die Videobotschaft allerdings im Arbeitszimmer der Alexander-Villa in Wien-Döbling unter der Kameraführung seiner Tochter Susi.

Und dann kommt der 8. März 2009. Peter Alexander ist mittlerweile 82 Jahre alt, da erreicht ihn die Nachricht, dass seine fünfzigjährige Tochter Susanne Haidinger-Neumayer in Thailand bei einem Autounfall ums Leben gekommen ist. Die Malerin war mit ihrem Mann auf der Insel Koh Samui unterwegs, als der Leihwagen in einer Kurve ins Schleudern geriet. Während ihr Mann mit Verletzungen davonkam, wurde Susi, die nicht angeschnallt war, gegen die Windschutzscheibe geschleudert. Sie starb an einer Kopfverletzung, die sie sich dabei zuzog.

»Man kann sich nicht vorstellen«, sagt das Ehepaar Buchbinder, »was dieser Schlag für Peter Alexander bedeutete. Die eigene Tochter auf so tragische Weise zu verlieren! Schon nach Hildes Tod war eine Hälfte in ihm, in seiner Seele, gestorben. Jetzt kam diese Katastrophe dazu. Susi hatte ein gutes Verhältnis zu ihrem Vater, sie wohnte vis-à-vis und besuchte ihn jedenfalls bis zu ihrer Hochzeit jeden Tag, danach ließen die Besuche etwas nach, aber sie kam immer wieder zum Essen zu ihm.«

Von seiner treuen Haushälterin, die Jahrzehnte im Hause Alexander arbeitete, bis zuletzt umsorgt, stirbt Peter Alexander im Alter von 84 Jahren in seiner Villa. Die Todesursache wurde nie bekannt gegeben. »Er konnte einfach nicht mehr«, erklärt Rudolf Buchbinder, »er wollte sterben, so hat er es auch gesagt.«

Schauspielerin erobert Kaiser

Katharina Schratts entscheidende Begegnung, 21. Mai 1886

Dass aus diesem Treffen eine jahrzehntelang andauernde Liebe werden sollte, grenzt an ein Wunder. Denn wenn man weiß, wie peinlich genau bei Hof zwischen Mitgliedern der Hocharistokratie und den Angehörigen des Bürgertums unterschieden wurde und wie schwierig es überhaupt war, dem verschlossenen Monarchen nahe zu kommen, wird man kaum verstehen, dass Katharina Schratt die wichtigste Weggefährtin Kaiser Franz Josephs werden und drei Jahrzehnte lang bleiben sollte.

Er selbst hätte dieses Kunststück auch nicht zuwege gebracht, es war Kaiserin Elisabeth, die ihren Mann mit der Schauspielerin regelrecht verkuppelt hat. Man schreibt den 21. Mai 1886, als es im Atelier des kaiserlichen Hofmalers Heinrich von Angeli zur entscheidenden Begegnung der Schratt mit Franz Joseph kommt. Nichts ist dem Zufall überlassen, alles strategisch genau vorbereitet. Zur Verwirklichung ihres Plans hat die Kaiserin Wiens berühmtesten Porträtmaler engagiert.

Elisabeth weiß zu diesem Zeitpunkt bereits, dass ihr Mann Sympathie und Zuneigung für die Schratt empfindet, jetzt nimmt sie die Sache selbst in die Hand. Die Kaiserin hat sich längst von Franz Joseph abgewendet und jeglichen intimen Kontakt mit ihm eingestellt. Sie war auf der Suche nach einer Art Gesellschaftsdame für ihn, um die ungeliebte Residenzstadt noch öfter und ohne schlechtes Gewissen verlassen zu können.

Die Schratt war der ideale »Ersatz«. Sie war eine patente und gut aussehende Frau von damals 33 Jahren, die mit beiden Beinen in der Welt stand und deren Interessen mit denen Franz Josephs übereinstimmten. Beide liebten das Theater, insbesondere den Tratsch und den Klatsch, der sich hinter den Kulissen ereignete. Durch Katharina Schratt konnte er viele Geschichten vom Leben

Katharina Schratt * 11. 9. 1853 Baden bei Wien, †17. 4. 1940 Wien. Schauspielerin, ab 1883 Mitglied des Burgtheaters. Rund 30 Jahre die engste Vertraute Kaiser Franz Josephs.

seiner Untertanen erfahren, die sie noch dazu vortrefflich zu erzählen wusste. Der 55-jährige Kaiser lebte in der Hofburg und in Schönbrunn wie ein Gefangener, dessen Adjutanten und Obersthofmeister möglichst alles von ihm fernhielten, das »draußen« vor sich ging. Bis die Schratt kam und ihm »das Fenster zur Welt öffnete«, wie es des Kaisers Unterrichtsminister Gustav Marchet ausdrückte.

Kaiser und Schratt hatten einander, ehe es zum entscheidenden Treffen in Heinrich Angelis Atelier kam, bereits mehrmals gesehen, ohne dass es »gefunkt« hätte. Das erste Mal drei Jahre davor, als sie bei ihm in Audienz erschien, um sich dafür zu bedanken, an das k. k. Hof-Burgtheater engagiert worden zu sein. Für den Kaiser ein Routinetermin wie Tausend andere. Das zweite Mal war noch unromantischer, da suchte Katharina Schratt um Hilfeleistung bei einem Finanzproblem (das übrigens nicht gelöst werden konnte) in der Familie ihres Mannes Nikolaus von Kiss an.

Beim dritten Mal kamen sie beim »Ball der Industrie« am 2. Februar 1885 im Wiener Musikvereinssaal ins Gespräch. »Die Schratt sah an diesem Abend besonders hübsch aus, und der Kaiser hat sich lange mit ihr unterhalten«, hinterließ Wiens Societylady Nora Fürstin Fugger in ihren Memoiren. Im August 1885 fand das vierte Zufallstreffen statt: Der Kaiser empfing den russischen Zaren Alexander III. zu einer Unterredung auf Schloss Kremsier in Mähren, in deren Anschluss die Majestäten durch ein von mehreren Schauspielern vorgetragenes Lustspiel unterhalten wurden. Als die Vorstellung beendet war, bat der Kaiser die anwesenden Künstler zum Souper. Kronprinz Rudolf mokierte sich in einem Brief an seine Frau Stephanie über das ungewöhnliche Zusammentreffen von Schauspielern mit Angehörigen der kaiserlichen Familie: »Um acht Uhr Theater, dann Souper mit Wolter, Schratt und Fräulein Wessely*; es war merkwürdig.«

---

* Gemeint sind die Burgschauspielerinnen Charlotte Wolter (1834–1897), Katharina Schratt und Josephine Wessely (1860–1887), eine Tante der Paula Wessely.

Katharina Schratt war eine patente und gut aussehende Frau von 33 Jahren, als Kaiser Franz Joseph sich im Jahre 1886 in sie verliebte.

Kaiserin Elisabeth, die ihren Mann und die Schratt in Kremsier in zwanglosem Gespräch beobachtet hatte, erkannte, dass diese Frau die Gabe besaß, den immer einsamer werdenden Kaiser mit Themen zu unterhalten, die ihn begeisterten. Um diese Verbindung, die ihr selbst absolute Freiheit verschaffen sollte, zu fördern, ließ sich Elisabeth nun etwas Besonderes einfallen.

Und so kam es am 21. Mai 1886 zu besagtem Treffen, das Heinrich von Angeli in seinen (unveröffentlichten) Lebenserinnerungen schildert: Ida von Ferenczy, die Vorleserin und erste Hofdame der Kaiserin, überbrachte dem Hofmaler eines Tages die Order, die Schauspielerin Katharina Schratt zu porträtieren. Das Bild sei als Geschenk für den Kaiser gedacht, doch müsse die Sache streng geheim bleiben. Frau Schratt dürfe keinesfalls erfahren, wer die hohe Auftraggeberin sei, geschweige denn, für wen das Porträt bestimmt ist. Mehr noch, Frau Schratt dürfe nicht einmal bekannt werden, dass sie die zu Porträtierende sei.

*Heinrich von Angeli * 8. 7. 1840 Ödenburg, †21. 10. 1925 Wien. Als einer der bedeutendsten Porträt- und Historienmaler seiner Zeit an vielen Höfen Europas tätig.*

Für jeden anderen Maler wäre ein solcher Auftrag vermutlich undurchführbar gewesen. Nicht für Angeli. Der findige Künstler ersann einen Plan, in den er den befreundeten Burgschauspieler Emmerich Robert einweihte. Gemeinsam bereiteten sie eine Komödie vor. Emmerich Robert ging zu Katharina Schratt und erzählte ihr die folgende, abenteuerlich anmutende Geschichte: »Sie kennen doch den Angeli, den Hofmaler, der hat von einem englischen Adligen den Auftrag bekommen, dessen kürzlich verstorbene Frau für sein ewiges Andenken zu porträtieren. Und wie's der Zufall will, Kathi, hat die gute Lady eine verblüffende Ähnlichkeit mit Ihnen gehabt. Der Professor möcht Sie recht schön bitten, ihm in dieser Angelegenheit, gewissermaßen in Vertretung, Modell zu sitzen.«

Der Plan ging auf: Katharina Schratt war es eine Ehre, dem berühmten Maler behilflich sein zu dürfen, und erklärte dem Kollegen Robert, dass ihr die Sitzungen »eine große Freud« bereiten würden. Elisabeth wiederum erzählte dem Kaiser von dem bald einzulangenden Geschenk, auf das er sich sehr zu freuen schien. Als das Bild im Stadium der Fertigstellung war, verfasste Franz Joseph einen Brief an den Künstler, mit der Bitte, das Ölgemälde in Augenschein nehmen zu dürfen. Am 20. Mai 1886 sagte sich Seine Majestät bei Angeli an: »Mit Erlaubniß der Kaiserin möchte ich morgen um 1 Uhr in Ihr Atelier kommen, um das Bild der Frau Schratt zu sehen, welches Sie in ihrem Auftrage für mich malen. Ich bitte mich nur mit einer Zeile wissen zu lassen, ob ich um diese Stunde kommen kann. Franz Joseph.«

Am nächsten Tag erschien der Kaiser pünktlich um eins im Atelier Professor Angelis in der Wiener Kunstakademie, Elisabeth folgte einige Minuten später.

Franz Joseph betrachtete das fast fertige Bild, zeigte sein Wohlgefallen und meinte dann, eher scherzhaft: »Schade, dass das Original nicht anwesend ist, sodass man die lebendige mit der gemalten Frau Schratt vergleichen könne.«

Der gewitzte Angeli war darauf gefasst. Und sagte zum Kaiser: »Majestät, Ihr Wunsch ist mir Befehl, Frau Schratt befindet sich im Nebenzimmer.« Franz Joseph öffnete daraufhin die Tapetentür, aus der nun die Schauspielerin völlig überrascht trat, um – wie ihr Angeli zuvor mitgeteilt hatte – »die Auftraggeber kennenzulernen«. Dass diese Franz Joseph und Elisabeth waren, hatte sie nicht ahnen können, weswegen sie auch ziemlich verschüchtert wirkte, als sie den Majestäten gegenüberstand.

Der Maler versuchte die peinliche Stille zu durchbrechen und fragte: »Warum fürchten Sie sich denn, Seine Majestät wird Ihnen ja nix tun«, worauf die Schratt meinte: »Ich fürcht mich gar nicht, ich hab nur ein bissl Angst.«

Franz Joseph lachte herzhaft und behielt die Begegnung in angenehmer Erinnerung. Er ließ sich das Schratt-Porträt schicken und wies dem Bildnis in seinem Schreibzimmer in der Hermes-Villa einen besonderen Platz zu.

Und dann schrieb er seinen ersten Brief an die Schratt, dem gleich ein Smaragdring beigegeben war: »Den 23. Mai 1886. Meine gnädige Frau, ich bitte Sie, beifolgendes Andenken als Zeichen meines innigsten Dankes dafür anzunehmen, dass Sie sich der Mühe unterzogen haben, zu dem Angelischen Bilde zu sitzen. Nochmals muss ich wiederholen, dass ich mir nicht erlaubt hätte, dieses Opfer von Ihnen zu erbitten, und dass daher meine Freude über das theure Geschenk nur umso größer ist. Ihr ergebener Bewunderer.«

Am Ende des Gesprächs bei Angeli hatte der Kaiser die für die kommenden drei Jahrzehnte seines Lebens entscheidende Frage gestellt: »Frau Schratt, wo werden Sie heuer den Sommer verbringen?«

Die Schauspielerin antwortete, dass sie an den Wolfgangsee fahren werde, wo sie das Schloss Frauenstein gemietet hatte.

»Wenn ich darf, möchte ich Sie dort von Ischl aus besuchen«, sagte Franz Joseph, um sich dann – gemeinsam mit seiner Gemahlin – zu verabschieden.

Wochen später sollten Kaiser und Schauspielerin einander tatsächlich am Wolfgangsee wiedersehen. Womit der außergewöhnlichen Verbindung, von Elisabeth geschickt eingefädelt, nichts mehr im Wege stand.

TAGSÜBER LEID, ABENDS LACHEN

Karl Farkas meistert sein Schicksal,
19. August 1928

Ich habe mit Karl Farkas, als ich in der Spielsaison 1969/70 für ihn am Kabarett Simpl arbeitete, viele und auch lange Gespräche geführt. Ein Thema jedoch hat er immer ausgespart. Farkas sprach nie über seinen behinderten Sohn, dessen Krankheit das Leben des Kabarettisten überschattete. Er schaffte den Drahtseilakt zwischen Lachen und Weinen nicht.

Karl Farkas ist seit einem Jahr verheiratet, als die glückliche Stunde schlägt. Am 19. August 1928 bringt seine Frau Anny einen gesunden Knaben zur Welt. Das Ehepaar nennt ihn Robert, gerufen wird er Bobby. Farkas ist ein strahlender Vater, liebt und verwöhnt sein bildhübsches, blondes Kind. Jede freie Minute verbringt er bei seinem Robert.

Der Star des Wiener Kabaretts lässt sich gerne mit Robert fotografieren, die Zeitungen zeigen Bilder des »jüngsten Farkas«. Die *Wiener Illustrierte* fragt sogar: »Werden wir Bobby in einigen Jahren auch auf der Bühne bewundern können?«

Das Kind entwickelt sich zunächst zu seinem Besten, erkrankt aber plötzlich. Vorerst wird vom Hausarzt nur eine Grippe diagnostiziert. Doch bald erweist sich das Leiden als Gehirnhautentzündung.

Karl Farkas' Witwe Anny, die bis zu ihrer Heirat selbst als Schauspielerin tätig war, erklärte im Jahre 1975: »Mein Mann hat in seinem Leben eine Unzahl von Interviews gegeben, aber über unseren Sohn wurde nie geredet, geschweige denn geschrieben. Nun, da mein Mann tot ist, breche ich dieses Schweigen. Wir konsultierten die berühmtesten Ärzte und Heilpädagogen. Äußerlich merkte man Bobby nichts an. Doch als er fünf Jahre alt war, ging eine Veränderung in ihm vor. Er sonderte sich von den anderen Kindern auf dem Spielplatz ab. Wir waren verzweifelt, schöpften

*Karl Farkas
* 28. 10. 1893
Wien, † 16. 5.
1971 Wien. Ab
1922 als Kabarettist im Simpl.
1938 Flucht in
die USA. Nach
seiner Rückkehr
künstlerischer
Leiter des Simpl.*

Der strahlende Vater: Karl Farkas mit seinem kleinen Bobby

dann aber immer wieder ein bisschen Hoffnung. Vielleicht würde in der Pubertät wieder alles in Ordnung kommen.«

Alexander Fleming hat in Bobbys Geburtsjahr 1928 den auch für diesen Fall Heilungschancen versprechenden Wirkstoff Penicillin entdeckt. Jedoch die erste erfolgreiche Behandlung durch das Jahrhundertmedikament glückte erst dreizehn Jahre danach. Zu spät für Bobby. Alle Zuversicht der Eltern sollte sich in den kommenden Jahren in nichts auflösen. Im Gegenteil: Die Krankheit nahm einen unglücklichen Verlauf.

Nur ein einziges Mal nach seiner Erkrankung wurde der Name des Kindes in die Öffentlichkeit getragen. Radio Wien verlautbarte am 7. April 1934, dass »der sechsjährige Robert Farkas, der einzige Sohn des Schauspielers Karl Farkas«, abgängig sei. Der Bub war mit seiner Erzieherin durch die Ungargasse spaziert. Als sie von einem Passanten um eine Auskunft gebeten wurde, machte sich Bobby selbstständig und ward unauffindbar.

Die Kinderfrau verständigte sofort die Eltern, der Vater unterbrach seine Probe, erstattete die Abgängigkeitsanzeige und machte sich gemeinsam mit seiner Frau und zahlreichen Polizei-Wachmännern auf die Suche. Sämtliche Gassen und Straßen in der Umgebung wurden durchkämmt – ohne Erfolg.

Erst vier Stunden später – die Eltern irrten immer noch verzweifelt durch den Bezirk – rief der Filmverleiher Arthur Spitzer, der die Meldung im Radio gehört hatte, in der Farkas-Wohnung an, um dem Dienstmädchen mitzuteilen, dass er auf der Weißgerberlände einen Knaben, der der verlautbarten Beschreibung entsprach, entdeckt habe. Tatsächlich war es der kleine Bobby.

Noch immer waren die Eltern zuversichtlich, dass sich die zunehmende Verwirrung des Kindes bessern würde. Man lebte in einer eleganten Wohnung in Wien-Landstraße, ließ sich von Dienstmädchen, Kinderfrau, Chauffeur und einer Köchin betreuen. Das Ehepaar Farkas führte das Leben einer gutbürgerlichen Familie, die Wiener Prominenz zählte zu den Freunden und Farkas wurde mit jedem seiner Auftritte populärer. Niemand ahnte etwas von der Krankheit des Sohnes, denn Bobby wurde von allem ferngehalten. Es war die große Angst des Karl Farkas, dass das Bekanntwerden der Familientragödie für ihn beruflich ruinös hätte sein können – denn wer kann schon über einen Komiker lachen, dem das persönliche Schicksal einen so schweren Schlag versetzt hat.

Im März 1938 weitet sich die persönliche Tragödie des Ehepaares Farkas durch die allgemeine aus. Das behinderte Kind wird lebensbedrohend für die ganze Familie. Es ist in der Diktion der Nationalsozialisten »halbjüdisch« und stellt, weil unheilbar, »unwertes Leben« dar. Außerdem ist die Einreise in ein Emigrationsland mit einem behinderten Kind so gut wie unmöglich. Karl Farkas flüchtet über Prag und Paris in die USA – lässt sich aber vor seiner Abreise aus Wien von seiner Frau scheiden, um sie und das Kind keiner Gefahr auszusetzen.

Während sich Karl Farkas in den Vereinigten Staaten durch Tourneen, Gastspiele und Auftritte in deutschsprachigen Emigrantenkabaretts über Wasser halten kann, verbringen Frau und Sohn die Kriegsjahre bei Annys Eltern in dem südböhmischen Städtchen Březnice. Das Ehepaar verliert jeglichen Kontakt zueinander, da es zwischen den kriegführenden Nationen keinen Postverkehr gibt.

Doch gleich nach Kriegsende schickt Karl Farkas 25 Telegramme an seine Frau. In der erhalten gebliebenen Nachkriegskorrespondenz des Ehepaares geht es immer wieder um die Sorge, was aus Bobby werden wird.

12. August 1945, Anny schreibt an Karl Farkas von Březnice nach New York: »Mein lieber Karl, endlich der erste Brief an Dich, mein Lieber. Ich hoffe, dass dieser Brief Dich erreichen und Dir meine Liebe bezeugen wird und meine zärtlichen Gedanken … Ich habe die Telegramme erhalten und ich danke Dir sehr dafür … Diese lange Einsamkeit! Mein Lieber, beklage Deine arme Frau. Ich bin durch die schlimmen Ereignisse der letzten Jahre niedergedrückt …«

Und dann kommt sie auf ihren mittlerweile 17-jährigen Sohn zu sprechen: »Bobby hat sich sehr verändert. Er ist groß geworden, größer als Du. Er ist ein Kind, lieblich und gut gewachsen. Er ist mehr aktiv geworden, aber das ist für ihn und seine Umgebung nicht günstig. Manchmal lacht er grundlos. Er spricht, aber meist nur Dummheiten. Und immer dieselbe Sache …«

Karls Antwort, am 23. August 1945 aus New York: »Meine liebe, kleine, süße Bewunderte! Nichts hätte mich glücklicher machen können als Dein Brief. Der erste Brief seit fast fünf Jahren! Gleichzeitig hatte ich Kummer beim Lesen des Zustandes unseres Bobby … Ich will nur eines: Dich wieder sehen. Wenn die österreichische Regierung gebildet ist, werde ich einen Pass bekommen und die nötigen Visa, um mich auf den Weg zu machen …«

Doch bis zum Wiedersehen sollte es länger dauern, als Farkas ursprünglich annahm. Noch erkannten die Alliierten keine definitive Bundesregierung für das vierfach besetzte Österreich an. Der anfängliche Plan, für immer gemeinsam nach Amerika zu gehen, zerschlägt sich bald, denn die Einreise mit dem behinderten Bobby ist nach wie vor ausgeschlossen.

»Unsere Sorgen, meine liebe Anny, haben noch nicht ihr Ende gefunden. Es gibt Bobby, mein Putschky. Ich habe immer gehofft, dass sich eines Tages ein Wunder ereignen würde und er werden würde wie die anderen. Und jetzt sehe ich, dass alles verloren ist. Mein Herz ist bedrückt … Wir können jedenfalls nicht mit Bobby zurückfahren. In Ellis Island* gibt es eine sehr genaue medizinische Prüfung.«

Auch eine Unterbringung des Sohnes in einer Wiener Anstalt und eine gemeinsame Zukunft des Ehepaares in den Vereinigten Staaten wird anfangs erwogen, aber der Plan sofort wieder fallen gelassen. Anny schreibt: »Ich habe erfahren, dass die Kinder in den Anstalten schlecht behandelt werden. Sie haben Hunger, und es gibt dort nichts zu essen. Glaubst Du, dass ich zusehen könnte, wie der Kleine leidet? Ich beschäftige mich gegenwärtig nur mit dieser Sache. Aber man kann nichts anfangen, weil wir von der ganzen Welt vollkommen isoliert sind … Die Situation in Europa ist zum Verzweifeln. Du wirst traurig sein, wenn Du den Zustand sehen wirst. Seit sieben Jahren bin ich allein und irre von einem Land zum anderen, verlassen wie ein Vogel in seinem Nest. Mein krankes Kind kann mich nicht entbehren. Meine Kräfte sind am Ende … Bobby hat immer Hunger, er isst wie ein Bär. Er trägt Deine Strümpfe, aber sie sind durch und durch zerrissen. Er trägt auch Deine Anzüge von früher. Aber er geht niemals aus.«

Der wohl traurigste Punkt in der Korrespondenz ist, dass Karl Farkas von seiner Frau erfahren muss, dass alle seine Verwandten – mit Ausnahme einer Nichte – in den Gaskammern der Nazis ermordet wurden. Wie auch sein Doppelconférence-Partner Fritz Grünbaum und viele andere Freunde und Kollegen.

»Sei willkommen, Heimkehrer Karl Farkas!«, schreibt die Wiener *Weltpresse*. Am 22. Juli 1946 kommt der einst so schändlich Vertriebene in seine Heimatstadt zurück – und wird überaus herzlich empfangen. Vor seiner triumphalen Ankunft in Wien war er natürlich nach Březnice gefahren, um Frau und Kind zu sehen. Nach Wien muss er vorerst allein fahren, da die Stadt ausgebombt ist und die Familie keine Wohnung hat. Farkas erhält sofort wieder Engagements, muss aber vorerst im Hotel Krantz** wohnen, erst Anfang 1948 wird ihm eine Mietwohnung in der amerikani-

---

* Insel am Hudson River vor New York, damals Sitz der Einreisebehörde und Sammelstelle für Immigranten in die USA.
** Heute Hotel Ambassador am Neuen Markt.

schen Zone, Ecke Neustiftgasse/Neubaugasse, zugewiesen. Er sieht die vier Zimmer als »kurzfristige Übergangslösung« an, doch lebt er dort bis ans Ende seiner Tage.

Und wieder ist die Familie vom Pech verfolgt. Kaum soll die Übersiedlung Annys und Bobbys aus Březnice mit dem gemeinsamen Hab und Gut erfolgen, kommen in Prag die Kommunisten an die Macht. Bis auf ihre Wäsche und einige wenige Möbel darf Frau Farkas nichts nach Österreich mitnehmen.

Karl und Anny heiraten nun zum zweiten Mal. Beruflich kann Farkas am Kabarett Simpl wieder dort anschließen, wo er vor dem »Anschluss« aufgehört hat – doch ist er sich bewusst, nie wieder einen Kabarettpartner wie Fritz Grünbaum zu finden.

Bobbys Zustand verschlimmert sich so sehr, dass er in den 1950er-Jahren in die Psychiatrische Anstalt Am Steinhof eingeliefert werden muss. Karl Farkas besucht seinen Sohn nur selten, »er hat es nicht ertragen, tagsüber Bobbys Leid zu sehen und abends die Menschen zum Lachen zu bringen«, sagte Anny Farkas, die sich umso mehr um das Wohl ihres Sohnes kümmerte.

Im privaten Pflegeheim mit seinem Betreuer: Robert Farkas, April 2006, damals 77 Jahre alt

»So lange er lebte, ging es Karl Farkas darum, seinen Sohn finanziell abzusichern«, erklärt Ulrich Schulenburg, der die Urheberrechte des Autors und Kabarettisten für den Thomas-Sessler-Verlag verwaltet. »Farkas hat jeden Groschen, den er verdiente, gespart, um Bobby nach seinem Tod gut versorgt zu wissen.«

Das nicht unbeträchtliche Erbe des Publikumslieblings ging zunächst auf seine Witwe über und nach deren Tod im Jahr 1979 war Bobby der Alleinerbe. Der Nachlass wurde im Auftrag des Pflegschaftsgerichts Wien durch einen Kurator verwaltet. So war es möglich, dass Bobby in seinen späten Jahren in einem privaten Pflegeheim für behinderte Menschen in Neulengbach bei Wien wohnen konnte, wo durch individuelle Betreuung eine für ihn wesentlich bessere Lebensqualität erzielt wurde.

Ich habe ihn dort zwei Mal besucht, im Oktober 1993 und im April 2006. Der mich begleitende Sachwalter war damit einverstanden, Robert Farkas in der Öffentlichkeit zu zeigen, »weil man durchaus sehen soll, dass Bobby so viele Jahre nach dem Tod seines Vaters vorbildlich betreut wird, dass er hier in guten Händen ist«.

Der bei meinen Besuchen 65- bzw. 77-jährige Robert Farkas hatte ein gutes, mildes Gesicht. Er nahm kaum Anteil an seiner Umwelt, zeigte keinerlei Emotion. »Bobby war früher aggressiv, jetzt ist er gutartig und milde«, erklärte die diensthabende Ärztin. »Es ist schwer abzuschätzen, wie er empfindet, er ist total introvertiert, will keinen Kontakt zu anderen Patienten, kommuniziert nur mit seinem Pfleger. Er lebt in einer Scheinwelt, und das Einzige, was er genießen kann, ist sein Essen. Das liebt er, darauf freut er sich jedes Mal.« Der Sohn von Karl Farkas kannte nur ein Wort, er sagte immer wieder »Lade«, weil er Schokolade liebte. »Meistens läuft er durch den Garten«, sagte sein Betreuer, »er ist immer auf der Flucht, lebt in ständiger Angst.« Niemand weiß, wovor.

Karl Farkas hat Österreich jahrzehntelang zum Lachen gebracht. Privat war er nicht zuletzt durch das Los seines Sohnes ein sehr ernster Mensch.

Bobby Farkas starb im Juli 2009 im Alter von achtzig Jahren. Er ist in einem Ehrengrab der Stadt Wien an der Seite seiner Eltern bestattet.

DER ECHTE UND DER FALSCHE KAISERSOHN

Otto von Habsburg *kehrt zurück,*
31. Oktober 1966

*Otto von Habsburg *20.11.1912 Reichenau an der Rax, †4.7.2011 Pöcking/Bayern. Der Sohn Kaiser Karls verlässt 1919 mit seiner Familie Österreich. 1966 betritt er wieder österreichischen Boden.*

Die Aufregung war groß an jenem 11. August 1966, als die Sicherheitsdirektion Salzburg dem Innenministerium nach Wien meldete: »Am heutigen Tag, um 13.15 Uhr ist Dr. Otto Habsburg-Lothringen mit zwei Kindern über den Steinpass nach Österreich eingereist. Er benützte hierzu einen offenen Volkswagen, weiß lackiert, Fahrziel unbekannt.« Am nächsten Tag schon demonstrierten mehr als hundert Studenten am Denkmal der Republik vor dem Wiener Parlament mit Transparenten, auf denen zu lesen war: »Die Republik braucht keinen Kaiser«, »Kein Platz für Otto« und »Otto bleib in Pöcking«. Sozialisten und Gewerkschafter bereiteten sich auf einen Generalstreik vor, weil der Sohn des letzten Kaisers zum ersten Mal seit 1946 österreichischen Boden betreten hatte.

Jedoch, es war – wie von den Behörden bald zähneknirschend bekannt gegeben werden musste – nicht Otto von Habsburg, der die Grenze überschritten hatte, sondern Gottfried Habsburg-Lothringen[*], ein Cousin des Kaisersohnes. Dieser lebte in St. Gilgen am Wolfgangsee und hatte wie so oft mit seinem Auto die deutsch-österreichische Grenze passiert. Otto Habsburg selbst erfuhr von der eher kuriosen Verwechslung an der spanischen Costa Blanca, wo er einige Urlaubstage verbrachte. Von dort aus ließ er die *Austria Presse Agentur (APA)* telegrafisch wissen: »Ich war die ganze Zeit über mit meiner Familie hier, genieße das herrliche Sommerwetter und schreibe. Gegenwärtig arbeite ich an mehreren Büchern. Allerdings beabsichtige ich, eines Tages in meine Heimat zurückzukehren.«

---

[*] Gottfried Habsburg-Lothringen (1902–1984) stammte aus der Toskana-Linie des ehemaligen Kaiserhauses.

Knapp vor Unterzeichnung der Verzichtserklärung: Kaiser Karls erstgeborener Sohn Otto von Habsburg an der deutsch-österreichischen Grenze am Steinpass bei Salzburg, um 1960

Die beabsichtigte Heimkehr des Kaisersohnes wäre eigentlich schon seit 1961 möglich gewesen, als er die von der Republik Österreich als Bedingung für seine Einreise geforderte Verzichtserklärung auf alle Herrschafts- und Vermögensansprüche unterschrieben hatte.

Da jedoch am 11. Jänner 1961 sein erster Sohn Karl in Deutschland das Licht der Welt erblickt hatte und dieser im Taufregister als »Erzherzog« eingetragen wurde, wurde in Österreich die »Habsburgkrise« virulent, die Ottos Rückkehr einmal mehr verhinderte. Dazu kam, dass Otto im Besitz eines österreichischen Reisepasses mit dem kuriosen und weltweit wohl einzigartigen

Vermerk war: »Gültig für alle Staaten der Erde – mit Ausnahme der Republik Österreich.«

Die nun schon seit Jahren immer wieder aufgeschobene Einreise des ehemaligen Thronfolgers erweise sich als »Generationsproblem«, schreibt der Historiker Hellmut Andics in seinem 1965 erschienenen Buch *Der Fall Otto Habsburg*: »Das unverschuldete Verhängnis des Mannes, der in Pöcking auf seine Heimkehr wartet, ist dabei nur, dass er 53 Jahre alt ist. Er hat also nicht mehr viel Zeit.« Andics konnte nicht ahnen, dass Otto von Habsburg 98 Jahre alt werden würde – und somit noch sehr viel Zeit hatte.

Dennoch: Am 31. Oktober 1966 ist es wirklich so weit: Nach Erhalt eines neuen Reisepasses ohne Ausnahmeregelung betritt nunmehr der »echte« Otto von Habsburg bei Kufstein in Tirol zum ersten Mal nach zwanzig Jahren österreichischen Boden. »Dr. Otto Habsburg hat erstmalig von seinem Recht der Einreise nach Österreich Gebrauch gemacht«, verkündete sein Sekretär Heinrich Graf Degenfeld. »Er ist von Pöcking nach Innsbruck gefahren, um aus Anlass des Allerseelentages das Grab seines Großonkels, des Feldmarschalls Erzherzog Eugen, zu besuchen, und er kehrte noch am selben Tag nach Deutschland zurück.« Der österreichische Innenminister Franz Hetzenauer gibt bekannt, »dass Durchreise und Aufenthalt Otto Habsburgs ohne jeglichen Zwischenfall und ohne Aufsehen zu erregen, verlaufen« seien.

Aufsehen erregten erst die Reaktionen in den nun folgenden Tagen. SPÖ-Politiker erklärten, dass »Habsburgs Einreise von einem großen Teil des österreichischen Volkes als nicht erwünscht betrachtet« würde, die *Arbeiter Zeitung* erklärte es als »unfassbare Pietätlosigkeit« des Habsburgers, »ausgerechnet am Tag des Totengedenkens nach Österreich gereist zu sein«. Weiters hieß es, »die Verantwortung für die Gefährdung des inneren Friedens trifft ausschließlich die ÖVP-(Allein)-Regierung«, und am 2. November streikte eine Viertelmillion Arbeitnehmer aus Protest gegen Ottos Kurzbesuch in Österreich.

Habsburg ließ es sich trotz der Proteste nicht nehmen, in den folgenden Wochen drei weitere Male nach Österreich zu reisen.

Noch sahen sich die Behörden zur Vorsicht genötigt, wie einem Aktenvermerk der »Gruppe Staatspolizeilicher Dienst« vom 5. Dezember 1966 zu entnehmen ist: »Der Sicherheitsdirektor ersucht, die Presse von Ottos Reisetätigkeit nicht zu verständigen.«

Intern protokollierte das Bundesministerium für Inneres am 17. Jänner 1967: »Dr. Otto Habsburg-Lothringen ist in letzter Zeit insgesamt vier Mal nach Österreich gereist und hat jeweils das Bundesgebiet nach kurzem Aufenthalt wieder verlassen.« Einmal kam er nur zur Durchfahrt, um seine in Zizers in der Schweiz lebende Mutter, Ex-Kaiserin Zita, zu treffen.

1967 hält Otto von Habsburg bereits mehrere Vorträge in Österreich und besucht einige der alten »Kaisergemeinden«, die ihm in den 1930er-Jahren die Ehrenbürgerschaft verliehen haben. Während es in den 1960er-Jahren bei Ottos Besuchen noch mehrfach zu Protestkundgebungen und weiteren Streikdrohungen kam, erfolgt am 4. Mai 1972 der »historische Handschlag« des Habsburgers mit Bruno Kreisky. Als dieser dem sozialistischen Bundeskanzler aus den Reihen seiner Partei zum Vorwurf gemacht wird, erwidert er: »Genossinnen und Genossen! Manche von euch haben mich kritisiert, weil ich Otto Habsburg die Hand gereicht habe. Aber dadurch, dass er sich vor mir verbeugt hat, ist er bei seinen eigenen Leuten unten durch.«

Acht Jahre später gestattet Bruno Kreisky auch der neunzigjährigen Ex-Kaiserin Zita – obwohl diese nicht bereit war »auf den Thronanspruch zu verzichten« – die Einreise nach Österreich. Der Kanzler erklärte das so: »Wir geben ihr a Durchreisevisum. Und keiner wird nachschauen, ob sie dageblieben ist oder net.«

»ALLES GERETTET, KAISERLICHE HOHEIT!«

Franz von Jauner und der Ringtheaterbrand, 8. Dezember 1881

*Franz von Jauner
* 14. 11. 1831
Wien, †23. 2.
1900 Wien
(Selbstmord).
Schauspieler.
Ab 1. 6. 1881
Direktor des
Wiener Ring-
theaters.*

Dieser Mann schien das Glück gepachtet zu haben. Franz Jauner war ein beliebter Schauspieler und einer der erfolgreichsten Theaterdirektoren Wiens. Nichts schien den rasanten Aufstieg des Charmeurs, der im Wiener Fin de Siècle im Mittelpunkt des kulturellen und gesellschaftlichen Lebens stand, stoppen zu können. Bis das Schicksal eine furchtbare Wendung nahm.

Der elegante, gut aussehende Sohn eines k. k. Hofgraveurs war am Burg- und am Kärntnertortheater aufgetreten und darüber hinaus ein künstlerisch wie organisatorisch so begabter Kopf, dass man ihm nach und nach die Direktionen des Carltheaters und der Hofoper übertrug. Da er all seine Aufgaben bravourös meisterte, wurde er vom Kaiser in den erblichen Adelsstand erhoben und 1880 als Retter des in einer Krise steckenden Ringtheaters geholt. Jauner war am Zenit seiner Laufbahn angelangt. Er ordnete einen umfassenden Umbau des Hauses an, um die Sicherheit zu erhöhen, und war auch hier wieder vom ersten Tag an erfolgreich. Schon die Neueröffnung des Ringtheaters und ein Gastspiel des Weltstars Sarah Bernhardt brachten riesige Erfolge und auch die erste Vorstellung von *Hoffmanns Erzählungen* war eine viel bejubelte Sensation.

Doch in der zweiten Vorstellung der Offenbach-Oper kam es hier zu einer der größten Katastrophen der Theatergeschichte. Das Ringtheater geriet in Brand, 384 Menschen verloren ihr Leben.

Niemand rechnete damit, dass es zu einem solchen Unglück kommen könnte, da man erst vor Kurzem in der k. u. k. Monarchie neue Feuerschutzbestimmungen eingeführt hatte. Wenige Monate vor dem Ringtheaterbrand hatte sich in Nizza an der Côte d'Azur ein Theaterbrand mit zahlreichen Todesopfern ereignet, worauf die österreichische Theaterverwaltung vor allem an den Wiener Bühnen neue, rigorose Brandvorschriften einforderte. Dazu gehörten beleuchtete Notstiegen, Ausgangstore, die nach außen zu öffnen waren, um dem Andrang panischer Massen nachgeben zu können. Weiters wurden lange Sitzreihen durch Gänge unterbrochen und der eiserne Vorhang sollte im Notfall sofort geschlossen werden. Die Einrichtung der neuen Vorschriften wurde wenige Tage vor der Katastrophe von einer Kommission überprüft – aber niemand achtete während der Vorstellungen auf deren Einhaltung.

Direktor Franz Ritter von Jauner ist, als das Feuer am 8. Dezember 1881 ausbricht, nicht im Theater, er kommt erst, als das Gebäude bereits lichterloh in Flammen steht. Als für die Sicherheit des Hauses verantwortlicher Pächter sowie künstlerischer und technischer Leiter wird er in einem Gerichtsverfahren wegen schwerer organisatorischer Mängel zur Verantwortung gezogen. Es war wohl sein größter Fehler, sich selbst zum technischen Leiter ernannt zu haben, obwohl er auf diesem Gebiet weder Ausbildung noch Erfahrung hatte. Und so kam es, dass er – wie es seine Aufgabe gewesen wäre – die Sicherheitsbestimmungen nicht kontrollierte. Und auch seine Mitarbeiter haben nach Ausbruch des Feuers weder den eisernen Vorhang heruntergelassen noch den Brandmelder betätigt, durch den die Feuerwehr verständigt worden wäre. Die dafür zuständigen Männer saßen statt im Theater in einem benachbarten Gasthaus. Dadurch verstrichen wertvolle Minuten, ehe zwei zufällig vorbeikommende Kutscher zur Feuerwehrzentrale fuhren und einen »Dachbrand« meldeten, worauf sich endlich Hilfe in Bewegung setzte.

Das Feuer war kurz vor Beginn der Vorstellung, um 18.45 Uhr ausgebrochen, als sich im Zuschauerraum bereits 1760 Menschen befanden. Auslösendes Moment war eine defekte Gas-Soffitte der Bühnenbeleuchtung, die zunächst den Bühnenvorhang in Brand setzte. Da der eiserne Vorhang nicht heruntergelassen wurde, verbreitete sich das Feuer innerhalb kürzester Zeit im ganzen Haus. Fatalerweise schaltete ein Bühnenarbeiter in dieser Situa-

Das Feuer verbreitete sich innerhalb kürzester Zeit im ganzen Haus: der folgenschwere Ringtheaterbrand am 8. Dezember 1881

tion die Beleuchtung des gesamten Theatergebäudes durch Schließen des Gas-Haupthahnes aus, wodurch eine entsetzliche Panik entstand. Sämtliche Theaterbesucher eilten praktisch gleichzeitig zu den Türen des Zuschauerraums, die sich – im Gegensatz zu den neuen gesetzlichen Bestimmungen – nur nach innen öffnen ließen. So versperrten sich die ins Freie drängenden Publikumsmassen selbst den Weg auf die Straße.

Der erste Löschzug der Wiener Feuerwehr erschien gegen 19 Uhr und war – wie von den beiden Kutschern angezeigt – für ein »Dachfeuer« ausgerüstet, nicht jedoch für eine Massenkatastrophe. Etwas später traf der Militärkommandant Erzherzog Albrecht an der Unglücksstelle ein und erhielt von einem Polizeioffizier die Meldung: »Alles gerettet, Kaiserliche Hoheit!«

Das Zitat wurde zum geflügelten Wort, da man damit eine der größten Katastrophen der Wiener Stadtgeschichte auf dramatische Weise bagatellisiert hatte. Denn zu diesem Zeitpunkt lagen bereits Hunderte verkohlte Leichen im Inneren des Ringtheaters.

Franz von Jauner hat es laut Anklage »unterlassen, dem technischen Personale ausreichende und ordentliche Instruktionen zu geben«, und wird wegen »Vergehens gegen die Sicherheit des Lebens durch Unterlassung von Vorsichtsregeln im Inneren des Theaters« zu einer unbedingten viermonatigen Arreststrafe und zur Aberkennung seines Adelstitels verurteilt. Ebenfalls schuldig gesprochen werden zwei Beleuchter und der Kommandant der Theaterfeuerwehr.

Der Kaiser weist die zahlreichen Gesuche mit der Bitte um Gnade für Jauner zurück, weil »die Größe und Schrecklichkeit der Katastrophe wie der Leichtsinn Jauners eine Sühne verlangen, welche die allgemeine Meinung und auch Mein Gefühl in einer Geldstrafe nicht finden«.

Jauner, der ein Jahr vor der Katastrophe auch das Theater an der Wien erworben hat, wohnt zum Zeitpunkt des Unglücks mit seiner Familie im letzten Stock des Theatergebäudes auf der Linken Wienzeile, von wo aus er sich jetzt im Fiaker ins Landesgericht führen lässt, um seine Strafe anzutreten. Die Wiener munkeln, dass er dort wie in der *Fledermaus* als Herr von Eisenstein im »Häf'n« empfangen wird, da ihn das Personal, vom Direktor bis zum Gefängniswärter, anhimmelt.

Doch nach Verbüßung der Haft ist Jauner ein gebrochener Mann, und er zieht sich für mehrere Jahre vom Theater zurück. Bei der Rückkehr ins Berufsleben scheint er aber wieder Fuß zu fassen. Da ihm mit seiner Verurteilung die Bühnenkonzession entzogen wurde, verkauft er das Theater an der Wien jetzt an Alexandrine von Schönerer. Aber hinter den Kulissen bleibt er der Operettenbühne erhalten, der er einmal mehr

Er muss nach dem Brand des Ringtheaters in den Arrest: Theaterdirektor und Publikumsliebling Franz von Jauner

zu einem künstlerischen wie wirtschaftlichen Höhenflug verhilft, als er 1885 den *Zigeunerbaron* in seiner Inszenierung uraufführt. Mit Alexander Girardi als Zsupan wird die Strauß-Operette einer der größten Erfolge, die Wien je erlebte.

1894 verlässt Jauner das Theater an der Wien, um – mittlerweile voll rehabilitiert – zum zweiten Mal in seinem Leben die Direktion des Carltheaters zu übernehmen, in dem er jetzt auch gemeinsam mit seiner Frau wohnt. Jauner versucht es, dem Trend der Zeit entsprechend, mit junger Literatur, spielt Ibsens Drama *Hedda Gabler* und Schnitzlers Schauspiel *Freiwild*. Meist inszeniert der Direktor selbst, spielt auch die Hauptrollen und geht mit den Stücken, um das Theater wirtschaftlich erfolgreich führen zu können, auf Tournee.

Doch Jauners große Zeit ist vorbei. Gastspiele der Eleonore Duse und Sarah Bernhardts erregen Aufsehen, können aber die enorme Überschuldung der Bühne nicht aufhalten. Auch Franz von Suppés Operette *Das Modell* ist ein künstlerischer, aber kein finanzieller Erfolg. Schließlich setzt Jauner alles auf eine Karte und überweist sein Privatvermögen zur Rettung des Hauses an die Theaterkasse, schlittert jedoch in den Konkurs. Quälende Sorgen, das Fehlschlagen aller finanziellen Aktionen und die drückenden Theaterverhältnisse Wiens zur Jahrhundertwende beginnen an Jauners Lebenskraft zu zehren und seine rüstige Gesundheit zu erschüttern. Der eben noch so vitale Mann erleidet im Winter 1899 einen Schlaganfall, von dem er sich nicht mehr erholt. Franz Jauner wird über Nacht zum Greis.

Am Vormittag des 23. Februar 1900 hat er in seinem Büro – das schon Jauners Vorgänger Johann Nestroy als Arbeitsstätte diente – Besprechungen mit Ensemblemitgliedern und wirkt dabei ruhig und unbefangen. Gegen elf Uhr macht Buchhalter Gerstl dem Direktor die Mitteilung, dass für die Auszahlung der Wochenlöhne kein Geld mehr in der Kassa sei und sich der Schuldenstand auf 45 000 Gulden* belaufe.

---

* Entspricht laut »Statistik Austria« im Jahre 2014 einem Betrag von rund 270 000 Euro.

Post Nr.	Name	Charakter der Beschäftigung und Wohnort
114	Held (Ignaz)	Handlungs-Commis, I. Graben 29
115	Herzberg (Leonhard)	II. Adamsgasse 15
116	Herzberg (Heinrich)	do.
117	Herzberg (Katharina)	do.
118	Hilfreich (Aloisia, Gattin)	Commis, II. Rothe Sterngasse 18
119	Hirsch (Hermann)	II. Praggasse 10
120	Hirschfeld (Albert)	ein Laden
121	Hirschfeld (Mathias)	Luftheizer, I. Fleischmarkt 2
122	Hirschler (Markus)	Commis, I. Köpfgasse 6
123	Hobsa (Anna)	Maurersgattin, II. Vatorstraße 64
124	Höllriegl (Isaak)	Theaterdiener, V. Kilgramgasse 9
125	Höllriegl (Adolf)	II. Mariannengasse 12
126	Hönig (Heinrich)	Kaufmann, III.
127	Hönig (Elisabeth)	Gattin des Vorigen. do.
128	Hönig (Helene)	I. Sterngasse 11
129	Hofstädter (Simon)	II. Währingerstraße 23
130	Hofstädter (Anna)	Gattin des Vorigen. do.
131	Hohenberger (Irmster)	Praktikant, III. Malthäusgasse 5
132	Holubek (Katharina)	II.
133	Holubek (Zofia)	Tochter des Vorigen, II.
134	Horowitz (Josef)	Bankbeamter, Praterstraße 15
135	Huber (Karoline)	Kleidermacherin, II. Mathildenplatz 2
136	Jacobi (Mathias)	Praktikant, I.
137	Jacobi (Karl)	do. do.
138	Illincz (Julius)	I. Rauhensteingasse 3
139	Illincz (Theresia)	Gattin des Vorigen. do.
140	Habierschky (Alfons)	Kaufmann in Wien
141	Kaczkowski-Pomian, Ritter von (Anton)	I.
142	Kamlach (Thomas)	Tischler, Währing Kreuzgasse 27
143	Kanitz (Gustav)	Commis, I.
144	Kanitz (Katharina)	II.
145	Kanitz (Georgine)	Tochter des Vorigen. do.
146	Katzer (Moriz)	III. Florianigasse 22
147	Kaufer (Alexander)	Kaufmann, II. Praterstraße 33

Auszug aus der Totenliste nach dem Brand des Wiener Ringtheaters, 1881

Als der Buchhalter die Direktionskanzlei verlässt, greift der 67-jährige Jauner in seine Schreibtischlade, entnimmt ihr jenen Revolver, mit dem sich sechzehn Jahre davor sein Bruder Lukas erschossen hat, und jagt sich eine Kugel in den Kopf. »Ich verließ Herrn Direktor von Jauner in aufgeräumter Stimmung«, gab Buchhalter Gerstl später zu Protokoll, »und wollte mich eben aus dem Theatergebäude entfernen. Kaum hatte ich aber das Stiegenhaus erreicht, als ich einen Schuss fallen hörte.«

Die Nachwelt, so scheint es, hat Jauner verziehen. 1955 wurde in Wien-Hietzing ihm zu Ehren die Jaunerstraße benannt.

DER KANZLER UND DAS WUNDERKIND

Julius Raabs *Konzertbesuch mit Folgen,*
26. Jänner 1958

Den Staatsvertrag hatte der Bundeskanzler schon zweieinhalb Jahre davor unter Dach und Fach gebracht; 1958 erwirkt Julius Raab in Moskau, dass Österreich nur die Hälfte des vereinbarten Rohöls liefern muss; Raabs Volkspartei bewegt sich in diesem Jahr mit einem neuen Parteiprogramm in Richtung politischer Mitte; ebenfalls 1958 unterzeichnet Österreich ein Wirtschaftsabkommen mit den USA; die Austrian Airlines nehmen ihren Flugbetrieb auf; und die Republik handelt mit der Weltbank eine Anleihe über 10,8 Millionen Dollar aus.

Genug zu tun also für den österreichischen Bundeskanzler, in diesem Jahr 1958. Dennoch findet Julius Raab am 26. Jänner die Zeit, abends in ein Klavierkonzert in den Großen Saal des Wiener Musikvereins zu gehen. Auf dem Programm steht Beethovens Erstes Klavierkonzert, und am Flügel sitzt ein elfjähriger Knabe namens Rudolf Buchbinder, der dem Kanzler zuvor schon als »Wunderkind« angekündigt wurde. Der Regierungschef ist dann vom Spiel des jungen Solisten so beeindruckt, dass er ihn an einem der folgenden Tage zu sich ins Bundeskanzleramt einlädt.

Raab muss zu diesem Zeitpunkt wohl schon gewusst haben, dass Buchbinder in sehr beengten Verhältnissen aufwächst. Sein Vater war knapp vor Rudis Geburt bei einem Motorradunfall ums Leben gekommen, wodurch der Bub mit seinem älteren Halbbruder bei seiner Mutter und seiner Großmutter in einer winzigen Wohnung in Wien-Neubau lebte. Wie durch ein Wunder befand sich in dieser Wohnung jedoch ein geliehenes Pianino. Rudi begann darauf mit vier Jahren die Melodien nachzuklimpern, die er im Radio hörte. Ein Onkel von ihm, als Beamter bei der Wiener Polizei beschäftigt und selbst Hobbypianist, erkannte die außergewöhnliche Musikalität des Buben und

*Julius Raab
* 29. 11. 1891
St. Pölten,
† 8. 1. 1964 Wien.
Baumeister. Vor
dem »Anschluss«
1938 Handels-
minister, nach
dem Krieg
Abgeordneter,
Staatssekretär,
und von 1953 bis
1961 Bundes-
kanzler.*

meldete ihn, als er in einer Zeitung las, dass die Wiener Musikakademie Nachwuchstalente suchte, an. Mit den via Rundfunk erlernten Liedern *Der Waldspecht* und *Ich möcht gern dein Herzklopfen hör'n* bestand der Viereinhalbjährige die Aufnahmsprüfung und wurde so zum jüngsten Hochschüler, der je in Wien ein Studium antrat: »Ich konnte Klavier spielen«, sagt Rudolf Buchbinder, »bevor ich lesen und schreiben konnte.«

*Rudolf Buchbinder * 1.12.1946 Litoměřice (Leitmeritz)/ Tschechoslowakei. Konzertpianist. Mit viereinhalb Jahren jüngster Student an der Hochschule für Musik in Wien, danach weltweite Auftritte.*

Mit sieben gab die Halbwaise im Mozartkostüm das erste Konzert, mit elf verdiente Rudi am Klavier seinen Lebensunterhalt. Dennoch hat er sich nie als Wunderkind gefühlt, »Wunderkinder werden von ehrgeizigen Eltern traktiert, bei mir war alles freiwillig, ich hab mich gern ans Klavier gesetzt.« Und so hat er bereits bei Veranstaltungen der Musikakademie und auf Tourneen gespielt. Am 26. Jänner 1958 tritt Rudolf Buchbinder jedoch zum ersten Mal in seinem Leben als Solist in einem ganz besonderen Rahmen auf, in Wiens Großem Musikvereinssaal, und oben in der Ehrenloge sitzt der österreichische Bundeskanzler. Julius Raab beschließt, sich des kleinen Virtuosen anzunehmen. »Ich kann mich nicht erinnern, bei dem Konzert besonders aufgeregt gewesen zu sein«, erzählt Buchbinder, »aber als ich dann auf Einladung von Bundeskanzler Raab in Begleitung meines Onkels auf den Ballhausplatz ging, war ich schon sehr nervös.« Raab schenkt dem Buben zunächst eine silberne 25-Schilling-Münze und fragt ihn dann, ob er sein Firmpate werden dürfe. Rudi sagt selbstverständlich dankbar Ja.

Wochen später liegt in der Post ein Brief vom Bundeskanzler. »Lieber Rudolf! Am Donnerstag, den 15. Mai 1958 werde ich Dich zur Firmung führen, die an diesem Tag um 14 Uhr in der Stephanskirche stattfinden wird. Vorher werden wir noch gemeinsam Mittagessen gehen, weshalb ich Dich bitte, vor ½ 12 Uhr ins Bundeskanzleramt, Wien I., Ballhausplatz 2, zu kommen.«

Schon bei seinem ersten Besuch im Büro des Bundeskanzlers fragte Raab den elfjährigen Knirps, ob er ihm irgendeinen wirklich großen Wunsch erfüllen könne. »Ich schwankte zwischen einem eigenen Klavier – unseres war ja nur gemietet – und privaten Leh-

Auf dem Weg zur Firmung: der elfjährige Rudolf Buchbinder und sein Förderer, Bundeskanzler Julius Raab, im Mai 1958

rern statt in die Schule zu gehen«, erzählt Buchbinder. Er konnte damals keine reguläre Schule besuchen, da er bereits regelmäßig auf Tournee und in der Musikakademie war. Also entschied er sich für die Privatlehrer.

Raab intervenierte zunächst beim damaligen Unterrichtsminister Drimmel, der den Vorschlag des Kanzlers mit den Worten: »Der Lausbua soll in die Schul gehen« ablehnte.

Daraufhin zeigt Julius Raab wahre Größe und bezahlt dem jungen Pianisten vier Jahre lang aus der eigenen Tasche ein halbes Dutzend Privatlehrer – für jeden Unterrichtsgegenstand einen. So kann Rudolf mit Raabs Unterstützung Mitglied des *Wiener Kindertrios* bleiben, die Meisterklasse an der Musikakademie besuchen, weiterhin auf Tournee gehen – und dennoch die Gymnasialprüfungen absolvieren und später maturieren.

Da Julius Raabs Unterstützung für die diversen Privatlehrer aufging, hatte Buchbinder mit zwanzig Jahren noch immer kein eigenes Klavier. Er musste sich dennoch keines kaufen, weil er 1967 den *Bösendorfer-Wettbewerb* gewann, der ihm einen wertvollen Flügel bescherte.

Rudolf Buchbinder zählt heute zu den weltweit führenden Konzertpianisten und ist mit allen großen Orchestern und Dirigenten aufgetreten.

In den Wahnsinn getrieben

Joseph Roth heiratet,
5. März 1922

Es hätte der schönste Tag seines Lebens sein sollen, der Tag, an dem der 28-jährige Joseph Roth die um sechs Jahre jüngere, von ihm angebetete Friederike Reichler heiratete. Doch der 5. März 1922 stürzte den Dichter, wie sich herausstellen sollte, ins Unglück und trug letztlich zu seinem tragischen Ende bei.

Joseph Roth, der aus einem kleinen jüdischen Schtetl in der Nähe von Lemberg stammte und mit zwanzig Jahren nach Wien übersiedelt war, lernte Friederike im Herbst 1919 im Café Herrenhof kennen. Er und ein Redaktionskollege – beide schrieben damals für den *Neuen Tag* – saßen in ihrem Wiener Stammcafé in der Herrengasse und flirteten mit zwei am Nebentisch sitzenden jungen Damen. Roth hatte es auf Friederike, die bildhübsche, zierliche, dunkelhaarige, scheue und doch lebhafte junge Frau, von der ein eigener Zauber ausging, abgesehen. Nach einer vergnüglichen Plauderei verabschiedeten sich die beiden Mädchen und verließen das Kaffeehaus. Joseph Roth folgte ihnen auf die Straße und fragte die Dunkelhaarige, wie sie heiße und wo sie wohne. Friederike zierte sich, nannte dann aber ihren Namen und ihre Wohnadresse auf der Taborstraße in der Leopoldstadt.

Es dauerte nicht lange, bis Joseph Roth seine Aufwartung machte. Friedl, wie sie genannt wurde, wohnte mit zwei Schwestern in eher ärmlichen Verhältnissen bei ihren Eltern, die zur Jahrhundertwende aus Polen nach Wien gezogen waren. Doch Friedl war – wie Roth jetzt mit Entsetzen erfahren musste – verlobt. Noch dazu mit seinem Kollegen Hanns Margulies, der ebenfalls für den *Neuen Tag* schrieb.

Hedi Reichler, Friederikes jüngere Schwester, hinterließ uns, dass Roth von da an jeden Abend in die Taborstraße kam und es fertigbrachte, die schöne junge Frau durch seine Intelligenz, sei-

*Joseph Roth
* 2. 9. 1894 Brody/
Ostgalizien,
†27. 5. 1939
Paris. Schriftsteller und Journalist. Setzt sich in seinem Werk mit dem Untergang der k. u. k.
Monarchie auseinander:*
Radetzkymarsch
(1932), Die
Kapuzinergruft
(1938).

nen Charme, seinen Humor und sein Einfühlungsvermögen umzustimmen. Friederike löste ihre Verlobung mit Hanns Margulies nach mehrmonatiger, für Roth unerträglicher Wartezeit und heiratete ihn.

Am Tag der Hochzeit im Wiener Pazmanitentempel war die Welt noch in Ordnung, Friederike wurde von Joseph Roths Freunden als »eine der schönsten Frauen«, als »traumhaft schöne Wienerin«, die von ihrem Mann über alles geliebt wurde, bezeichnet. Doch nur fünf Monate später, am 28. August 1922, erkennt Roth erste Anzeichen einer Veränderung, wenn er seiner Cousine Paula Grübel nach Lemberg schreibt, dass seine Frau »an Menschenfurcht leidet ... Sie geht den ganzen Tag über eine Furt in der Donau hin und zurück, stellt sich vor, das sei Meer und lebt das Leben einer Schlingpflanze.«

Joseph Roth deutet das sonderbare Benehmen seiner Frau erstmals 1926 als Geisteskrankheit, als sie vom Briefträger das ihrem Mann von einer Berliner Zeitung zugesandte Honorar in Höhe von dreitausend Mark übernehmen sollte, ihm aber nur zweitausend Mark aushändigt. Auf Roths Frage, wo der fehlende Betrag geblieben sei, antwortet sie, dass sie dem Briefträger tausend Mark Trinkgeld gegeben habe.

Der dramatische Verlauf der Krankheit ist anhand von Roths intensiver Korrespondenz nachvollziehbar. »Ich habe in einem Anfall von Leichtsinn die Verantwortung für eine junge Frau übernommen«, teilt er am 27. Februar 1929 seinem Freund Stefan Zweig mit. »Ich muss sie irgendwo unterbringen, sie ist schwächlich und hält das Leben an meiner Seite körperlich nicht aus.«

Im Herbst desselben Jahres schreibt Joseph Roth wieder an Zweig: »Meine Frau ist schwer krank in die Nervenheilanstalt Westend überführt worden, und ich lebe seit Wochen ohne Möglichkeit, eine Zeile zu schreiben ... Das Wort Qual hat plötzlich einen grauenhaften Inhalt bekommen, und das Gefühl vom Unglück umgeben zu sein, wie von großen schwarzen Mauern, verlässt mich nicht für einen Augenblick.«

Was die Tragödie für Joseph Roth doppelt schlimm erscheinen lässt, ist der Umstand, dass er Friederikes Verfall nach der Geis-

Vor der Erkrankung seiner Frau: das Ehepaar Friederike und Joseph Roth

teskrankheit seines Vaters als Déjà-vu-Erlebnis empfinden muss: Der Getreidehändler Nachum Roth hat sich, als Joseph ein Kind war, auf einer Eisenbahnfahrt von Hamburg nach Lemberg so sonderbar verhalten, dass er in ein Irrenhaus eingewiesen wurde.

Und jetzt macht er Ähnliches mit seiner Frau durch, die immer wieder in Nervenheilanstalten untergebracht werden muss. Allmählich fürchtet er im Schatten des Dramas seiner Frau selbst geistig abzubauen: »Gestern«, schreibt er am 10. Dezember 1929 an einen Freund, »bin ich nach München gefahren, geflohen. Seit August ist meine Frau schwer krank, Psychose, Hysterie, absoluter Selbstmordwille, sie lebt kaum – und ich gehetzt und umringt von finsteren und roten Dämonen, ohne Kopf, ohne die Fähigkeit, einen Finger zu rühren, ohnmächtig und gelähmt, hilflos, ohne Aussicht auf Besserung ... Es ist grausam, ich kann es nicht aushalten.«

Der Wunsch, dass seine Frau genesen möge, geht nicht in Erfüllung, sie bleibt bis zum Ende ihres Lebens meist hinter Sanatoriums- und Klinikmauern, Friederikes Zustand wird immer besorgniserregender. »Es handelt sich eindeutig um einen schizophrenen Fall«, meint der Arzt Ernst Wollheim, der sie auf Roths Wunsch in Berlin untersucht. »Die Frau lebt in einer privaten Welt und hat den Kontakt mit der Wirklichkeit verloren.« Und der Frankfurter Nervenarzt Dr. Goldstein warnt: »Wenn man sie alleine ließe, könnte sie aus dem Fenster springen.« Im Krankenbericht der Landes-, Heil- und Pflegeanstalt für Geistes- und Nervenkranke Am Steinhof in Wien aus dem Jahr 1934 heißt es, die Patientin zeige »psychomotorische Sperrungs- und Erregungszustände, Zerfahrenheit, sexuelle Erregung, manische Zustandsbilder, vage Verfolgungs- und Größenideen … Die Kranke leidet an einer schweren Schizophrenie.«

Ist es Joseph Roth anfangs noch möglich, Friederike in Privatsanatorien unterzubringen, fällt es ihm im Laufe der Jahre immer schwerer, Geld zu verdienen – auch weil ihm das Schreiben neben der Belastung durch die Krankheit seiner Frau fast unmöglich wird. Das führt schließlich dazu, dass Friederike in öffentlichen Irrenhäusern landet, in denen Patienten damals unter unmenschlichen Bedingungen – in Gummizellen und Zwangsjacken – festgehalten werden. Dazu kommt, dass Joseph Roth sich in Selbstvorwürfen verrennt. Einerseits weil seine Frau ihn immer wieder beschuldigt, sie allein zu lassen. Andererseits, weil Wahnsinn bei frommen Juden als Strafe Gottes gilt. Tatsächlich sprach auch sein in Berlin lebender Freund, der Philosoph Ludwig Marcuse, Roth nicht von jeder Schuld frei: »Ich kannte Friedl am Anfang als ein reizendes, intelligentes, sehr lustiges Wiener Mädchen. Aber Roths Typ war die elegante, zurückhaltende Dame, und er modelte an seiner Frau, bis er sie zu einem Dichtungsgeschöpf machte und ihr jede Natürlichkeit raubte. Sie musste nach seinen Anweisungen spielen, und er hat sie zugrunde gerichtet. Obgleich sie in sexueller Hinsicht eher temperamentvoll war, durfte sie sich das nicht anmerken lassen. Nach außen musste sie sich distanziert und korrekt geben.«

Roth neigte auch dazu, Friederike seine intellektuelle Überlegenheit spüren zu lassen, wodurch er in ihr starke Minderwertigkeitskomplexe hervorrief.

In der Hoffnung, dass es eine Heilung für seine Frau geben könnte, beschäftigt sich der Dichter mit psychiatrischen Schriften, auch von Sigmund Freud, obwohl er ihnen skeptisch gegenübersteht. »Die Psychiatrie versteht die Sprache der Idioten und der Kranken nicht«, schreibt er im Juni 1930 in einem Artikel für die Wochenschrift *Das Tage-Buch*. »Wozu sind denn die Bewahranstalten da? Doch nicht zur Heilung? Da doch die Psychiatrie nicht heilen kann!«

Im selben Jahr noch rafft sich Joseph Roth endlich auf, ein Buch zu schreiben. Es sollte, allen Widrigkeiten zum Trotz, sein wichtigstes und bekanntestes werden: der Roman *Radetzkymarsch*, in dem er auf einzigartige Weise den Zusammenbruch der Donaumonarchie schildert, den er als Metapher für den Verlust der Heimat sah.

Joseph Roth geht in dieser für ihn so schwierigen Zeit Beziehungen mit anderen Frauen ein und gibt sich immer mehr dem Alkohol hin, der schließlich zu seiner eigenen, vollkommenen Zerstörung führt. Dass seine Frau im Juni 1940 in einer Klinik bei Linz Opfer des verbrecherischen Euthanasieprogramms der Nationalsozialisten wird, sollte er nicht mehr erfahren. Der Dichter reist nach Hitlers Machtergreifung im Jänner 1933 ruhelos durch Europa, verfasst in Frankreich mit dem Roman *Kapuzinergruft* eine Fortsetzung zum *Radetzkymarsch*, doch nun ist es *sein* Gesundheitszustand, der sich zusehends verschlechtert. »Ich habe keine Nächte mehr«, notiert er. »Ich sitze bis 3 h morgens herum, ich lege mich angezogen um 4 h hin, ich erwache um 5 h und wandere irr durchs Zimmer.«

Im Frühjahr 1939 kommt es in Paris zum völligen Versagen von Nieren und Leber, nachdem Roth Unmengen des hochprozentigen Trinkbranntweins Absinth zu sich genommen hat. Er stirbt, nicht ganz 45 Jahre alt, mit Riemen an sein Bett gefesselt, in einem Pariser Armenhospital. Kurz davor hat er noch seine letzte Novelle beendet, deren Titel lautet: *Die Legende vom heiligen Trinker*.

DREI SCHÜSSE IN DER NACHT

Anton von Webern wird erschossen,
15. September 1945

Anton von Webern *3. 12. 1883 Wien, †15. 9. 1945 Mittersill (erschossen). Als Vertreter der »Zwölftonmusik« Schöpfer von Orchesterwerken, Kammermusik, Liedern und Chören.

Anton von Webern hatte sich auf diesen Tag an der Seite seiner Familie gefreut. Der 57-jährige Komponist war, da seine Musik von den Nationalsozialisten geächtet wurde, 1940 mit seiner Frau von Wien in die Stadt Mittersill bei Zell am See in Salzburg übersiedelt, wo er zurückgezogen und in sehr bescheidenen Verhältnissen lebte. Am Abend des 15. September 1945 waren die Weberns in der unmittelbaren Nachbarschaft bei ihrer Tochter und deren Mann im Haus Mittersill 101* eingeladen. Der Musiker war glücklich, in den schweren Nachkriegstagen endlich wieder ein ordentliches Essen und – was ihm besonders wichtig war – eine gute Zigarre genießen zu können. Dies war möglich, weil Weberns Schwiegersohn Benno Mattel gemeinsam mit amerikanischen Besatzungssoldaten einen illegalen Handel größeren Stils betrieb und daher Zugang zu den begehrten Lebensmitteln und Rauchwaren hatte.

Genau das sollte Anton von Webern zum Schicksal werden. Er und seine Frau Minna ahnten nicht, als sie bei ihrer Tochter und ihrem Schwiegersohn einlangten, dass das Haus bereits von Soldaten der US-Besatzungsmacht umstellt war. Der Grund: Unmittelbar vor dem Familientreffen hatte einer der Komplizen von Benno Mattel Selbstanzeige erstattet, weshalb die US-Militärpolizei an diesem 15. September zu einer Razzia in seinem Hause aufgebrochen war. Auch vermutete man bei Benno Mattel trotz eines diesbezüglichen Verbotes größere Geldbeträge in amerikanischer Währung.

Der Komponist hatte von alldem keine Ahnung und befand sich gerade beim Abendessen, als zwei Soldaten eintraten, die vorga-

---

* Heute Anton von Webern-Straße 2.

ben, mit Benno Mattel ein Schwarzmarktgeschäft abhandeln zu wollen. Sie gingen mit ihm in die Küche, legten einen größeren Dollarbetrag auf den Tisch, zogen aber, als der Schwiegersohn nach den Geldscheinen greifen wollte, ihre Pistolen.

Anton von Webern, der inzwischen in einen Nebenraum gegangen war, trat in diesem Moment vor das Haus, um sich die ersehnte Zigarre anzuzünden. Während Benno Mattel von einem der Amerikaner festgenommen wurde, lief der andere in den Garten, um jeden möglichen Fluchtweg abzuschneiden. Dort traf er auf den arglosen Komponisten. Der Soldat glaubte einen Komplizen des Verhafteten vor sich zu haben und feuerte ohne jede Vorwarnung drei Schüsse ab. Anton Webern schleppte sich schwer verletzt zurück in das Esszimmer und wurde auf ein Sofa gelegt. Man brachte ihn ins Krankenhaus, wo er bereits tot eingeliefert wurde.

Hat die Razzia im Haus seines Schwiegersohns in Mittersill bei Zell am See schuldlos mit dem Leben bezahlt: der Komponist Anton von Webern

Webern hat somit auch nicht mehr erlebt, dass er, der als Angehöriger des inneren Kreises der *Wiener Schule* um Arnold Schönberg schon vor der Nazizeit nicht besonders gut behandelt wurde, endlich die ihm zustehende Achtung erfahren sollte. Die *Internationale Gesellschaft für Neue Musik* hatte in diesen Tagen die Sektion Österreich neu gegründet und Webern zu ihrem Präsidenten gewählt. Dies wurde ihm Mitte September in einem Brief mitgeteilt, der sich in seiner Todesstunde noch auf dem Postweg befand. Der Musiker konnte also von der lang ersehnten Anerkennung seiner Person nicht mehr informiert werden.

Bei dem Todesschützen handelte es sich um den Armeekoch Raymond N. Bell. Er starb fast genau zehn Jahre nach Webern, am 3. September 1955, an den Folgen seiner Alkoholkrankheit.

Seine Witwe schrieb 1960 an Weberns Nachlassverwalter und Biografen Hans Moldenhauer: »Ich weiß, dass er sich darüber sehr grämt hat. Jedes Mal, wenn er betrunken war, sagte er: ›Ich wünschte, ich hätte den Mann nicht getötet!‹«

Anton Webern, der neben Arnold Schönberg und Alban Berg zu den bedeutendsten Komponisten des 20. Jahrhunderts zählt, ist auf dem Ortsfriedhof von Mittersill in einem Ehrengrab bestattet.

KABARETTUNGSLOS VERLOREN

Maxi Böhm ist »der Blöde«,
5. März 1957

Max Böhm ist in diesen Tagen Schauspieler, Quizmaster, Conférencier – aber seiner eigentlichen Bestimmung als Kabarettist kommt er nicht nach. Es hat sich einfach nicht ergeben, niemand hat ihm ein diesbezügliches Angebot unterbreitet. Bis er eines Abends in der Casanova-Bar in der Wiener Dorotheergasse auftritt. Dort spielt man damals Boulevardkomödien, in diesem Fall ist er neben Marianne Schönauer Star in Alfred Savoirs Lustspiel *Die Großfürstin und der Zimmerkellner*. In der vierten Vorstellung sitzt Karl Farkas im Publikum. Danach besucht er Böhm in der Garderobe und sagt zu ihm: »Sie wissen, dass Sie jetzt zu mir in den Simpl kommen?«

Böhms Antwort: »Ja, das weiß ich seit meinem elften Lebensjahr, seit Sie 1926 in Teplitz-Schönau gastiert haben. Seit damals weiß ich, dass ich zu Ihnen komme.«

Der kleine Max wuchs in der nordböhmischen Kurstadt Teplitz-Schönau auf, in der sein Vater Dr. Max Böhm Badearzt war, nebenbei aber auch Theaterkritiken für die *Teplitzer Zeitung* schrieb. Immer wieder nahm er seinen Sohn zu den von ihm rezensierten Aufführungen mit, so auch zu jener im Sommer 1926, als das gefeierte Wiener Kabarettduo Fritz Grünbaum und Karl Farkas am Stadttheater mit legendären Doppelconférencen gastierte. Eine schicksalhafte Begegnung, denn Max hatte von da an nur noch den Wunsch, Kabarettist zu werden wie die beiden. Der zehnjährige Gymnasiast war dem Kabarett verfallen und schwor sich, dass er einmal nach Wien gehen und Komiker werden würde. »Und der liebe Gott«, schreibt er in seinen Memoiren, »hat mir den Wunsch in kulanter Weise hundertprozentig in Erfüllung gehen lassen.«

Gut dreißig Jahre später fragt ihn Karl Farkas also, ob er an den Simpl kommen wolle. Für Maxi Böhm geht ein Lebenswunsch in

*Maxi Böhm
* 23. 8. 1916
Wien, † 26. 12.
1982 Wien.
Erste Auftritte in
Teplitz-Schönau,
Berlin, Reichenberg und Bremen,
nach dem Krieg
Schauspieler,
Kabarettist und
Quizmaster in
Wien.*

Erfüllung: Komiker am Simpl zu sein, am ältesten und renommiertesten deutschsprachigen Unterhaltungskabarett, dem Olymp des Kabaretts. »Ein paartausend Mal bin ich dann in diesen verstunkenen, geliebten Keller hinuntergegangen«, sagte Maxi Böhm, der von nun an siebzehn Jahre fast jeden Abend in diesen Mauern auf der Wollzeile in der Innenstadt verbrachte. Mauern, in denen, wie Farkas es ausdrückte, »fünfzig Jahre Lachen stecken – und das kann man ihnen nicht nehmen. Auch der Rauch und die schlechte Luft gehören dazu, die schaffen erst die Atmosphäre.«

Karl Farkas hatte hier bereits in der Zwischenkriegszeit seine ersten Erfolge gefeiert und war nach den Jahren der Emigration ab 1950 künstlerischer Leiter des Kabaretts. Es gab kaum einen Komiker, der nicht von Farkas entdeckt worden und durch seine Schule gegangen wäre. Von Ernst Waldbrunn über Fritz Imhoff, Fritz Muliar, Cissy Kraner, Gunther Philipp und Otto Schenk bis Heinz Conrads – sie alle sind hier aufgetreten. Ja, und Heinz Conrads ist auch der Problemfall des Jahres 1957. Der Radio- und Fernsehliebling hat ein Angebot des Theaters in der Josefstadt erhalten, das er nicht abschlagen kann. Und deshalb braucht Farkas einen neuen Starkomiker. Und der sollte der gerade vierzigjährige Maxi Böhm sein.

Die beiden treffen einander im Kaffeehaus, handeln alles aus, plaudern über ihr Leben. Als Böhm Farkas erzählt, dass er in Wien geboren wurde, aber in Teplitz-Schönau zur Schule gegangen ist, reagiert der Altmeister: ›Da müssen Sie aber einen weiten Schulweg gehabt haben.‹«

Doch »der Neue« hat es anfangs schwer, sich durchzusetzen. Die Kritiken nach der Premiere seines ersten Simpl-Programms *Nie wieder Frieden*, das am 5. März 1957 Premiere feiert, sind niederschmetternd für den bis dahin Erfolgsgewohnten. »Maxi Böhm«, schreibt der *Bild-Telegraf*, »bleibt bei aller Anerkennung von Charme, Können und Routine ein Fremdkörper. Seine Reklameparodie wird recht adagio gesprochen und klingt trotzdem nach Presto.« Doch schon zur zweiten Revue im September meldet dieselbe Zeitung: »Maxi Böhm, gegenüber dem Vorjahr eine Klasse verbessert, bietet ein Glanzstück von Kleinkunst.«

Und von da an reißen die Huldigungen nicht mehr ab: Von hinreißend bis großartig, von urkomisch bis einmalig, von lachmuskelreizend bis zwerchfellerschütternd sollte es in den nächsten Jahren an keinem Superlativ mehr fehlen.

Das Handycap von Farkas war, dass all die Komiker, die er entdeckt und zu populären Mitgliedern des Simpl gemacht hatte, ihn als Sprungbrett benützten, um dann an den großen Wiener Bühnen Karriere zu machen. Das Burgtheater rief, die Volksoper, die Josefstadt, das Volkstheater. »Nur einer, so scheint es«, schreibt Rudolf Weys in dem Buch *Cabaret und Kabarett*, »bleibt farkastreu bis in die Knochen: Maxi Böhm, dessen sanguinisches Temperament jeden boshaften Witz in Wohlgefallen auflöst, dessen breit entfaltete Komik der Simpl kaum noch entbehren könnte. Man ehre ihn als Kronprinzen im Hause Farkas.«

Ab 1957 als Starkomiker am Kabarett Simpl: Maxi Böhm

Für Farkas war es gar nicht so leicht, namhafte Komiker an das von ihm geleitete Kabarett zu verpflichten, zumal die von Simpl-Eigentümer Baruch Picker angebotenen Gagen alles andere als üppig waren. Es ist bekannt, dass Farkas in einigen Fällen aus der eigenen Tasche Gehälter junger Kollegen »aufbesserte«.

Durch wen auch immer Maxi Böhm honoriert wird, er ist jetzt am Ziel seiner Träume, er ist – wie er selbst es ausdrückte – »kabarettungslos verloren«. Und hier lässt sich's spielen. Farkas bietet ihm jede Gelegenheit, sein komisches Talent unter Beweis zu stellen. Er kommt in den 1950er- und 60er-Jahren in die große Zeit dieser Wiener Institution hinein. Und als dann auch Waldbrunn den Simpl zugunsten des Theaters in der Josefstadt verlässt, wird Böhm der Doppelconférence-Partner von Farkas. Er befindet sich im siebenten Kabaretthimmel.

Im Lauf der siebzehn Jahre, die er am Simpl ist, tritt Maxi Böhm in Hunderten Szenen auf: Er spielt, parodiert, singt, tanzt. Auf einen Nenner gebracht, ist sein »Fach«: »Der Blöde«. Da Farkas von Anfang an immer der Gescheite war – Grünbaum und Waldbrunn hatten »blöd« zu sein –, bleibt Maxi Böhm gar keine andere Rollenwahl. Eva Maria Haybäck beschreibt in ihrer Dissertation *Der Wiener Simplicissimus* seine Charakteristika im Ensemble: »… ist besonders Maxi Böhm zu erwähnen, der in seinen Szenen meist eine gelungene Personenparodie des Grafen Bobby, der Reichsgräfin Triangi oder Armin Bergs brachte.«

Doch Farkas empfindet Böhm anfangs als »zu wenig blöd«. Seine Gesichtszüge erinnern den Kabarettaltmeister eher an die eines Mittelschulprofessors als an die eines Blöden, der im Kaffeehaussketch Paravent mit Parapluie oder Parvenü zu verwechseln hat. Böhm: »Ich hab alles probiert, versuchte mehrere, besonders blöde Frisuren, kaufte mir die verschiedensten Augengläser – sogar Kindersonnenbrillen waren darunter – aber ich war Farkas immer noch zu gescheit.«

Durch Zufall findet er dann das Rezept für erfolgreiche Bühnenblödheit. »Während einer Szene mit Farkas fielen mir, da ich wieder einmal eine neue, besonders verwegene Frisur ausprobiert hatte, die Haare ins Gesicht. Mit einer umständlichen Handbewegung versuchte ich sie aus der Stirn zu wischen.« Die Leute brüllen vor Lachen – und Maxi Böhm hat ein Markenzeichen, das ihm sein Leben lang bleiben sollte.

Nach Farkas' Tod, 1971, führt Maxi Böhm, gemeinsam mit Hugo Wiener und Peter Hey, drei Jahre das Traditionskabarett, ehe er von Direktor Franz Stoß an die Josefstadt geholt wird. Die letzten Jahre im Leben des Max Böhm – wie er sich jetzt nennt – sind bestürzend. Am 5. August 1979 rutscht seine 25-jährige Tochter Christine, eine schöne und talentierte Schauspielerin, bei einem Spaziergang in ihrem Schweizer Urlaubsort Ponte Tresa auf einem mit Moos bewachsenen Felsen ab, stürzt fünf Meter in die Tiefe und ist tot. Und nicht einmal ein Jahr später nimmt sich sein unter Depressionen leidender 31-jähriger Sohn Max jun. das Leben.

Max Böhm spielt weiter. Kammerspiele, Josefstadt, Fernsehen, tagsüber Proben, Rollen lernen, Aufzeichnung, abends Vorstellung. Kein Wiener Schauspieler absolviert in diesen Jahren so viele Auftritte wie er. Das Theater wird zur Flucht aus der Realität.

Am 22. Dezember 1982 feiert Max Böhm im Theater in der Josefstadt seine letzte Premiere. Er spielt den Striese im *Raub der Sabinerinnen*. Eine Bombenrolle, eine Rolle, die er sich seit Langem gewünscht hat, doch er kann sich nicht mehr freuen. Als er zur vierten Vorstellung nicht erscheint, lässt die Theaterdirektion seine Wohnung gegenüber der Josefstadt von der Feuerwehr öffnen. Max Böhm ist tot. 66 Jahre alt, hat sein Herz zu schlagen aufgehört. Er ist wohl an gebrochenem Herzen gestorben.

TOD AUF DEN CHAMPS-ÉLYSÉES

Ödön von Horváths folgenschwerer Spaziergang, 1. Juni 1938

Ödön von Horváth *9. 12. 1901 Rijeka, †1. 6. 1938 Paris. Schriftsteller. Theaterstücke u. a. Geschichten aus dem Wiener Wald *(1931).* Roman: Jugend ohne Gott *(1937).*

Ein überaus erfolgreicher Tag sollte mit einem kurzen, gemütlichen Spaziergang ausklingen. Der Schriftsteller Ödön von Horváth hat soeben mit dem amerikanischen Filmproduzenten und Regisseur Robert Siodmak vereinbart, dass sein im Vorjahr erschienener Roman *Jugend ohne Gott* in Hollywood verfilmt werden soll. Etwas Besseres konnte einem Emigranten, der für drei Tage nach Paris gekommen ist, nicht widerfahren.

Siodmaks Ehefrau Bertha bietet Horváth nach der so positiv verlaufenen Besprechung an, ihn von dem Treffen auf der Terrasse des Café Marignan mit dem Auto ins Hotel zu fahren. Doch Horváth lehnt ab. Er fahre nicht gerne Auto, man sei mit der Métro oder zu Fuß sicherer unterwegs. Der Schöpfer so bedeutender Theaterstücke wie *Geschichten aus dem Wiener Wald* oder *Glaube, Liebe, Hoffnung* und *Kasimir und Karoline* leidet seit geraumer Zeit schon unter Angststörungen, er lehnt Flugzeuge ab und will nicht einmal mit einem Lift fahren. »Vor den Nazis habe ich keine so große Angst«, vertraute er Tage vor seinem Tod einem Bekannten an, »es gibt ärgere Dinge, nämlich die, vor denen man Angst hat, ohne zu wissen, warum. Ich fürchte mich zum Beispiel vor der Straße. Straßen können einem übelwollen, können einen vernichten. Straßen machen mir Angst.« Freunde meinten, dass Horváth mit diesen Worten seinen Tod auf der Straße vorausgeahnt hätte.

Es ist der 1. Juni 1938, abends kurz vor halb acht, als der Dichter über eine der Straßen geht, die ihm Angst machen. Es ist nicht irgendeine Straße, es sind die Champs-Élysées, der Prachtboulevard von Paris. Horváth ist ein Flüchtling, er hat Wien nach dem »Anschluss« Österreichs an das »Deutsche Reich« verlassen – nicht aus »rassischen« Gründen, wie viele seiner Kollegen, sondern weil

274

ihn die Nationalsozialisten wegen des sozialkritischen Inhalts seiner Stücke und Romane ablehnen. Über einen langen Irrweg, der ihn von Wien nach Prag, Budapest, Rijeka, Triest, Venedig, Mailand, Amsterdam und Zürich geführt hat, ist er jetzt nach Paris gelangt. Eben erst in der französischen Metropole angekommen, wird das Gespräch mit Siodmak gleich von einem triumphalen Erfolg gekrönt.

Während Ödön von Horváth nach dem Treffen zum Hôtel de l'Universe in Richtung Place de la Concorde geht, kommt ein Frühsommergewitter auf, der Himmel verdunkelt sich, ein böiger Sturm tobt über Paris. An der Ecke, die dem Théâtre Marigny gegenüber liegt, schlägt ein Blitz in eine alte Kastanie ein. Ein schwerer Ast bricht ab, trifft Horváths Hinterkopf, der kräftig gebaute Schriftsteller sinkt in sich zusammen.

Jemand ruft die Ambulanz, die ihn in die Clinique Marmottan in der nahen Rue d'Armaille bringt. Doch es ist zu spät, Ödön von Horváth war sofort tot.

Erschüttert schreibt der in Paris weilende Josef Roth am 3. Juni in der deutschsprachigen Emigrantenzeitung *Pariser Tageblatt*: »Ödön von Horváth, einer der besten österreichischen Schriftsteller, deutschsprachiger Ungar von Geburt, ist vorgestern in Paris das Opfer eines jener Unfälle geworden, die wir als ›sinnlos‹

Ein Blitz schlug in eine alte Kastanie ein, als Ödön von Horváth über die Champs-Élysées ging. Der Dichter wurde von einem Ast getroffen und war sofort tot.

zu bezeichnen pflegen, weil uns das Unerklärliche sinnlos erscheint.«

Horváths Familie, die dem ungarischen Kleinadel angehört, reist sofort an. Seinem Bruder Lajos werden die paar Habseligkeiten ausgefolgt, die der Verunglückte bei sich hatte. Sein Mantel, darin ein Kuvert mit Nacktfotos junger Frauen und ein möglicherweise am selben Tag verfasstes Gedicht, das Freunde veranlasste, seine Todesahnung einmal mehr erkennen zu wollen.

Und die Leute werden sagen,
In fernen blauen Tagen
Wird es einmal recht
Was falsch ist und was echt

Was falsch ist wird verkommen
Obwohl es heut regiert.
Was echt ist, das soll kommen –
Obwohl es heut krepiert.

Ödön von Horváth hat seine Werke, seit sein Name auf der Liste verbotener deutschsprachiger Autoren steht, im Amsterdamer Verlag Allert de Lange veröffentlicht, für den damals Klaus Mann als Lektor tätig war. Dieser wird sich später an Horváths letzten Besuch, wenige Wochen vor seinem Tod, erinnern: »Er plauderte für sein Leben gern über seltsame Unglücksfälle, groteske Krankheiten und Heimsuchungen aller Art. Auch Gespenster, Hellseher, Wahrträume, Halluzinationen, Ahnungen, das Zweite Gesicht und andere spukhafte Phänomene spielten eine Rolle in seinem Gespräch, welches übrigens durchaus nicht in bangen Flüstertönen, sondern mit jovialer, oft recht lauter Heiterkeit geführt wurde.«

Horváth wollte nur ein paar Tage in Paris bleiben. Am nächsten Tag, dem 2. Juni schon, sollte er zurückfahren nach Zürich und von dort in die Vereinigten Staaten, für die er bereits ein Visum besaß, nachdem ein Onkel das ersehnte Affidavit geschickt hatte.

Das Vorhaben einer amerikanischen Verfilmung des Buches *Jugend ohne Gott* – dessentwegen Horváth nach Paris gereist war – wurde von Robert Siodmak nach dem Tod des Dichters fallengelassen. Später jedoch wird der Roman insgesamt vier Mal verfilmt, 1991 mit Ulrich Mühe in der Hauptrolle.

Die Biografen Horváths meinen, dass die Umstände seines Todes zur Unsterblichkeit des Dichters beigetragen haben. Ein hochtalentierter Autor, der mit 37 Jahren durch einen herabfallenden Ast aus seinem Schaffen gerissen wird, muss zum Mythos werden. Obwohl oder gerade weil sein Werk zu diesem Zeitpunkt auf deutschen Bühnen verboten war.

Horváths sterbliche Überreste wurden am 7. Juni 1938 in der Pariser Kirche Saint-Fernand-des-Ternes eingesegnet und dann auf dem Friedhof Saint-Ouen im Norden von Paris in Anwesenheit seiner völlig gebrochenen Eltern, seines Bruders sowie prominenter Freunde und Kollegen beerdigt. Es kam »die ganze in Paris lebende Emigration, von der die meisten heillos untereinander zerstritten und verfeindet waren«, erinnerte sich der beim Begräbnis anwesende Carl Zuckmayer, der hervorhebt, dass Joseph Roth während der Trauerfeier »total betrunken wankte, wie gewöhnlich in dieser Zeit, mit beklecketem Anzug«, und in diesem Zustand eine Rede am offenen Grab hielt, während er ständig an einem Slibowitzglas nippte. Des Weiteren gehörten Franz Werfel, Erwin Piscator, Walter Mehring und Ludwig Ullmann der Trauergemeinde an.

Fünfzig Jahre später, im Jahr 1988, werden Ödön von Horváths Gebeine exhumiert und in einem von der Stadt Wien ehrenhalber gewidmeten Grab auf dem Heiligenstädter Friedhof zur letzten Ruhe gebettet.

Den Titel seines nächsten Romans hatte Ödön von Horváth schon festgelegt, er sollte *Adieu Europa* lauten.

Den Abschied von diesem Kontinent – und von dieser Welt – hat er sich allerdings ganz anders vorgestellt.

SEIN LETZTER JEDERMANN

Attila Hörbigers Abgang vom Domplatz,
26. August 1951

*Attila Hörbiger
* 21. 4. 1896
Budapest, †27. 4.
1987 Wien.
Schauspieler in
Reichenberg und
Prag, von Max
Reinhardt nach
Berlin, an das
Theater in der
Josefstadt und zu
den Salzburger
Festspielen
geholt. Ab 1950
am Burgtheater.*

Die Rolle des Jedermann gilt als Adelsprädikat für Schauspieler. Max Reinhardt hatte »das Spiel vom Sterben des reichen Mannes« erstmals im Sommer 1920 bei den Salzburger Festspielen aufgeführt, die beiden ersten Titelhelden waren Alexander Moissi und Paul Hartmann. Spätere »Jedermänner« hießen Curd Jürgens, Maximilian Schell, Helmuth Lohner, Peter Simonischek ... Doch in den Jahren 1935 bis 1937 wurde Attila Hörbiger für den Domplatz verpflichtet, nach dem »Anschluss« an Hitler-Deutschland war das »von Juden verfasste Machwerk«[*] verboten, ab 1947 holte die neue Festspielintendanz wieder Hörbiger.

Attila Hörbiger hatte die schwierige Rolle noch mit Max Reinhardt persönlich erarbeitet. »Natürlich war ich sehr aufgeregt«, erinnerte sich der Schauspieler später an jene Tage im Frühsommer 1935 auf Schloss Leopoldskron. »Reinhardt ließ mich Platz nehmen, ließ mir Tee anbieten und sagte: ›So, jetzt erzählen Sie mir über Ihr Leben.‹ Zwei Stunden oder länger saßen wir beisammen und sprachen von Gott und der Welt, aber keine Silbe vom Jedermann. Plötzlich stand er auf, fragte nach der Telefonnummer von Paula[**], rief sie an und sagte: ›Also, der Hörbiger wird ausgezeichnet.‹«

»Der neue Jedermann«, stand im *Tagesboten* vom 3. September 1935, »bringt alles mit, was dieser Figur zukommt: Er ist der Prototyp des holzschnitthaft-knorrigen mittelalterlichen Durchschnittsmenschen.« Während Alexander Moissi mit seinem pathetischen Sprechgesang einen fast femininen und Paul Hartmann einen bürgerlichen Jedermann gegeben hatten, war Attila Hörbiger, »Naturbursch voll strotzender Lebensfreude, glaubhaft in seiner

---

[*]   Gemeint waren Hugo von Hofmannsthal und Max Reinhardt.
[**] Paula Wessely (1907–2000), Attila Hörbigers Ehefrau.

Todesangst – dank Reinhardts deutlich fühlbarer Führung –, auch in der demutsvollen Inbrunst. Stets frei von Anlehnung an seine Vorgänger, packt Hörbiger mit seinem zur Hälfte laut, zum anderen stumm gebeteten Vaterunser nicht weniger als Moissi.«

Attila Hörbiger kam an sechzehn Probentagen mit Reinhardt überein, dass er den Jedermann mit markanten, eckigen Bewegungen spielen würde. »Für die Sterbeszene gab er mir den Rat«, hinterließ Hörbiger: »›Lass dir mit dem Sterben Zeit. Hauch deine Seele aus.‹ Es war eine sehr intensive, interessante und erfolgreiche Arbeit. Ich war immer voll konzentriert, weshalb ich vor den Vorstellungen von niemandem gestört werden wollte. Ich war der letzte Jedermann aus des Meisters Hand.«

Max Reinhardt erklärte nach einer umjubelten Vorstellung: »Der Jedermann ist stärker und reifer denn je vorher, durch die von mir immer weiter gesteigerte innere Erlebniskraft Hörbigers.«

Im amerikanischen Exil ging Max Reinhardt, seinem Sekretär Ernst Haeusserman gegenüber, noch weiter: »Von Attila Hörbiger sagte Reinhardt, er wäre sein bester Jedermann gewesen. Damit wollte er Moissi nicht abwerten, aber Reinhardt fand Hörbiger eben richtiger.«

So einhellig positiv die Kritik in den Jahren vor dem Krieg mit ihm umgegangen war, gab es danach doch Einwände. »Dass man Max Reinhardts, des Initiators und ursprünglichen geistigen Mittelpunkts der Salzburger Festspiele, jährlich gedenken will, ist ein selbstverständlicher Akt der Pietät«, stand 1949 im *Münchner Merkur*. »Dass man aber glaubt, den Verstorbenen durch Mumifizierung seiner rund zwanzig Jahre alten Inszenierung des Jedermann ehren zu können, ist ein verhängnisvoller Irrtum. Was damals blendend, ungewöhnlich und aufrüttelnd war, wirkt heute matt. Attila Hörbiger mimt den reichen Jedermann auf neureich.« Tatsächlich sah sich Helene Thimig, der man nach dem Krieg die künstlerische Leitung des Mysterienspiels übertragen hatte, als Hüterin der Tradition, und sie war nicht bereit, in die »geniale und zeitlose Konzeption« ihres 1943 verstorbenen Mannes einzugreifen. Da das Gefühl vorherrschte, der Jedermann hätte sich in seiner damaligen Form überlebt, wurde Reinhardts Witwe 1952

Max Reinhardt, eigentlich Goldmann * 9. 9. 1873 Baden bei Wien, †31. 10. 1943 New York. Regisseur. 1905 Direktor des Deutschen Theaters Berlin. 1920 Mitbegründer der Salzburger Festspiele. 1924 Theater in der Josefstadt. 1937 Emigration in die USA.

»Mein bester Jedermann«, sagte Max Reinhardt: Attila Hörbiger, Salzburgs Jedermann in den Jahren 1935 bis 1937 und 1947 bis 1951

durch Ernst Lothar ersetzt, der sich für Will Quadflieg als neuen Jedermann entschied.

Es war Lothars gutes Recht, das Stück neu zu besetzen. Die Art und Weise, wie Attila Hörbiger von seiner Ablöse erfahren musste, erscheint aber nicht sehr taktvoll. Der als Fußballfan bekannte Schauspieler saß nach einem Ländermatch Österreich-England (das 3:3 endete) im Zug von London nach Wien. »Am Bahnhof Salzburg steig ich kurz aus dem Zug aus«, erzählte Attila Hörbiger, »um mir die österreichischen Zeitungen zu kaufen, weil ich wissen wollte, wie die über das Ländermatch berichteten. Wieder in meinem Coupé, schlage ich die erste Zeitung auf und lese: ›Jedermann neu besetzt!‹«

Die Entscheidung ging ihm sehr nahe, noch näher ging ihm aber, dass man es nicht der Mühe wert gefunden hatte, ihn persönlich davon zu benachrichtigen. Attila Hörbiger hielt sich nach dieser bitteren Enttäuschung mehrere Jahre lang von der Festspielstadt fern.

Seinen letzten Salzburger Jedermann hatte er am 26. August 1951 gespielt.

Attila Hörbigers Enkel Cornelius Obonya, der ihm Jahrzehnte später in dieser Rolle folgen sollte, war damals noch nicht geboren.

Zwei Mal gestorben

Friedrich Guldas erster Tod, *28. März 1999*

D ie Musikwelt trauert um Friedrich Gulda«, konnte man in vielen europäischen Zeitungen lesen. Der geniale Pianist sei gestern Nachmittag, am 28. März 1999, auf dem Flughafen Zürich einem Schlaganfall erlegen. So lautete die »Vorrang«-Meldung, die durch internationale Nachrichtenagenturen in die Redaktionsstuben gelangte.

Die traurige Nachricht kam nicht ganz unerwartet. Gulda selbst hatte in den Wochen davor mehrfach in Interviews von seinem »Vermächtnis« gesprochen. Er müsse sich einer schweren Operation unterziehen, von der er einen günstigen Ausgang erhoffe. Im gegenteiligen Fall verbiete er sich jedoch, dass – insbesondere in österreichischen Medien – irgendwelche Nachrufe erscheinen. Die Veröffentlichung von Nachrufen, meinte Gulda, wäre in seinem Fall nicht nötig, da sein kurz zuvor erfolgtes letztes Auftreten im Wiener Radiokulturhaus als Vermächtnis zu verstehen sei. »Meine musikalischen Absichten unterliegen ohnehin nur Fehldeutungen, und die will ich mir nicht ins Grab nachrufen lassen.«

Nun war es also offensichtlich so weit, Gulda schien tot zu sein. Jener Friedrich Gulda, der Bach wie Mozart, Beethoven, Schubert, Chopin, Debussy, Ravel, Jazz und seine eigenen Kompositionen in konkurrenzloser Vielfalt interpretierte. Seinem Wunsch freilich konnte man – bei allem Respekt – nicht nachkommen: Keine Zeitung, schon gar keine österreichische, konnte es sich leisten, auf den Nachruf eines so bedeutenden Musikers zu verzichten.

Auf die Idee, dass es sich um eine Falschmeldung handeln könnte, kamen nur wenige Journalisten. Warum denn auch: Die Todesnachricht war deutlich erkennbar von einem öffentlichen Faxgerät des Zürcher Flughafens abgeschickt worden. Die weni-

*Friedrich Gulda
* 16. 5. 1930
Wien, †27. 1.
2000 Weißen-
bach/Attersee.
Pianist und
Komponist.
Sein Repertoire
umfasst klas-
sische Werke
ebenso wie Jazz.*

gen eifrigen Kulturredakteure, die dem mysteriösen Todesfall dennoch nachgingen, stießen allerdings auf keine einzige Schweizer Behörde, die die Meldung bestätigen wollte. Verdächtig auch: Guldas Agentur *Primusic* gab bekannt: »Auch wir haben von ihm nichts gehört. Aber die angekündigten Konzerte finden sicher statt.«

Die *Austria Presse Agentur* zog um 18.05 Uhr, etwas mehr als eine Stunde nach der ersten Nachricht, die Todesmeldung zurück. In einer neuerlichen Aussendung sprach sie jetzt den Verdacht aus, dass es sich möglicherweise »um einen schlechten Scherz handeln« könnte. Rechercheversuche aus erster Hand schlugen fehl, da weder der Pianist selbst noch seine drei Söhne oder andere Angehörige erreichbar waren. Der Bürgermeister von Steinach am Attersee erklärte auf Anfrage, dass Gulda in seiner Wohnung in Weißenbach seit mehreren Tagen nicht mehr gesichtet worden war.

Und doch drang die Wahrheit innerhalb weniger Stunden durch: Friedrich Gulda hatte sein Ableben vorgetäuscht, er selbst hielt sich zur fraglichen Stunde am Flughafen Zürich auf und dürfte das Fax mit der Todesmeldung vom dortigen Postamt persönlich abgeschickt haben. Eine Begründung für die makabre Aktion hat er nie geliefert, allerdings bestand er weiterhin darauf, dass er sich im Falle seines wirklichen Sterbens »jedweden Nachruf« verbitten würde, zumal er den »einzig gültigen Nachruf« bereits selbst inszeniert hätte: mit seiner im Radiokulturhaus aufgezeichneten *Private Dance Party with Music by Mozart & Bach*, die gerade jetzt – wie's der Zufall wollte – als Video erhältlich sei. Der amerikanische Schriftsteller Mark Twain, dem – allerdings ohne sein Zutun – Ähnliches widerfahren war, reagierte auf vorzeitig veröffentlichte Nachrufe mit den Worten: »Die Berichte von meinem Tod sind maßlos übertrieben.«

Als zehn Monate nach Guldas »erstem Tod« von den internationalen Presseagenturen das neuerliche Ableben des exzentrischen Musikers gemeldet wurde, gab es keine Zeitung, keine Rundfunk- und Fernsehanstalt, die die Nachricht ungeprüft veröffentlicht hätte. Dutzende Redaktionen riefen den Gemeindearzt von

Angeblich wollte er, dass sein Tod nicht gemeldet würde, im Frühjahr 1999 konnte er seinen eigenen Nachruf lesen: Friedrich Gulda

Weißenbach an, der bestätigen musste, dass Gulda verstorben sei. Diesmal leider wirklich, und zwar am 27. Jänner 2000 – Mozarts Geburtstag – an Herzversagen in seinem Haus. Der Künstler stand in seinem siebzigsten Lebensjahr.

Friedrich Gulda hatte sich jeden Nachruf verbeten. Um dann doppelt so viele zu bekommen, als wenn er nur »einmal gestorben« wäre.

JOHANNS KLEINER BRUDER

Eduard Strauß vernichtet
die Noten des »Walzerkönigs«,
22. Oktober 1907

*Eduard Strauß
* 15. 3. 1835
Wien, †28. 12.
1916 Wien.
Komponist. Sohn
von Johann
Strauß Vater.
Schöpfer von fast
300 Melodien.
Steht im Schatten
seiner Brüder.*

Johann Strauß war nicht nur ein genialer Komponist, er verstand es auch, sich vortrefflich zu vermarkten. Also starb er 1899 als reicher Mann, sein Vermögen wurde auf 800 000 Kronen[*] geschätzt, wobei noch die enorm hohen Tantiemen für seine Bühnenwerke dazukamen. Natürlich hat er für den Fall seines Ablebens alle nötigen Vorkehrungen getroffen und ein rechtsgültiges Testament hinterlassen.

Den Großteil seines Vermögens hatte der Walzerkönig schon zu seinen Lebzeiten seiner dritten Frau Adele als Schenkung überlassen. Seine beiden Schwestern Therese und Anna bekamen das lebenslange Nutzungsrecht seiner Häuser. Einen beträchtlichen Anteil des Erbes erhielt die Wiener Gesellschaft der Musikfreunde, mit Legaten wurden, wie es damals üblich war, seine treuen Diener bedacht. Sein Bruder Josef war fast dreißig Jahre vor ihm gestorben, und Kinder hatte Johann Strauß keine, es wurde somit auf niemanden vergessen – außer auf seinen jüngsten Bruder Eduard, der damals noch dazu unter eher ärmlichen Bedingungen lebte.

Johann Strauß hat ihn auch nicht »vergessen« – sondern ausdrücklich als Nutznießer seines Nachlasses ausgeschlossen. In der ursprünglichen Testamentsfassung begründet der Walzerkönig diesen Umstand damit, dass Eduard sich ohnehin »in günstigen Lebensverhältnissen« befinde. Als sich Eduards Existenzgrundlage dramatisch verschlechterte, weil ihn seine beiden verschwenderischen Söhne an den Rand des Ruins gebracht hatten, verfasste Johann einen Nachtrag. Hier lautete die aktualisierte Begründung:

---

[*] Entspricht laut »Statistik Austria« im Jahre 2014 einem Betrag von rund 4,8 Millionen Euro.

»Obwohl das Motiv, aus welchem ich meinen lieben Bruder Eduard in meinem Testament nicht bedacht habe, meines Wissens nun nicht mehr zutrifft, so treffe ich doch diesbezüglich keine Änderungen. Ich hoffe, dass sich die Verhältnisse meines Bruders wieder bessern werden.«

Als »lieben Bruder« bezeichnete Johann den um zehn Jahre Jüngeren nur in dieser Letztwilligen Verfügung – in Wahrheit schätzte er den »schönen Edi«, wie die Wiener ihn nannten, weder als Musiker noch menschlich. Letzteres, weil Eduard nach Josefs Tod behauptet hatte, er hielte es für möglich, dass Johann Kompositionen des Verstorbenen gestohlen und als seine eigenen ausgegeben hätte.

Eduards »Rache« nach der faktischen Enterbung ist schrecklich. Der einzige noch lebende Bruder der Musikerdynastie bringt acht Jahre nach Johanns Tod – inzwischen durch Auftritte und Tourneen wieder zu Wohlstand gekommen – das Notenarchiv der Familie in zwei Ofenfabriken, die im sechsten und im neunten Wiener Gemeindebezirk gelegen sind, um das gesamte, mehrere Tonnen schwere Material aller Strauß-Kapellen zu verbrennen. In riesigen Industrieöfen wird das komplette handgeschriebene, nie gedruckte Notenmaterial, bestehend aus Tausenden Bearbeitungen, Arrangements, Melodienskizzen und Partituren, vernichtet. Der Akt der Barbarei durch den 72-jährigen Eduard Strauß beginnt am Nachmittag des 22. Oktober 1907 und dauert mehrere Tage. Der Ofenfabrikant Karl R. erklärt später im *Neuen Wiener Journal*:

Ich redete ihm zu, die Sache noch rückgängig zu machen, Strauß starrte eine Weile vor sich hin, dann rief er: »Ich kann nicht!« ... Eduard Strauß setzte sich in einen Fauteuil vor den Ofen, meine Arbeiter öffneten die Pakete und streuten die Notenblätter vor den Augen des Hofballmusikdirektors in die auflodernden Flammen des mannshohen Ofenraumes. Bei einzelnen Notenpaketen, die besondere Familienerinnerungen enthielten, war er sichtlich bewegt. Er stand auf, blickte weg und ging für kurze Zeit in das

Bureau zurück. Er verließ aber die Fabrik erst, nachdem das letzte Notenblatt verbrannt war. Von dem Umfang des Archivs hat man vielleicht eine Vorstellung, wenn ich mitteile, dass das Verbrennen der Musikalien von zwei Uhr nachmittags bis sieben Uhr abends dauerte.

Wie Eduard später behauptete, hätte es zwischen ihm und Josef einen Gesellschaftsvertrag gegeben, demzufolge der den anderen überlebende Bruder »alle Arrangements des Verstorbenen zu vernichten« habe. Mit dieser Aussage versuchte der jüngste Strauß offensichtlich sein Vorgehen zu rechtfertigen – der Vertrag ist jedoch nie aufgetaucht.

Nicht nur, dass Eduard in Johanns Testament nicht bedacht ist, demütigt ihn der berühmteste aller »Sträuße« posthum auch noch mit der Tatsache, dass sich »der kleine Bruder« nur mithilfe des großen über Wasser halten kann. Denn wo immer Eduard mit seiner Kapelle auftritt, denkt man an Johann, manchmal wird er sogar mit ihm verwechselt. Wenn »Heut spielt der Strauß« plakatiert ist, denken die Menschen an den »Walzerkönig« und nicht an Eduard. Und dessen Melodien sind es auch, mit denen Eduard seine Erfolge feiert.

Eduard verteidigt die Verbrennung des Notenmaterials auch damit, dass kein anderes Orchester nach seinem den einzigartigen Klang der »Sträuße« je wieder erreichen würde, weshalb die Aufführung der Strauß-Musik mit seinem Tod ein für allemal enden solle.

Obwohl Eduards Zerstörung die größte Vernichtungsaktion in der Musikgeschichte darstellt, kann ein Großteil des Notenmaterials mithilfe privater Sammlungen, in Archiven und durch einzelne Kopisten in späteren Jahren mühsam, aber doch rekonstruiert werden.

Der Musikhistoriker und Strauß-Experte Norbert Linke hat eine andere Erklärung für Eduards Verbrennungsaktion. Alle »Sträuße«, insbesondere Johann Vater und Sohn, hatten eine völlig neue Form der Unterhaltungsindustrie geschaffen und waren so beschäftigt, dass sie die Grundeinfälle zu den jeweiligen Melodien

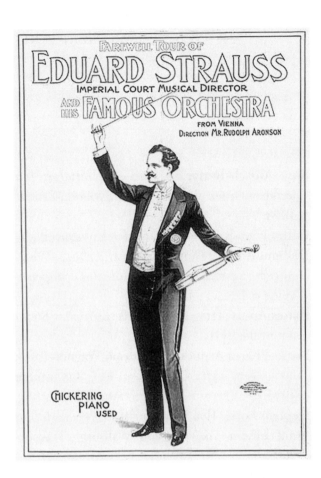

»Der schöne Edi« blieb immer der kleine Bruder des Walzerkönigs: Eduard Strauß

in ihren Skizzenbüchern mit ein paar Noten niederschrieben, die dann von musikalischen Hilfskräften bearbeitet und arrangiert wurden. Was in der heutigen Musikwelt gang und gäbe ist, wäre damals abgelehnt worden, ein großer Komponist hatte alles alleine zu machen, jedenfalls durfte das Publikum von solcher Irreführung nichts erfahren. Laut Linke wurden die Noten verbrannt, um die Arbeitsteilung anhand der verräterischen Handschriften geheim zu halten.

In diesem Fall hätte Eduard insbesondere seinen Bruder Johann sogar geschützt – und das, obwohl dieser ihn enterbt hatte. Eines ist Eduard Strauß, was immer der Grund für seinen Vandalenakt gewesen sein mag, ganz sicher nicht gelungen: dass die Musik der Walzerdynastie nach seinem Tod nicht mehr gespielt wird.

QUELLENVERZEICHNIS

Rosa Albach-Retty: *So kurz sind hundert Jahre. Erinnerungen,* aufgezeichnet von Gertrud Svoboda-Srncik, München-Berlin 1978.

Hellmut Andics, *Die Frauen der Habsburger,* Wien 1985.

Hellmut Andics, *Der Fall Otto Habsburg,* Wien-München 1965.

Heinrich von Angeli, *Lebenserinnerungen* (unveröffentlicht), Wien o. J.

Hanns Arens (Hrsg.), *Der große Europäer Stefan Zweig,* Frankfurt am Main 1981.

Marie-Theres Arnbom, Christoph Wagner-Trenkwitz (Hrsg.), *Grüß mich Gott! Fritz Grünbaum. Eine Biographie 1880–1941,* Wien 2005.

Stephan Baier, Eva Demmerle, *Otto von Habsburg. Die Biografie,* mit einem Vorwort von Walburga Habsburg-Douglas, Wien 2002.

Eva Gesine Baur, *Emanuel Schikaneder. Der Mann für Mozart,* München 2012.

Erika Bestenreiner, *Franz Ferdinand und Sophie von Hohenberg. Verbotene Liebe am Kaiserhof,* München-Zürich 2004.

Dieter A. Binder, Heinrich Schuschnigg, *Sofort vernichten. Die vertraulichen Briefe Kurt und Vera von Schuschniggs 1938–1945,* Wien-München 1997.

Jean Paul Bled, *Franz Joseph. Der letzte Monarch der alten Schule,* Wien-Köln-Graz 1988.

Maxi Böhm, *Bei uns in Reichenberg. Unvollendete Memoiren, fertig erzählt von Georg Markus,* Wien-München 1983.

Regina Braxer, *Der lange Weg zur Absicht des Erblassers Alfred Nobel,* in: *Gerade weil Sie eine Frau sind,* herausgegeben von Laurie R. Cohen, Wien 2005.

David Bronsen, *Joseph Roth. Eine Biographie*, Köln 1974.

Gordon Brook-Shepherd, *Zita. Die letzte Kaiserin*, München 1991.

Rudolf Buchbinder, *Da Capo*, aufgezeichnet von Michaela Schlögl. Mit einem Vorwort von Joachim Kaiser, Wien-Graz-Klagenfurt 2008.

Helmut Butterweck, *Österreichs Kardinäle. Von Anton Gruscha bis Christoph Schönborn*, Wien 2000.

Peter Cerny, *Der Ringtheater-Brand – ein Versäumnis?*, Dissertation Universität Wien 1986.

Egon Caesar Conte Corti, *Elisabeth. Die seltsame Frau*, Graz 1934.

Egon Caesar Conte Corti, Hans Sokol, *Der alte Kaiser. Franz Joseph I. vom Berliner Kongress bis zu seinem Ende,* Graz 1955.

Robert Dachs, *Oskar Werner. Abgründe eines Giganten*, Wien 2010.

Ulrike Dembski, Christiane Mühlegger-Henhapel, *Oskar Werner. »Welch einen sonderbaren Traum träumt' ich ...«. 1922–1984*, Wien 2002.

Eva Demmerle, *Kaiser Karl I. Selig, die Frieden stiften ...*, Wien 2004.

Viktor Ergert, *50 Jahre Rundfunk in Österreich, Band I: 1924–1945*, Wien 1974.

Franziska Ernst, *Hermann Leopoldi. Biographie eines jüdisch-österreichischen Unterhaltungskünstlers und Komponisten*, Diplomarbeit an der Universität Wien 2010.

Giuseppe Farese, *Arthur Schnitzler. Ein Leben in Wien 1862–1931*, München 1999.

Erich Feigl, *Kaiserin Zita. Kronzeugin eines Jahrhunderts*, Wien-München 1989.

Dietrich Fischer-Dieskau, *Hugo Wolf. Leben und Werk*, Berlin 2003,

Wolfgang Fleischer, *Heimito von Doderer. Das Leben, das Umfeld des Werks in Fotos und Dokumenten*, mit einem Vorwort von Wendelin Schmidt-Dengler, Wien 1995.

Lars Friedrich, *Das Mayerling-Sammelsurium. Kurioses aus 20 Jahren Mayerling-Archiv*, Hattingen an der Ruhr 2009.

Karl Geiringer, *Joseph Haydn. Eine Biographie*, Mainz 2009.

Pierre Genée (Hrsg.), *Hallo. Hier Grünbaum. Altes und Neuentdecktes von und über Fritz Grünbaum*, Wien 2001.

Karl Gutkas, *Prinz Eugen und das barocke Österreich. Marchfeldschlösser Schlosshof und Niederweiden*, Ausstellungskatalog, Wien 1986.

Peter Haage, *Der Partylöwe, der nur Bücher fraß. Egon Friedell und sein Kreis*, Hamburg 1971.

Brigitte Hamann, *Elisabeth. Kaiserin wider Willen*, Wien 1982.

Brigitte Hamann, *Nichts als Musik im Kopf. Das Leben von Wolfgang Amadeus Mozart*, Wien 1990.

Brigitte Hamann, *Bertha von Suttner. Ein Leben für den Frieden*, München 2002.

Alma Hannig, *Franz Ferdinand. Die Biografie*, Wien 2013.

Eva Maria Haybäck, *Der Wiener Simplicissimus. Versuch einer Analyse des Kabaretts mit längster Bestandzeit im deutschen Sprachraum*, Dissertation Universität Wien 1976.

Matthias Henke, *Arnold Schönberg*, München 2001.

Paul Hörbiger, *Ich hab' für euch gespielt. Erinnerungen*, aufgezeichnet von Georg Markus, München-Wien 1979.

Rudolf Holzer, *Die Wiener Vorstadtbühnen. Alexander Girardi und das Theater an der Wien*, Wien 1951.

Günther Holtz, *Ferdinand Raimund – der geliebte Hypochonder. Sein Leben, sein Werk*, Frankfurt am Main 2002.

Claudio Honsal, *Peter Alexander. Das Leben ist lebenswert*, Wien 2006.

Michael Horowitz (Hrsg.), *Begegnung mit Heimito von Doderer*, Wien-München 1983.

Hans-Josef Irmen, *Joseph Haydn. Leben und Werk*, Köln 2007.

Kurt Kahl, *Ödön von Horváth*, Hannover 1966.

Beatrix Kempf, *Bertha von Suttner. Das Lebensbild einer großen Frau*, Wien 1965.

Ilse Kleberger, *Die Vision vom Frieden. Bertha von Suttner*, Berlin 1985.

Walter Kleindel, *Gott schütze Österreich! Der Anschluss 1938*, Wien 1988.

Georg Knepler, *Wolfgang Amadé Mozart. Annäherungen*, Leipzig 2005.

Konrad Kramar, Georg Mayrhofer, *Prinz Eugen. Heros und Neurose*, St. Pölten-Salzburg-Wien 2013.

Bruno Kreisky, *Der Mensch im Mittelpunkt. Der Memoiren dritter Teil*, herausgegeben von Oliver Rathkolb, Johannes Kunz und Margit Schmidt.

Hanspeter Krellmann, *Anton Webern in Selbstzeugnissen und Bilddokumenten*, Reinbek bei Hamburg 1975.

Traugott Krischke, *Ödön von Horváth. Kind seiner Zeit*, München 1980.

Roland Krug von Nidda, *Eugen von Savoyen*, Wien 1963.

Wilhelm Lange-Eichbaum, Wolfram Kurth, *Genie, Irrsinn und Ruhm*, München 1967.

Ronald Leopoldi, Hans Weiss (Hrsg.), *Hermann Leopoldi und Helly Möslein. Autobiographische Aufzeichnungen*, Wien o. J.

Norbert Linke, *Musik erobert die Welt. Wie die Wiener Familie Strauß die Unterhaltungsmusik revolutionierte*, Wien 1987.

Stephanie Fürstin Lónyay, Prinzessin von Belgien, *Ich sollte Kaiserin werden. Lebenserinnerungen der letzten Kronprinzessin von Österreich-Ungarn*, Leipzig 1935.

Michael Lorenz, *Familie Trampusch – geliebt und totgeschwiegen*, Jahrbuch des Vereins für Geschichte der Stadt Wien, 2011.

Wolfgang Lorenz, *Egon Friedell. Momente im Leben eines Ungewöhnlichen*, Bozen 1994.

Klaus Mann, *Der Wendepunkt. Ein Lebensbericht*, 1952.

Georg Markus, *Das große Karl Farkas Buch. Sein Leben, seine besten Texte, Conférencen und Doppelconférencen*, Vorwort Fritz Muliar, Wien-München 1993.

Georg Markus, *Hans Moser. Ich trag im Herzen drin, ein Stück vom alten Wien*, Vorwort von Paul Hörbiger, München-Berlin 1980.

Georg Markus, *Sigmund Freud und das Geheimnis der Seele*, München 1989.

Georg Markus, *Katharina Schratt. Die heimliche Frau des Kaisers*, Wien-München 1982.

Georg Markus, *Kriminalfall Mayerling. Leben und Sterben der Mary Vetsera*, Wien-München 1993.

Georg Markus, *Unter uns gesagt. Begegnungen mit Zeitzeugen*, mit einem Vorwort von Hugo Portisch, Wien 2008.

Georg Markus, *Die Hörbigers. Biografie einer Familie*, Wien 2006.

Georg Markus, *Was uns geblieben ist. Das österreichische Familienbuch*, Wien 2010.

Oliver Matuschek, *Stefan Zweig. Drei Leben – Eine Biographie*, Frankfurt am Main 2006.

Anton Mayer, *Joseph Haydn. Das Genie und seine Zeit*, Wien 2008.

Lucian O. Meysels, *Der Austrofaschismus. Das Ende der Ersten Republik und ihr letzter Kanzler*, Wien-München 1992.

Lucian O. Meysels, *In meinem Salon ist Österreich. Berta Zuckerkandl und ihre Zeit*, Wien 1984.

Vincent und Mary Novello, *A Mozart Pilgrimage*, London 1955.

Leopold Nowak, *Joseph Haydn. Leben, Bedeutung und Werk*, Wien 1959.

Adolf Opel (Hrsg.), *Elsie Altmann-Loos. Mein Leben mit Adolf Loos*, Wien 2013.

Markus Oppenauer, *Der Salon Zuckerkandl. Salonkultur, Wissenschaft, Öffentlichkeit und Moderne in Wien*, Diplomarbeit Universität Wien 2010.

Bernhard Paumgartner, *Mozart*, Zürich 1940.

Gunther Philipp, *Mir hat's fast immer Spaß gemacht. Erinnerungen*, München 1989.

Hugo Portisch, Sepp Riff, *Österreich II. Der lange Weg zur Freiheit*, Wien 1986.

Gabriele Praschl-Bichler, *Unsere liebe Sisi. Die Wahrheit über Erzherzogin Sophie und Kaiserin Elisabeth. Aus bislang unveröffentlichten Briefen*, Wien 2008.

Marcel Prawy, *Johann Strauß. Weltgeschichte im Walzertakt*, Wien-München-Zürich 1975.

Maria Publig, *Mozart. Ein unbeirrbares Leben*, München 1991.

Oskar Regele, *Feldmarschall Radetzky. Leben, Leistung, Erbe*, Wien–München 1957.

Viktor Reimann, *Innitzer. Kardinal zwischen Hitler und Rom*, Wien-München 1988.

Gottfried Riedl (Hrsg.) *Ferdinand Raimund. Bilder aus einem Theaterleben*, Wien 2005.

Karl Heinz Ritschel, *Der Staatsvertragskanzler Julius Raab*, Salzburg 1975.

John T. Salvendy, *Rudolf. Psychogramm eines Kronprinzen*, Wien-München 1987.

Hans Werner Scheidl, *Der Staatsvertrag: Ein Flug ins Ungewisse*, in: *Die Presse*, Wien 17. Mai 2014.

Maximilian Schell, *Ich fliege über dunkle Täler. Erinnerungen*, Hamburg 2012.

Irmgard Schiel, *Stephanie. Kronprinzessin im Schatten von Mayerling*, Stuttgart 1978.

Wendelin Schmidt-Dengler, *Jederzeit besuchsfähig. Über Heimito von Doderer*, München 2012.

Walther Schneider (Hrsg.), *Friedell-Brevier*, Wien 1947.

Hedi Schulz, *Hans Moser. Der große Volksschauspieler wie er lebte und spielte*, Wien 1980.

Max Schur, *Sigmund Freud. Leben und Sterben*, Frankfurt am Main 1973.

Kurt Schuschnigg, *Im Kampf gegen Hitler. Die Überwindung der Anschlussidee*, Wien-München 1988.

Otto Schwarz, *Hinter den Fassaden der Ringstraße. Geschichte, Menschen, Geheimnisse*, Wien 2007.

Renate Seydel (Hrsg.), *Ich, Romy. Tagebuch eines Lebens*, München 1988.

Carola Stern, *Die Sache, die man Liebe nennt. Das Leben der Fritzi Massary*, Berlin 1998.

Wilhelm von Sternburg, *Joseph Roth. Eine Biographie*, Köln 2009.

Georg Traska, Christoph Lind, *Hermann Leopoldi, Hersch Kohn. Eine Biographie*, Wien 2012.

Jürgen Trimborn, *Romy und ihre Familie*, München 2008.

Ernst Trost, *Figl von Österreich. Der Weg zum Staatsvertrag*, Wien 1985.

Katrin Unterreiner, *Sisi und das Salzkammergut*, Wien-Graz-Klagenfurt 2012.

Katrin Unterreiner, Georg Markus, *Das Original-Mayerling-Protokoll der Helene Vetsera: »Gerechtigkeit für Mary«*, Wien 2014.

Hans Veigl (Hrsg.), *Gscheite & Blöde. Doppelconférencen*, Wien 1993.

Bernhard Viel, *Egon Friedell. Der geniale Dilettant. Eine Biographie*, München 2013.

Renate Wagner, *Ferdinand Raimund. Eine Biographie*, Wien 1985

Rudolf Weys, *Cabaret und Kabarett in Wien*, Wien-München 1970.

Ghislaine Windisch-Graetz, *Kaiseradler und rote Nelke. Das Leben der Tochter des Kronprinzen Rudolf*, Wien-München 1988.

Berta Zuckerkandl, *Österreich intim. Erinnerungen 1892–1942*, Wien 2013.

Stefan Zweig, *Die Welt von Gestern. Erinnerungen eines Europäers*, Stockholm 1944.

PERSONENREGISTER

Albach-Retty, Rosa 159
Albach-Retty, Wolf 156
Alexander III., Zar von Russland 234
Alexander, Hilde 230ff.
Alexander, Peter 17, 230f.
Alfons, König von Spanien 178
Altenberg, Peter 74
Altmann-Loos, Elsie 72, 74f.
Androsch, Hannes 129ff.
Angeli, Eduard 18
Angeli, Heinrich von 233f., 236f.
Anna Victoria von Savoyen 134ff.
Antel, Franz 171

Bach, Johann Sebastian 102, 281f.,
Bahr, Hermann 43f.
»Baron Jean«, Kunstpfeifer 49
Baumbauer, Erna 219
Beck, Claire 75

Beer, Rudolf 35
Beethoven, Ludwig van 101, 257
Bell, Raymond N. 267
Bellegarde, Gräfin 180
Benning, Achim 212
Berchtold, Leopold, Graf 180
Berg, Alban 268
Berg, Armin 193, 272
Bergman, Ingrid 193
Bernhardt, Sarah 250, 254
Berté, Heinrich 95
Biasini, Daniel 156ff.
Biasini, Sarah 158
Böhm, Christine 272
Böhm, Maxi 17, 269
Böhm, Max jun. 273
Bolfras, Arthur von 21
Bonaparte, Marie 227f.
Bourbon-Parma, Isabella von 70
Brandmeyer, Josef 49

Bratfisch, Josef 48ff.
Buchbinder, Agnes 18, 232
Buchbinder, Rudolf 18, 231f., 257ff.
Bürckel, Josef 139f.
Burckhard, Max 43ff.
Butterweck, Helmut 139

Cappellini, Arnoldo 183
Carlebach, Emil 191
Caspar, Mizzy 50
Chaplin, Charlie 56
Chotek, Marie, Gräfin 161, 163
Chotek, Sophie, Gräfin 15, 161ff.
Chruschtschow, Nikita 147
Clemenceau, Paul 44
Clemenceau, Sophie 44
Cobenzl, Johann, Graf 68
Coburg, Louise von 82f., 85f.
Coburg, Philipp, Prinz 49, 86
Conrads, Heinz 270

Crawford, Joan 220
Csokor, Franz
  Theodor 65

Da Ponte, Lorenzo
  204f., 207
Dachs, Robert 209
Dalí, Salvador 227
Dänzer, Georg 49
Degenfeld, Heinrich,
  Graf 248
Delon, Alain 158
Demmerle, Eva 177
Dies, Albert
  Christoph 104
Doderer, Heimito
  von 194ff.
Dostal, Alois 190
Dulles, John Foster
  148, 150
Duse, Eleonore 254

Edling, Rosalie,
  Gräfin 70
Eisemann, Heinrich
  111
Elisabeth, Kaiserin
  16, 22, 38, 84, 105,
  123ff., 154, 233,
  235ff.
Elisabeth, Erz-
  herzogin 83, 87f.
Erlach, Bernhard
  Fischer von 135
Eugen, Prinz von
  Savoyen 17, 40,
  134ff.

Farkas, Anny 199f.,
  239ff.

Farkas, Karl 17,
  55f., 193, 198ff.,
  239ff., 269ff.
Farkas, Robert
  239ff.
Ferenczy, Ida von
  236
Ferschl, Kammer-
  diener 40
Festetics, Marie,
  Gräfin 154
Fichtl, Paula
  223, 226
Figl, Anneliese 18
Figl, Josefa 150
Figl, Leopold 17,
  99, 146ff.
Fischer, O. W. 171
Fischer-Dieskau,
  Dietrich 169
Fleischer, Wolfgang
  197
Forst, Willi 57, 117
Franz Ferdinand,
  Erzherzog 15, 49,
  161ff., 177
Franz II. (I.), Kaiser
  100ff., 137
Franz Joseph I.,
  Kaiser 16, 19ff.,
  38f., 72, 84, 86ff.,
  105f. 123ff., 152,
  233ff.
Franz Stephan von
  Lothringen, Kaiser
  68ff.
Freitag, Robert 170
Freud, Adolfine 224
Freud, Alexander
  224

Freud, Anna
  (Schwester
  Sigmund Freuds)
  224
Freud, Anna
  (Tochter Sigmund
  Freuds) 221ff.,
  228f.
Freud, Ernst 226
Freud, Marie 224
Freud, Martha
  221, 223
Freud, Sigmund
  17, 221ff., 264
Friedell, Egon
  16, 63ff.
Friedrich, Erzherzog
  163
»Friseur Brady«,
  Wienerliedsänger
  49
Frühbauer, Erwin
  133
Fuchs-Mollard,
  Karoline, Gräfin
  41
Fugger, Nora,
  (Gräfin) Fürstin
  163, 234

Gabrieli, Francesca
  204
George V, König von
  England 178f.
Girardi, Alexander
  42, 117, 254
Glaise-Horstenau,
  Edmund 76f.
Goebbels, Joseph
  94f.

Goethe, Johann
  Wolfgang von 101
Göring, Hermann
  76ff.
Graf, Rosa 224
Grillparzer, Franz
  105
Grübel, Paula 262
Gruber, Karl 147
Grünbaum, Fritz
  189ff., 198ff.,
  243f., 269, 272
Grünne, Karl, Graf
  38
Gulda, Friedrich
  16, 281ff.

Habsburg, Otto von
  15, 17, 106, 179,
  193, 246ff.
Habsburg-Lothrin-
  gen, Gottfried 246
Haeusserman, Ernst
  279
Hahn, Kurt 162
Hartmann, Paul 278
Haschka, Lorenz
  Leopold 101ff.
Hašek, Jaroslav 36
Hašler, Karel 95
Haslinger, Carl 61
Hasterlik, Gusti 195
Haubenstock, David
  156ff.
Hauer, Ernö 195
Hauer, Helga 195
Haugwitz, Friedrich
  Wilhelm, Graf 69
Haybäck, Eva Maria
  272

Haydn, Joseph
  100ff.
Hayworth, Rita 193
Helene, Herzogin in
  Bayern 123ff.
Heller, André 212
Hellmesberger,
  Joseph 168
Henz, Rudolf 190
Hess, Sophie 217
Hetzenauer, Franz
  248
Hey, Peter 272
Hildebrandt, Johann
  Lucas von 136
Hitler, Adolf 17, 37,
  65, 76f., 81, 106f.,
  138f., 198, 221,
  226, 265
Hofer, Josepha 206
Hoff, Hans 171ff.
Hoffmann, Josef 42
Hofmannsthal, Hugo
  von 36, 122, 278
Holzer, Johann
  Baptist 106
Hope, Bob 220
Hörbiger, Attila
  17, 52, 175, 278ff.
Hörbiger, Christine
  96
Hörbiger, Paul
  16f., 94ff.
Horváth, Lajos von
  276
Horváth, Ödön von
  15, 274ff.
Hrdlitschka,
  Wilhelm 130
Hurdes, Felix 99

Imhoff, Fritz 270
Indra, Alfred 223
Innitzer, Theodor
  Kardinal 138ff.
Isabella, Erzherzogin
  163ff.

Jaeger, Theodor
  Johann 197
Jankowitsch, Peter
  18, 130f., 133
Jauner, Franz von
  250f., 253f., 256
Jonas, Franz 129
Jones, Ernest 225
Jonke, Heinrich 162
Joseph I., Kaiser 135
Joseph II., Kaiser
  31, 68ff., 205
Jürgens, Curd 278

Kálmán, Emmerich
  37, 57
Karl I., Kaiser
  105, 162, 176,
  178ff.
Karl VI., Kaiser
  135, 137
Karl Emanuel III.,
  König von
  Sardinien 137
Karl Ludwig,
  Erzherzog 177
Karl Theodor,
  Kurfürst 26
Kaunitz, Wenzel,
  Fürst 69
Kerssenbrock,
  Therese 180
Kerzl, Joseph Ritter
  von 19ff., 25

Ketterl, Eugen 24
Khevenhüller-
  Metsch, Johann
  Joseph, Fürst 70
»Kiesel-Marie«,
  Jodlerin 49
Kinsky, Gräfin
  Sophie 216
Kirchschläger,
  Rudolf 131
Kiss, Nikolaus von
  234
Klaus, Josef 133
Klimt, Gustav
  43f., 46f.
Koestler, Arthur 227
Konhäuser, Antonia
  50
König, Franz,
  Kardinal 133
Koogan, Abrahão
  111
Kotab, Franz 65ff.
Kotab, Herma 64ff.
Kramer, Stanley 210
Kraner, Cissy 270
Kraus, Fred 171
Kraus, Karl 105
Krauss, Franz,
  Freiherr von 51
Krawarik, Johannes
  140
Kreisky, Bruno
  17, 129ff., 148,
  202, 249
Kreisler, Fritz 193
Kreuder, Peter 117
Kugler, Mila 162
Kuh, Anton 56
Kühbauch, Laura 18
Kunz, Alfred 201

Lammasch, Heinrich
  176
Lange, Joseph 28f.,
  32
Langhoff, Wolfgang
  65
Lanner, Joseph 62
Larisch, Marie,
  Gräfin 155
Latuor, Joseph von
  155
Ledochowsky,
  Wladimir, Graf
  179f.
Lehár, Anton von
  182
Lehár, Franz
  37, 53f., 191
Lehmann, Lotte 193
Lenau, Nikolaus 194
Leopold, Prinz von
  Bayern 49
Leopold I., Kaiser
  135
Leopold II., Kaiser
  100
Leopold II., König
  von Belgien
  82, 86, 88, 154
Leopoldi, Eugenie
  188, 190f., 193
Leopoldi, Ferdinand
  193
Leopoldi, Hermann
  188ff.
Leopoldi, Ronald
  18, 193
Lessing, Gotthold
  Ephraim 17
Liechtenstein,
  Rudolf, Fürst 168

Lingen, Ursula 171
Linke, Norbert 286f.
Lintl, Stefan 18
Lohner, Helmuth
  278
Löhner-Beda, Fritz
  53ff., 191
Lónyay, Elemér,
  (Graf) Fürst
  82, 87f.
Loos, Adolf 72ff.
Loos, Lina 63
Lothar, Ernst 280
Ludovika in Bayern,
  Herzogin 123f.,
  126f.
Ludwig II.,
  König von Bayern
  152, 155
Ludwig III., König
  von Bayern 20
Ludwig XVI., König
  von Frankreich 71
Ludwig Thomas,
  Prinz von Savoyen
  134

Macmillan, Harold
  148, 151
Mahler, Anna 47
Mahler, Gustav 16,
  42ff., 167f., 186f.
Mahler, Maria 187
Mahler-Werfel, Alma
  16, 43ff., 167, 185,
  187
Mann, Katia 144f.
Mann, Klaus 107,
  113, 276
Mann, Thomas 144
Marboe, Peter 18

Marchet, Gustav
234
Marcuse, Ludwig
264
Margulies, Hanns
261f.
Margutti, Albert von
21
Maria Christina,
Erzherzogin 164
Maria Josepha,
Prinzessin von
Bayern 70, 179
Maria Theresia
15, 41, 68ff., 100,
137, 180
Marie Antoinette,
Königin von
Frankreich 71,
107
Marie Henriette,
Königin von
Belgien 152
Marie Valerie,
Erzherzogin
20ff., 84f., 123
Marischka, Hubert
57
Massary, Fritzi
34f., 37
Mathilde, Prinzessin
von Sachsen
153, 163
Mattachich, Geza
von 86
Mattel, Benno 266f.
Mehring, Walter
277
Meyen, Harry 156ff.
Miklas, Wilhelm
77ff.

Moissi, Alexander
278f.
Moldenhauer, Hans
268
Moll, Anna 43, 47
Moll, Carl 44
Molnár, Franz 35f.
Molotow, Wjatsche-
slaw 148, 151
Montenuovo, Alfred,
Fürst 20, 24
Morgan, Paul 189ff.
Moser, Hans 16, 37,
53ff.
Moser, Josef 133,
173
Möslein, Helly 193
Mozart, Anna Maria
27f.
Mozart, Carl Thomas
206
Mozart, Constanze
26f., 29ff., 205ff.
Mozart, Franz Xaver
Wolfgang 207
Mozart, Leopold
27ff., 205
Mozart, Wolfgang
Amadeus 15, 26ff.,
101f., 106, 116,
204ff., 281f.
Mühe, Ulrich 277
Muliar, Fritz 270

Napoleon, Kaiser
von Frankreich
38, 40, 101, 137
Nestroy, Johann
Nepomuk 39, 92,
254

Neumayer, Susanne
232
Neumayr, Anton
18, 209
Newman, Paul 220
Nietzsche, Friedrich
168
Nissen, Georg
Nikolaus von 32
Nobel, Alfred 17,
213ff.
Novello, Mary 32f.
Novello, Vincent 32

Obonya, Cornelius
280
Ochsenheimer,
Ferdinand 90
Öllinger, Hans 133
Ortner, Norbert 20
Otto, Erzherzog 162
Otto in Bayern,
Herzog 152

Paar, Eduard Graf
20, 24
Pacelli, Eugenio,
Kardinal (später
Papst Pius XII.)
139
Pallenberg, Max
34ff., 56
Pargfrieder, Joseph
Gottfried 41
Patsch, Richard 95
Pentlarz, Ernst 195
Pétin, Laurent
156ff.
Philipp, Gunther
16f., 170ff., 270
Piccoli, Michel 159

Pichler, Hans 226
Pichler Madeleine 18
Pichler, Hans 226
Picker, Baruch 271
Piffl, Gerald 18
Pinay, Antoine 148, 151
Pircher, Nathalie Li 18
Piscator, Erwin 36, 277
Pius XI., Papst 139
Polgar, Alfred 37, 64
Pollaczek, Clara Katharina 184f., 187
Pollak, Rudolf 66
Portisch, Hugo 151
Potocki, Artur, Graf 82f., 86
Prechtler, Anton 51
Preradović, Paula von 106
Proch, Heinrich 116

Quadflieg, Will 280

Raab, Julius 17, 146ff., 257ff.
Rademann, Wolfgang 232
Radetzky, Josef Wenzel, Graf 16, 38ff.
Radetzky, Theodor, Graf 38
Ragetté, Editha 200f.
Raimann, Jakob 89

Raimann, Katharina 89
Raimund, Ferdinand 15, 89ff.
Reich, Maximilian 189
Reichler, Hedi 261
Reinhardt, Max 34, 36, 42, 53, 57, 94, 278ff.
Renner, Karl 178
Rieger, Erwin 113
Robert, Emmerich 236
Rödl, Arthur 191
Rösch, Otto 133
Roth, Friederike 261ff.
Roth, Josef 15, 113, 261ff., 275, 277
Roth, Nachum 263
Rudolf, Kronprinz 16, 47ff., 82ff., 87, 123, 152ff., 161, 163

Sachsen-Hildburg-hausen, Joseph Friedrich, Prinz 136f.
Salten, Felix 120ff.
Salvendy, John T. 85
Saurau, Franz Joseph, Graf 100ff.
Savoir, Alfred 269
Schell, Maria 219f.
Schell, Maximilian 17, 219f., 278
Schenk, Otto 270

Schießl, Franz von 22
Schikaneder, Eleonore 205
Schikaneder, Emanuel 204ff.
Schimann, Hermine 64, 67
Schindler Emil 44
Schmidt, Margit 18
Schmitz, Dietmar 18
Schneider, Magda 156
Schneider, Romy 16, 156ff.
Schneider, Walther 65f.
Schnitzler, Arthur 42, 122, 183ff., 254
Schnitzler, Heinrich 185
Schnitzler, Lili 183ff.
Schnitzler, Lilly, geb. Strakosch 184
Schnitzler, Olga 183ff.
Schober, Johannes 177
Schönauer, Marianne 269
Schönberg, Arnold 16, 143ff., 266ff.
Schönberg, Gertrud 143ff.
Schönborn, Agnes Gräfin 180
Schönerer, Alexan-drine von 253

300

Schonta, Zeno von 179

Schopenhauer, Arthur 17

Schrammel, Johann 48f.

Schrammel, Josef 49

Schratt, Katharina 25, 237

Schubert, Franz 95, 169, 281

Schulenburg, Ulrich 244

Schur, Max 223, 228f.

Schuschnigg, Artur 80

Schuschnigg, Herma 80

Schuschnigg, Kurt 76ff., 139, 190, 198

Schuschnigg, Maria Dolores 81

Schuschnigg, Vera 80f.

Schweiger, Heinrich 211

Seidl, Johann Gabriel 105

Sekler, Eduard 56

Seydl, Ernst, Bischof 21, 179f.

Seyß-Inquart, Arthur 76ff.

Signoret, Simone 210

Simonischek, Peter 278

Siodmak, Bertha 274

Siodmak, Robert 274f., 277

Sippl, Carmen 18

Skubl, Michael 76

Skurnik, Moritz 34f.

Slezak, Walter 193

Sommer, Martin 191

Sophie, Erzherzogin 123ff.

Spannocchi, Emil 81

Spitzer, Arthur 241

Stalin, Josef 147

Stankovski, Ernst 18

Staribacher, Josef 129ff.

Steiner, Franz 117ff.

Steiner, Ludwig 148

Steiner, Maria 18

Steinhäusl, Otto 140

Stephanie, Kronprinzessin 16, 82ff., 152ff., 163, 234

Stern, Carola 37

Stolz, Robert 56

Stonborough-Wittgenstein, Margaret 226

Strauß, Adele 115f., 119, 284

Strauß, Angelika »Lily« 115ff., 119

Strauß, Anna (Ehefrau von Johann Strauß Vater) 58ff.

Strauß, Anna (Tochter von Johann Strauß Vater) 58, 118, 284

Strauß, Eduard 15, 58f., 62, 284ff.

Strauß, Henriette 115ff.

Strauß, Johann (Sohn) 15, 42, 59ff., 115ff., 284ff.

Strauß, Johann (Vater) 58ff., 286

Strauß, Josef 59, 61f., 284ff.

Streim, Josephine 59

Strohmayer, Anton 49

Strudl, Peter 197

Strutt, Edward Lisle 179ff.

Suppé, Franz von 254

Suttner, Arthur von 213, 215f., 218

Suttner, Bertha von 17, 213ff.

Suttner, Karl von 213, 216

Suttner, Karoline von 213, 216

Svetlin, Wilhelm 168

Swieten, Gerard van 68

Szeps, Moriz 42, 47

Telemann, Georg Philipp 102

Thimig, Helene 279

Thoma, Maria Emma 197

Thun-Hohenstein, Jaroslaw, Graf 161

Tiller, Nadja 171

Tomicek, Flugpilot 35
Trampusch, Clementine 61
Trampusch, Emilie 58ff.
Trampusch, Emilie Therese 59, 61f.
Trampusch, Johann 59, 61f.
Trampusch, Maria 61
Trampusch, Therese 59, 61
Twain, Mark 282

Ullmann, Ludwig 277

Veidt, Conrad 185
Vetsera, Mary, Baronesse 48, 51, 152

Wagner, Otto 42
Wagner-Jauregg, Julius 42
Waldbrunn, Ernst 270ff.
Waldheim, Kurt 131
Wallmoden, Karl, Graf 40
Weber, Aloisia 26ff., 32f.
Weber, Fridolin 26, 30
Weber, Josepha 29f.

Weber, Maria Cäcilia 27
Weber, Sophie 29f.
Webern, Anton von 266ff.
Webern, Minna von 266, 268
Wehle, Peter 171
Weihs, Oskar 133
Weiss, Friedl 18, 53f.
Weizmann, Chaim 227
Wells, Herbert George 227
Werbezirk, Gisela 55
Werfel, Franz 46, 185, 277
Werkmann, Karl von 179
Werner, Oskar 17, 209ff.
Wessely, Josephine 234
Wessely, Paula 174f., 234, 278
Wiener, Hugo 272
Wiesenthal, Simon 133
Wimpffen, Maximilian von 41
Winternitz, Paula 224
Withalm, Hermann 130

Wittgenstein, Ludwig 226
Wolf, Hugo 167ff.
Wollheim, Ernst 263
Wollner, Leopold 50f.
Woynarowicz, Hans von 195
Wyler, Lea 120

Zedlitz, Joseph Christian von 104
Zeemann, Dorothea 64, 197
Zemlinsky, Alexander von 45
Ziehrer, Carl Michael 48
Zilk, Helmut 230
Zita, Kaiserin 21f., 24, 176ff., 249
Zuckerkandl, Bertha 16, 42ff.
Zuckerkandl, Emil 42ff.
Zuckmayer, Carl 108, 277
Zweig, Alfred 112
Zweig, Friderike 110, 112f.
Zweig, Lotte 107f., 110ff.
Zweig, Stefan 15, 42, 107ff., 227, 262

BILDNACHWEIS

IMAGNO/Austrian Archives (23, 31 rechts, 50, 73, 79, 207, 247, 267), ANNO Austrian Newspapers Online (27), IMAGNO/Ullstein Bild (36), IMAGNO (41, 44, 201), IMAGNO/Österreichische Nationalbibliothek (46, 69, 87, 92, 118, 128, 165, 172, 181, 186 beide, 215, 235, 253, 275), IMAGNO/Wienbibliothek im Rathaus (56), IMAGNO/ Wien Museum (59), Wien Museum (62, 112), Wikimedia Commons (83, 117, 153, 287), Gerhard Bartl, Ohne Titel © Bildrecht, Wien 2014 (97), IMAGNO/Photoarchiv Setzer-Tschiedel (109, 121), Fritz Klinsky/ Kurier (132), IMAGNO/Archiv Lunzer (144), Wilhelm Busch – Deutsches Museum für Karikatur und Zeichenkunst (Hannover). © Wilhelm-Busch-Gesellschaft e. V., Hannover (149), IMAGNO/ Votava (150, 192, 196), akg-images/picturedesk.com (206), IMAGNO/ Barbara Pflaum (211), picture alliance/AP (220), By permission of The Marsh Agency Ltd on behalf of Sigmund Freud Copyrights (225), Thomas Sessler Verlag (240), Gerhard Deutsch/Kurier (244), Wiener Stadt- und Landesarchiv (255), Literaturhaus Bildarchiv © Dokumentationsstelle für neuere österreichische Literatur (263), Bayerische Staatsbibliothek München/Bildarchiv (283), Archiv des Amalthea Verlages, Archiv des Autors

Der Verlag hat alle Rechte abgeklärt. Konnten in einzelnen Fällen die Rechteinhaber der reproduzierten Bilder nicht ausfindig gemacht werden, bitten wir, dem Verlag bestehende Ansprüche zu melden.

Eine faszinierende Zeitreise mit dem Bestsellerautor durch überraschende Begebenheiten in der österreichischen Geschichte

Natürlich war nicht alles ganz anders. Aber doch sehr vieles. Franz Joseph war wirklich Kaiser von Österreich, »Sisi« war seine Frau und Kronprinz Rudolf der Thronfolger. Aber nicht wenige Geschichten, die wir aus der Geschichte kennen, müssen durch Erkenntnisse aus jüngerer und jüngster Zeit neu geschrieben werden. Neue Funde belegen: Es war ganz anders.

Aus dem Inhalt:
John F. Kennedy am Wörthersee
»Sisis« kleiner Bruder war ein großer Arzt
Unmusikalisches von Beethoven bis Prawy
Verbotene Liebschaften im Hause Österreich
Eine Prinzessin auf der Flucht
Millionäre Anno Dazumal
Der Skandal ohne Kleid
Kriminalfälle, die Aufsehen erregten
Beim »Wiener Kongress« wurde nicht nur getanzt
Egon Schiele und die Eisenbahn
u.v.a.

Mit zahlreichen Abbildungen

....

Georg Markus

Es war ganz anders

Geheimnisse der österreichischen Geschichte

304 Seiten
ISBN 978-3-85002-838-7

Amalthea   www.amalthea.at